丝绸之路青海道丛书

李健胜 主编

# 复兴

## 青海道

张效科
刘德铭 著

青海人民出版社

图书在版编目（CIP）数据

复兴青海道/张效科，刘德铭著. -- 西宁：青海人民出版社，2016.12
（丝绸之路青海道丛书/李健胜主编）
ISBN 978-7-225-05255-7

Ⅰ.①复… Ⅱ.①张…②刘… Ⅲ.①区域经济发展—研究—青海 Ⅳ.①F127.44

中国版本图书馆 CIP 数据核字（2016）第 314785 号

丝绸之路青海道丛书
李健胜　主编

## 复兴青海道

张效科　刘德铭　著

| | | |
|---|---|---|
| 出 版 人 | 樊原成 | |
| 出版发行 | 青海人民出版社有限责任公司 | |
| | 西宁市同仁路10号　邮政编码：810001　电话：（0971）6143426（总编室） | |
| 发行热线 | （0971）6143516 / 6137731 | |
| 印　　刷 | 陕西龙山海天艺术印务有限公司 | |
| 经　　销 | 新华书店 | |
| 开　　本 | 720mm×1010mm　1/16 | |
| 印　　张 | 18.25 | |
| 字　　数 | 210 千 | |
| 版　　次 | 2017 年 6 月第 1 版　2017 年 6 月第 1 次印刷 | |
| 书　　号 | ISBN 978-7-225-05255-7 | |
| 定　　价 | 36.00 元 | |

版权所有　侵权必究

# 总序

德国探险家李希霍芬首次使用"丝绸之路"这一名词以来，丝绸之路的开辟、发展、变迁等问题成为学界长期关注的热点。习近平主席于2013年9月7日在哈萨克斯坦纳扎尔巴耶夫大学演讲时提出建设"丝绸之路经济带"的构想，同年10月，习主席访问东南亚，提出与东盟国家共建"21世纪海上丝绸之路"，2015年2月，"一带一路"建设推进会议在北京召开。在此国家战略背景下，掀起了新一轮研究丝绸之路的热潮。

一般而言，丝绸之路是指中国与中亚、东南亚、南亚、西亚、北非、南欧等地相互交往的陆路及海上通道。就陆路丝绸之路而言，通常认为它是张骞通使西域后才开通的，其实，早在远古时期中西间即已开始利用丝绸之路草原道、河西道、青海道等进行经济、文化交流。历史上，丝绸之路青海道又称"羌中道""青海路""吐谷浑路"等，作为陆上丝路的组成部分，一直被认为是两晋时期因河西走廊路线受阻而形成的。实际上，早在距今四五千年前，西羌族群已将丝路青海道国际化，两汉以来，青海北部丝道一直发挥着战备通道的功能，而以"河南道"为主体的南部丝道，则是连通我国西南地区与中亚、西亚的重要贸易通道，具有相对独立的交通功能。

根据道路命名的一般通则，结合相关研究成果，我们把青海道的三大干线分别命名为"羌中道""湟中道"和"河南道"。其中，"羌中道"特指柴达木盆地的丝道，"湟中道"是湟水流域自东向西延伸的丝道，"河南道"则指青海境内黄河以南的丝道。三大干线皆有数条重要的支线，比如，"湟中道"支线乐武路、宁张路是连通青海道与河西道的著名丝道，三大干线之间有很多丝道相连，例如，青海湖周围的丝道连通了三大干线，使之在这一区域得以交汇。

历史文献及考古发现证实，青海道曾是一条著名的国际贸易通道，中原丝绸、茶叶等经此丝道输往中亚、南亚等地，中亚、西亚及青海地区的香料、玉石、"师子"、羊毛、马匹等，经青海道各干线运进中原，沿线的西宁、都兰、茶卡、结古等城镇曾经是支撑东西贸易的中继站。青海道曾发挥过重要的政治功能，魏晋南北朝时期，中亚诸国使团经河南道至益州（今四川盆地），借长江水道至建康（今南京），向南朝诸政权纳贡，草原王国吐谷浑亦借此丝道与南朝交好；唐时，文成公主经唐蕃古道入藏，沿线所经包括"湟中道"及"河南道"西线的部分丝道，这条丝道也是唐蕃使团往来的必经之路。青海道也是一条文化交流的大通道，两汉以来，中原儒家文化传播至"湟中道"及"河南道"东线一带，使儒学成为青海与中原地区融通的人文基础；魏晋隋唐时期，中原僧侣借青海道西去取经，西域高僧亦借此道至东土传播佛法，中原佛学蔚为大观，青海道功不可没。此外，青海道还曾发挥过一定的军事功能。

青海道的历史可谓悠久绵长，马家窑文化彩陶，齐家文化玉器，卡约文化青铜器物，都是青海史前文化高度发达的象征。青海道沿线是我国重要的多民族聚居区，羌族、鲜卑、吐蕃、回回等民族，曾在这里书写下辉煌灿烂的民族历史，汉族移民对青海道沿线的开发、利用，极大地促进了当地社会文化的进步、发展，如今，西宁、格尔木等城市的各个角落都散发着浓郁的移民文化气息，处处表征着中华民族多元一体的基本格局。青海道沿线也是典型的多元文化交汇区，儒学、道教、佛教、伊斯兰教融汇于此，不同文化体系的辨识度颇高，彼此间又能建构起水乳交融的亲密关系，至今，这一区域仍是多民族文化资源富集区。回眸青海道的数千年发展史，驿路上传唱的"瞎话"、贤孝，飞针走线间传递的神圣与庄严，东来西往的过客们撒播下的文明种子，都值得当下的人们认真聆听、仰视、反省，因为那里有东西文化交流的生动场景，那里也蕴藏着浩瀚的历史长河中洗练而成的人类智慧。总之，青海道沿线的民族宗教与社会历史、民俗风物与商贸活动等，都是深深刻在这条丝道上的人类印记，它不仅代表了过去的辉煌与荣光，也是探索未来之路的重要资源。

这套丛书分《刻写青海道》《凝眸青海道》《风物青海道》《复兴青海道》四种，分别由青海省丝绸之路经济带研究院青年学人李健胜、刘大伟、李言统、张效科担纲完成，我们试图从历史学、文学、民俗学、经济学等角度研探、回眸、体味青海道，并试图从中汲取复兴青海道的人文与社会资源，既能对学术研究有所贡献，又能挖掘、弘扬沿线民俗文化，也能以文学的感性触动读者心灵。相信该丛书的出版，能够推进和深化有关青海道的学术研究，也能帮助读者朋友更好地感受青海道沿线的历史文化与民族民俗风情。

编者

2016 年 6 月 2 日

# 目录

绪论

## 壹 机遇与挑战：丝绸之路经济带建设中的青海因素

### 第一节 战略机遇 3

◎ 历史背景 3

◎ 现实基础 6

◎ 当前的机遇 12

### 第二节 面临的挑战与战略选择 17

◎ 青海融入丝绸之路经济带的严峻挑战 17

◎ 青海融入丝绸之路经济带的战略选择 21

## 贰 跬步千里：丝绸之路经济带建设与青海交通发展

### 第一节 青海交通现状分析 35

◎ 青海公路交通今昔 35

◎ 铁路、民航的快速发展 40

◎ 青海交通总体特点解析 44

### 第二节 新丝绸之路视域中的青海交通建设 52

◎ 丝绸之路经济带建设与青海交通发展的内在关系 52

◎ 目前的新变化 60

◎ 青海交通建设的未来规划与趋势 67

1

## 叁 构建新支点：丝绸之路经济带建设与青海城镇经济振兴

### 第一节 青海城镇经济的空间布局与产业结构 79
◎ 青海城镇经济的空间布局 79
◎ 青海城镇经济产业结构分析 86

### 第二节 青海城镇经济增长因素解析 93
◎ 青海城镇经济增长的基础性因素 94
◎ 与周边省区比较看青海城镇经济增长的具体特点 100

### 第三节 丝绸之路经济带建设与青海城镇经济振兴 111
◎ 青海城镇化特点解析 112
◎ 加快城镇化建设，促进中心城市国际化水平 116
◎ 加大资源节约型经济、旅游业的发展力度 120
◎ 树立特色产业为主的外向型经济发展思路

## 肆 加快开放步伐：丝绸之路经济带建设与青海外贸水平提升

### 第一节 青海外贸发展现状解析 125
◎ 青海对外贸易的发展现状 125

## 伍 展现高原魅力:丝绸之路经济带建设与青海旅游业开发

### 第一节 青海旅游业现状分析 163

◎ 旅游资源的分析与评价 163

◎ 近年来青海旅游业的井喷式发展 170

◎ 制约青海旅游市场发展因素分析 173

### 第二节 丝绸之路经济带建设背景下的青海旅游开发 180

◎ 新丝绸之路与青海旅游业的跨越式发展 180

◎ 新思维下的具体措施 185

◎ 青海对外贸易的发展趋势 128

### 第二节 藏毯出口案例解析 131

◎ 新丝绸之路与青海对外贸易发展 137

◎ 青海藏毯产业发展现状 139

◎ 青海藏毯出口的SWOT分析 143

◎ 提高藏毯产业出口竞争力对策 155

## 陆 建造绿色屏障：丝绸之路经济带建设与青海生态保护

### 第一节 青海生态保护现状研究 197

◎ 青海生态系统的地位、特点与作用 197

◎ 青海生态保护成果及存在问题解析 204

### 第二节 新丝绸之路视域中的青海生态文明发展 212

◎ 丝绸之路经济带建设对青海生态保护的促进作用分析 212

◎ 多维视角下的青海生态文明建设 216

## 柒 纳故拓新：丝绸之路经济带建设与青海文化产业振兴

### 第一节 青海文化的内涵与产业发展现状 229

◎ 青海文化的内涵 229

◎ 青海文化产业发展现状的 SWOT 分析 235

### 第二节 丝绸之路经济带建设背景下的青海文化振兴 244

◎ 青海文化传承、发展中的主体意识 244

◎ 新丝绸之路与青海文化产业振兴 248

## 参考文献 260

# 绪论

2013年9月,习近平总书记在哈萨克斯坦倡议,通过加强"政策沟通、道路连通、贸易畅通、货币流通、民心相通",共建"丝绸之路经济带"。同年10月,习主席访问东南亚,提出与东盟国家共建"21世纪海上丝绸之路"。自此,丝绸之路研究成为学术界的新热点。

"丝绸之路经济带"的战略构想是新一届国家领导人的谋篇之举,是对当前复杂国际形势的战略应对,也是实现我国经济可持续发展的战略布局。

当前,美国积极推动《跨大西洋贸易与投资伙伴协定》和《诸边服务贸易协定》等超区域贸易协定的谈判,以抢占新一轮国际经贸规则制定的主动权。在亚太地区,美、日都在构建以本国为核心的区域合作体系,日本积极拉拢东盟国家,并挑起中日矛盾,致使亚太区域合作的核心议题从经济发展转向安全与军事扩张。此外,俄罗斯也在积极推进欧亚联盟建设,以维持、提升其在中亚地区的影响力。[1]

为应对当前国际新形势,我国积极发展与中亚国家的友好合作关

---

[1] 赵龙跃:《"一带一路"战略中的观念更新与规则建构》,《光明日报》,2015年4月30日第16版。

系,共同建设丝绸之路经济带,加强区域合作,最大限度化解全球化风险,为国家经济健康发展提供机遇。①随着我国对外开放战略升级与区域协同发展的不断深化,国家提出西部地区向西开放的战略举措,以实现全方位对外开放。②2013年11月,《中共中央关于全面深化改革若干重大问题的决定》在中国共产党十八届三中全会审议通过,提出"推进丝绸之路经济带、海上丝绸之路建设,形成全方位开放新格局"。学术界普遍认为,丝绸之路经济带人力资本、全球化变量、交通运输能力变量、城市化水平变量、产业聚集变量、区域差距变量与市场规模变量均对我国经济增长具有正面作用。丝绸之路经济带建设与美国、日本及俄罗斯的地缘政治经济计划形成强烈的战略对冲,深化中国与中亚、西亚各国的互利合作关系,势必会深刻地改变国际地缘政治经济格局。

2013年9月26日,国务院副总理汪洋在西北五省区对外开放座谈会上,深刻阐述了建设丝绸之路经济带、推进向西开放的重大战略意义,并从合力打造好丝绸之路经济带、推进基础设施互联互通、大力培育特色优势产业等六个方面提出了具体的战略思路。2013年12月,中央经济工作会议再次强调要"推进丝绸之路经济带建设,抓紧制订战略规划,加强基础设施互联互通建设",确定西北五省区参与新丝绸之路经济带建设。这一国家战略势必会极大地促进西北各省经济发展,开拓西北新的经济增长点,有利于构筑以开放促西部大发展的新格局,从而形成新的改革开放前沿。

在此背景下,青海省迎来难得的发展机遇,如何响应国家制定的区域经济发展战略,更好地融入丝绸之路经济带,既是政策制定者、实施者必须思考的问题,也是重要的经济学研究内容。本书所涉论

---

① 朱显平、邹向阳:《中国—中亚新丝绸之路经济发展带构想》,《东北亚论坛》,2006年第5期。
② 王睿、陈德敏:《西部地区向西开放总体战略构想研究》,《中国软科学》,2013年第4期。

题正是在这一背景下,把研究视线聚焦于如何复兴丝绸之路青海道,利用区域经济学的理论与方法,结合相关学者研究成果,深入思考青海融入丝绸之路经济带的背景、途径、效益、影响等问题。

目前,社会各界从不同角度关注、研究如何复兴丝绸之路。就研究意义而言,丝绸之路经济带是以古丝绸之路为文化象征,以上海合作组织和欧亚经济共同体为主要合作平台,以立体综合交通运输网络为纽带,以沿线城市群和中心城市为支点,以跨国贸易投资自由化和生产要素优化配置为动力,以区域发展规划和发展战略为基础,以货币自由兑换和人民友好往来为保障,以实现各国互利共赢和亚欧大陆经济一体化为目标的带状经济合作区。它既是一个历史概念,也是现实概念、区域性概念、经济性概念等。①

丝绸之路经济带战略意义十分广泛,它事关我国国防安全、经贸安全、能源安全、边疆安全,有利于地区稳定、区域发展。作为丝绸之路经济带核心区的组成部分,青海融入丝绸之路经济带建设本身就具有十分重要的战略意义。因此,从地缘政治、国土安全、区域经济发展、交通建设、城镇化、生态保护等角度看,该研究都具有重要理论价值和现实意义。

首先,从地缘政治看丝绸之路青海道沿线具有重要的战略地位。丝绸之路青海道沿线基本包括青海省全境。青海省界于内蒙古与西藏、新疆与内地之间,历史上曾是隔绝诸族联盟以保障中原安定的重要战略区域。当前,从地缘政治看,青海省的战略地位也十分突出。

青海因境内有中国最大的内陆高原咸水湖——青海湖而得名。青海是中国西部要冲,北接甘肃、西联新疆、南通西藏、东南达川滇,是连接中国东部、西部、西北和西南的交通枢纽。青海是中国海拔最高的省,雄踞于世界屋脊,全省平均海拔在 3 000 米以上。青海是

---

① 白永秀、王颂吉:《丝绸之路经济带:中国走向世界的战略走廊》,《西北大学学报》(哲学社会科学版),2014 年第 3 期。

中国面积最大的省区之一，东西长1 200多公里，南北宽800多公里，面积72万平方公里，占全国总面积的十三分之一。青海地貌复杂多样，五分之四以上的地区为高原，东部多山，西部为高原和盆地，兼具了青藏高原、内陆盆地和黄土高原三种地形地貌。青海气候以高寒干旱为总特征，属典型的高原大陆性气候，汇聚了大陆季风气候、内陆干旱气候和青藏高原气候三种气候形态，寒冷、干旱、缺氧、太阳辐射强是主要特征。青海是青藏高原生态安全屏障的重要组成部分，是长江、黄河、澜沧江的发源地，每年向中下游输出近600亿立方米的优质淡水资源，被世人誉为中华水塔、地球之肾。青海省是我国多民族聚居区之一，民族构成复杂。自古至今，羌、鲜卑、吐谷浑、吐蕃、回回、土、撒拉等民族繁衍生息于此。目前，少数民族占总人口的47.71%。青海地区宗教形态各异，中原儒家文化、藏传佛教、伊斯兰教等长期并存发展，形成蒙藏、汉、伊斯兰三大文化体系。从地缘政治学看，多民族聚居区内民族关系与经济发展间具有不可忽视的重要联系，二者的关系也往往呈现出复杂多变的态势。民族关系是影响青海地区稳定与发展的重要因素，也是影响国土安全与社会稳定主要因素。改革开放以来，以发展促和谐的理念已深入人心，如何借丝绸之路经济带建设复兴青海道，使各民族社会经济文化得到长足发展，既是解决民族问题的根本出路，也是提升地区战略地位的必要手段。

　　青海省北接河西走廊，西北与新疆相连，南部与西藏相接，东部与四川、甘肃两省相邻，区位优势较为突出。在地理观念上，人们一直视青海为民族边疆地区，但是，从地理区位看，青海处于中国的"心脏地带"，该地区的稳定与否关系到全国大局，该地区的经济发展水平也会影响国家经济发展的整体状况。从能源安全角度看，西气东输的一些管道与丝绸之路青海道几乎并行，未来从巴基斯坦瓜达尔港经新疆运往内地的石油等资源也须经过青海。①从国土安全角度看，青海是稳疆固边的桥头堡，也是青藏高原的安全屏障，加快发展青海道沿线经济发展水平，不断提高当地人民群众的物质文化生活水平，是维护国家统一与社会安全的必由之路。

在国家新的战略实施期，如何以恰当的方式、方法统筹考量民族问题与经济发展之间的关系，如何利用地缘特色发展经济，都是值得深入研究的重要学术问题。

其次，从区域经济发展与交通建设看，青海道具有重要的战略支撑作用。丝绸之路经济带是我国四大经济带之一，它是在古丝绸之路基础上形成的一个新的经济发展区域。丝绸之路经济带为古代丝绸之路的经贸文化交流功能赋予新的内涵，并成为促进区域经济发展的新引擎。丝绸之路经济带东邻亚太经济圈，西边与欧洲经济圈相接，沿线总人口达30亿，市场规模及发展潜力独一无二，是世界上最长、最具发展潜力的经济大走廊。青海省要实施"走出去"战略，就必须要融入丝绸之路经济带。如何利用自身的地理区位、民族文化等优势，融入丝绸之路经济带则是区域经济学研究的新课题。

青海道沿线是矿产资源、水资源、新能源等的富集区，同时也是经济欠发达地区。区域发展不平衡一直是我国的基本国情，改革开放初期，非均衡发展的发展战略加剧了东西间的区域经济差异。进入21世纪以来，国家陆续推出"西部大开发""振兴东北老工业基地""中部崛起"等发展战略，以实现区域协调发展。近10年来，东西的相对差距虽然有减少，但是绝对差距还是呈扩大趋势。[2]如何借丝绸之路经济带建设的东风，加快发展，缩小东西部差异，增强青海省经济可持续发展能力，成为摆在人们面前的重要课题。

丝绸之路经济带建设与新一轮西部大开发战略相互对接，使西北

---

[1] 刘同德：《青藏高原区域可持续发展研究》，中国经济出版社2010年版，第7—8页。
[2] 孙久文、高志刚主编：《丝绸之路经济带与区域经济发展研究》，经济管理出版社2015年版，第8—9页。

区域经济发展获得了进一步向西开发、开放的新机遇,而想要"升级版"的西部大开发战略得以实施,就需要"激活"古丝绸之路上曾辉煌一时的城镇、道路等。就青海省而言,复兴青海道,就是要让青海道重新发挥向西开发、开放的桥头堡作用,而青海道的复兴,势必会促进青海的经济发展水平,也会进一步开发沿线资源,从而促进区域社会经济的发展。

青海道的交通地位十分突出。在青海东北部,沿湟水向西的交通路线是中原通往新疆的重要通道之一,曾发挥过战备交通的历史功能,现今有高铁由民和、乐都、西宁、门源等地经张掖通往新疆。在西部,格尔木—敦煌铁路和兴建中的格尔木—库尔勒铁路也是连通中原地区与新疆的重要交通路线。青藏铁路是内地通往西藏的重要交通支撑,在青藏地区经济发展、地区安全、生态保护等领域发挥着重要作用。在东南,从西宁经湟源、共和、兴海等地至玉树结古镇的高速公路,与历史上唐蕃古道的走向大致相同;从西宁、平安、化隆、循化通往甘肃临夏的公路和从西宁、平安、尖扎、同仁、泽库、河南通往甘肃碌曲等地公路是古代河南道的不同支线,向南与四川西北部相接,是西南地区经过青海通往新疆的便捷通道。正是这种突出的交通地位,使得复兴青海道成为青海省融入丝绸之路经济带建设的重要支撑,而进一步研究青海道沿线交通建设则具体很强的现实意义。

第三,从生态保护看青海道具有特殊的战略地位。青海有"江河之源""中华水塔"的美誉,长江、黄河、澜沧江皆源于青海,长江总水量的25%,黄河总水量的49%,澜沧江总水量的15%,都出自于此。青海的水资源环境对中国乃至南亚、东南亚都有十分重要的意义,借青海融入丝绸之路经济带的战略机遇,保护、利用好这些水资源,既有重大的生态意义,同时也是实施以生态促发展的新发展思路的重要物质基础。

青海具有独特的地理、生态环境,生物多样,成为现代物种分化和分布的中心之一，是我国重要的珍稀物种繁衍地和世界高原种质基因库；青海自然景观旅游资源丰富多彩，具有原生态、多样性和独一无二的自然美，是我国重要的生态旅游和探险活动场所。青海也是生态脆弱地区，分布着面积较大的荒漠、沙地，因过度放牧、农田开垦、矿产开发等原因，一些地区的荒漠化现象较为严重。随着全球气候变暖，青海境内雪山、冰川融化速度加剧，导致水源地湿地减少，草场退化及黑土滩面积增大等生态恶果。复兴青海道，就须加大生态保护和建设力度，而如何治理好青海道沿线的生态环境，则具有很强的学术价值和现实意义。

总之，青海是丝绸之路经济带的重要组成部分。推动青海融入丝绸之路经济带建设，将有助于构建完善的国家交通资源网络，增强经济带的战略支撑；有助于构建绿色生态屏障，保障国家生态安全；有助于建设重要资源接续地，保障国家资源投入；有助于加强民族团结，保障国家安全稳定；有助于发挥历史文化优势，促进西向经贸文化交流。①

基于以上认识，我们的研究目的可分为两大部分。首先，通过对青海融入丝绸之路经济带建设的政策背景、实施方法、前景效益等的研究与评估，为复兴青海道提供理论参考。具体来说，通过分析丝绸之路经济带建设中的青海因素，深入分析"一带一路"国家战略对青海的作用与影响，丝绸之路经济带建设与新一轮西部大开发的内在联系，丝绸之路经济带建设与国家新型城镇化战略的相互作用，丝绸之路经济带建设与"三江源生态保护工程"的对接关系等问题，提出经济区域的空间布局，以生态促发展等新理论、新思维，并以此作为复兴青海道的理论依据。其次，通过对青海道沿线交通、城镇、外贸、旅游、生态等问题的定量分析，为复兴青海道提供措施

---

① 杜平贵、王辉：《推进青海融入丝绸之路经济带建设的战略思考与建议》，《中国经济时报》，2015年4月13日，第5版。

与方法方面的参考。复兴青海道需要具体的措施与方法。利用区域经济学研究理论，通过数据分析，建构模型，对研究对象进行相对精准的分析，为青海道沿线的未来交通发展、城镇建设、外贸发展、旅游及生态发展等提供学术参考。

本书是部区域经济学专著，研究方法也遵循区域经济学的基本理论与方法。区域经济学是关于人类经济活动的空间规律研究，是研究区域经济活动的组织和区际经济联系以及与此相关的区域决策的科学，是一个方兴未艾的经济学研究方向。传统经济学曾对"何地"问题视而不见，20世纪50年代以来，经济的"区域"问题才引起学术界重视并在之后的数十年里获得迅速发展。

任何经济活动都离不开某一特定空间，区域是客观实体，又是抽象的人们观念上的空间概念。按同质区域划分，区域往往是特定国家内某一完整的地区，其内部具有政策上的一致性和连续性。区域分异也是客观存在的，生产要素的不完全流动性，经济活动的不完全可分性，创新能力的部分排他性和竞争性，商务和劳务的不完全流动性是区域分异规律产生的原因。[①]

区域经济学研究内容包括：区域结构，它是由中心城市、中心城镇、广大农村以及各种网络所组成；区域经济活动自组织，即研究如何发展区域经济问题，其核心点在于解决区域经济增长问题，而区域经济增长是由资本积累、劳动力增加或素质提高以及技术进步等要素相互作用而引起的区域商品和劳务总产出的增长；区域空间的地域及其组成单元，主要由经济活动强度和密度不同的核心区（城市）、外围区两种不同的地域单元构成；区域分工与联系，以比较优势研究、判断区域优势及其与外界的联系；区域经济政策，以经济增长目标和均衡目标来研判经济政策对区域经济发展的影响。

根据区域经济学理论关于区域的定义及对研究对象的界定，本书

---

① 赫寿义、安虎森编著：《区域经济学》，经济科学出版社1999年版，第9—14页。

的研究方法即从丝绸之路青海道沿线区域的同质与分异现象入手,将"复兴青海道"这一专题分解为数个研究对象,按照相关理论方法展开研究。

理论研究方面,本书采用描述性研究法、文献法、归纳法、演绎法、定性法、比较分析法、个案法等方法,对"复兴青海道"的背景、现状、挑战、战略、定位、原则、关注点、切入点、突破口、合作机制、产业结构等宏观问题展开讨论,以发展经济学和落后经济学的理论思路布局全书基本框架,以理论分析指导个案研究,从而使研究成果具有理论意义。

实证研究方面,本书采取定量分析法,把"复兴青海道"这一研究专题分解为多个具体问题,搜集相关数据,并建构模型,根据某一理论形成假设进而加以论证的方法,对这些具体问题进行精准的有说服力的分析,进而提出复兴青海道的对策和建议,为宏观决策提供科学依据,为相关学术研究提供参考。

此外,利用文化学、人类学等视角审视"复兴青海道"这一问题,也是本书所要达到的一个目标。因此,利用文化学、人类学等方法考察"复兴青海道"这一问题,也是本书采取的研究方法与研究路径。

本书的研究内容共分七章。第一章从战略机遇与面临的挑战两个角度论述丝绸之路经济带建设中的青海因素,重点分析青海道沿线经济发展滞后因素的形成,区域差异造就的发展机遇,区域经济政策中的地方因素等问题。

利用近五年青海公路、铁路、航空发展的相关数据,分析青海道沿线交通发展的特点,在此基础上分析丝绸之路经济带建设与青海交通发展的内在关系,提出未来青海交通建设的趋势与具体规划。

利用近年青海城市、重点城镇等经济发展数据,建构模型,结合丝绸之路经济带建设,对青海城镇发展的差异化因素,城镇经济可持续发展的系统结构模式,城镇产业结构的调整与优化,城镇人口结构与产业布局关系等问题展开研究。

在分析、总结青海目前对外贸易的发展现状、基本特点基础上，在新丝绸之路视域下，考察青海外贸借助丝绸之路经济带建设的东风，扩大发展规模的方式、途径。

通过解析青海旅游业发展的基本状况，井喷式发展带来的商机与挑战等问题，重点分析丝绸之路经济带建设对旅游业的促进作用，并对未来旅游业的发展提出见解。

在全面分析青海生态的地位、特点、作用及目前取得的成果基础上，结合青海如何更好地融入"一带一路"国家战略这一大问题，从协同保护、碳汇交易等角度提出生态文明建设的具体方案。

根据青海文化的SWOT分析，从建构青海文化传承发展的主体意识，新丝绸之路与青海文化产业振兴两大角度，分析青海文化未来发展的方向等问题。

图 1.1　本书结构图

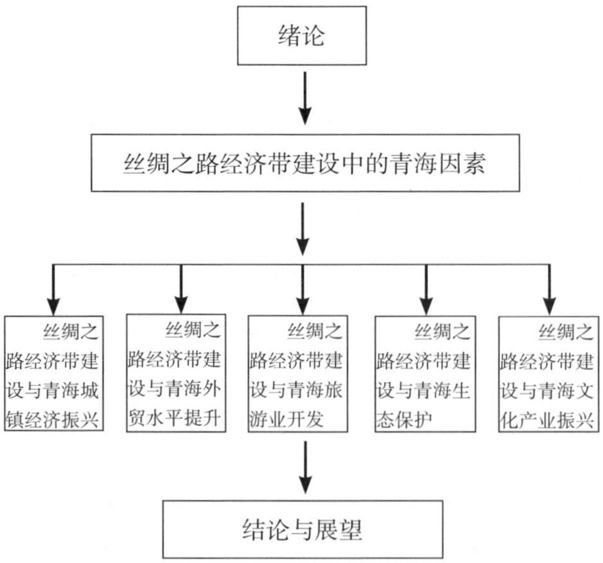

```
                    ┌──────────┐
                    │   绪论   │
                    └────┬─────┘
                         ↓
         ┌───────────────────────────────┐
         │ 丝绸之路经济带建设中的青海因素 │
         └───────────────┬───────────────┘
                         ↓
   ┌─────────┬─────────┬─────────┬─────────┬─────────┐
   ↓         ↓         ↓         ↓         ↓
┌──────┐ ┌──────┐ ┌──────┐ ┌──────┐ ┌──────┐
│丝绸之│ │丝绸之│ │丝绸之│ │丝绸之│ │丝绸之│
│路经济│ │路经济│ │路经济│ │路经济│ │路经济│
│带建设│ │带建设│ │带建设│ │带建设│ │带建设│
│与青海│ │与青海│ │与青海│ │与青海│ │与青海│
│城镇经│ │外贸水│ │旅游业│ │生态保│ │文化产│
│济振兴│ │平提升│ │开发  │ │护    │ │业振兴│
└──────┘ └──────┘ └──────┘ └──────┘ └──────┘
                         ↓
                   ┌───────────┐
                   │ 结论与展望 │
                   └───────────┘
```

# 壹 机遇与挑战：丝绸之路经济带建设中的青海因素

## 第一节 战略机遇

### 一、历史背景

丝绸之路青海道是一个复杂、多元的交通网络，主要由湟中道、羌中道和河南道三条干线组成①，各干线之间也有支线相连。一般来说，青海省北部的丝绸之路，如湟中道及其支线是河西道的辅路，联系西南与西北的河南道则具有独一无二的交通功能。②作为陆路丝绸之路的组成部分，青海道很早就发挥着连通东西的交通功能。大约从两汉开始，中央王朝就利用青海道与西域国家保持联系。

具体来说，青海融入丝绸之路经济带的历史背景可解析如下：

首先，历史上，陆路丝绸之路具有浓厚的青海因素。

---

①张得祖主编：《古玉石之路与丝绸之路青海道》，《青海师范大学学报》（哲学社会科学版），2008年第5期。
②李健胜：《丝绸之路青海道历史地位述论》，《青藏高原论坛》，2016年第2期。

诚然，古代丝绸之路的主线并不在青海，青海道的历史功能也不能随意夸大，但是，不能否认的是，青海道对经亚欧大陆腹地一直延伸至地中海沿岸及欧洲的经济社会文化贸易交流发挥过重要作用，其战略地位不可忽视。[1]具体来说，当古代中国不能有效地控制河西地区导致经河西的丝道堵塞时，青海道就发挥着沟通东西的重要战备丝绸之路的功能。魏晋南北朝时期，中国进入大分裂阶段，一些少数民族政权占据河西走廊，中原王朝无法通过河西道与西域保持联系，只好选择其他路径。此时，青海地区的吐谷浑政权为中原与西域的交往提供了便利，不仅利用原有的丝绸之路使东西交通通畅，还通过架桥修路、建设卫戍等扩充青海道的交通支撑能力。两宋时期，中央政权也无法有效地控制河西走廊，西夏堵塞河西道后，北宋政权与青唐吐蕃政权交好，利用青海道进行东西经贸、文化交流。

综观陆路丝绸之路发展史，青海道是一条特色鲜明的丝道。当国家统一、稳定时，它的功能往往被弱化，而当国家处于分裂、动荡之时，青海道则发挥出不可替代的重要功能，其战略地位也不可小觑。简言之，战备功能是青海道的重要历史因素。复兴青海道，就应当把握住青海道的历史特性，在国家向西开放的战略大背景下，科学定位青海道在新丝绸之路中的地位与作用。

其次，从青海道沿线的贸易商品看，这条丝道也具有浓厚的青海因素。

众所周知，历史上陆路丝绸之路的主要贸易商品是丝绸，青海道也曾经是丝绸输往中亚、南亚的中继站。但是，丝绸并不是唯一重要的商品，丝绸之路沿线的一些特产也曾经是东西方商人交易的

---

[1] 李勇：《青海融入丝绸之路经济带建设的战略构想》，《青海社会科学》，2014年第5期。

商品。具体来说,来自中亚、西亚的香料、药材、玻璃制品、金银器等曾是销往中原地区的主要商品,中原地区的丝绸、茶叶等也借丝绸之路销往中亚、南亚等地。青海道沿线是我国重要的牧业区,产自青海的特色动植物和矿物品种,如马、羊毛、羔皮、虫草、麝香、大黄、青盐等曾经以茶马贸易、朝贡等形式输往中原。直到清末,由蒙藏商人运往丹噶尔交易的商品具有浓厚的地方特色,并且在商品交易中占有明显优势,而其采购的商品多产自内地及青海农业区,一些商品具有鲜明的近代特色。①从青海输出的商品看,青海道沿线的地方特产是延续这一丝道生命力的关键,而要复兴青海道,则应当遵循历史规律,以开发、利用地方特产为抓手,着重发展特色产业,只有这样才能突出丝绸之路经济带中的青海因素,也才能在区域间的贸易竞争中保持自身优势与特色。

最后,丝绸之路文化交流史上,青海道也具有浓厚的自身特色。

青海道是我国重要的民族文化、宗教文化交流通道。从两汉开始,中原地区的汉族经青海道移民至湟水流域、共和盆地等地,吐蕃民族借唐蕃古道北迁至青海牧区,撒拉族祖先也借青海道从中亚至此,此外,回族、蒙古族等少数民族也曾借助青海道迁徙至青海各地。

民族的迁徙往往带动着文化的传播,汉族的到来使中原的农耕文化、儒家文化等传播至青海东部地区,回族、撒拉族把伊斯兰文明带到青海,早在魏晋时期,印度地区的佛教文化扎根青海,吐蕃民族的北上也将藏传佛教文化撒播到青海各地。总之,青海是儒家文化、佛教文明、伊斯兰文明的交汇之地,各种文明在青海道沿线沉淀、交融,逐步形成开放包容、丰富多彩的地方文化。

---

① 赵小花、李健胜:《论藏族、蒙古族商人对清代青海民族贸易的贡献——以丹噶尔为中心》,《西北民族大学学报》(哲学社会科学版),2014年第2期。

青海道沿线的这种民族及宗教文化格局使之与东西文化都有着密切的亲缘关系，汉文化系统是维系中原与青海政治、经济、文化一体化的人文基础，佛教文化使得青海与尼泊尔等国间有了人文交流的基础，伊斯兰文明是青海与中亚、西亚国家友好往来的重要纽带。丰富、多元的民族文化是青海建设文化名省的人文基础，也是发展民族文化产业的前提条件，民族文化的国际性禀赋，则是青海成为向西开放的前沿阵地，加深国际文化交流，形成国际性的文化产业的重要支撑。

## 二、现实基础

明清以来，随着整个丝绸之路的衰落，青海道逐步萧条、衰败，特别是它的国际商贸功能基本萎缩。但是，千百年来积累而成的交通路线、城镇体系、民族文化等并没有因此退出历史舞台，相反，它们是今天青海融入丝绸之路经济带的现实基础。

比如，青海省东连甘肃、南接西藏、西通新疆的公路及部分铁路走向基本与古代丝绸之路是一致的。从青海民和经乐都、西宁、门源的高铁及公路连通了古代湟中道与河西道，西宁至格尔木的铁路线、公路网把湟中道和羌中道连接起来，西宁至结古镇的公路也基本沿着唐蕃古道向南延伸，西宁、格尔木、结古、德令哈等机场的运营及大武、青海湖等机场的建设，把分散在丝绸之路交通网上的各个城镇连接在了一起。

西宁、结古等城镇至今仍是青海道沿线重要的商贸城镇。西宁历史悠久，早在新石器时代，就有人类在此繁衍生息，早在西汉时，中央政府在此设立西平亭,东汉设西平郡,唐置鄯州,宋时称青唐城,元设西宁州,明改为西宁卫,清代雍正年间设西宁府,至道光九年(1829年),西宁府下辖三县四厅,分别为西宁县、碾伯县、大通县、巴燕戎厅、循化厅、贵德厅和丹噶尔厅。西宁起初为小区域(湟水流域)的行政中心,随着政治、经济、军事和文化地位的不断上升,成为大区域(整个青海)的首府。[1]处在湟水河中游的西宁历来是各民族商品交易的重镇,这座城市自古至今是中原地区商品输入青海牧区的中继站,也是青海地区特产输往中原的必经之地。明代时,西宁茶马司掌管当地茶马贸易,产自青海湖周边的良马从此转运到内地,内地的茶叶也成为西宁市场上重要的商品。近代以来,羊毛成为西宁地区最为重要的外销商品,虽然羊毛产自青海牧区,但西宁是羊毛交易的重镇,因此,人们把青海牧区的羊毛称为"西宁毛"。

以西宁为中心形成的城镇体系,把青海道各干线及支线连接在了一起,民和、乐都、平安、湟源、恰卜恰、德令哈、格尔木、结古、循化、化隆、同仁、门源等城镇,皆在人口资源、经济基础、城市交通等方面都可以为丝绸之路经济带建设提供支撑。

任何事物都有它的地理属性,商贸活动也不例外,而区域经济发展过程中,区位因素既是一种客观现象,也是一种主观因素。从宏观角度讲,青海道沿线地处中国腹地,既不沿海,也不沿疆,对外商贸活动的交通条件相对落后。同时,青海道沿线南联四川、西藏,西接新疆,东邻甘肃,是跨区域贸易的中继站。当这些客观因素与特定时期的国家政策、地方发展思路等主观因素结合起来时,会形成不同的区位认知。

---

[1] 芈一之等主编:《西宁历史与文化》,辽宁民族出版社2005年版,第365页。

改革开放前30年的经济发展格局中，包括青海在内的西部地区离东部海港动辄上千公里，无法利用地缘优势融入当时的经济格局中获得快速发展的机遇。以海运作为经济驱动的大背景下，青海道沿线并不沿海，也不是边疆地区，区位劣势十分明显。因此，在当时的改革开放格局中，国家重点支持东部沿海地区的经济发展，而青海道沿线始终处于末端地位，对外开放水平也始终在低层次徘徊。

"一带一路"国家战略中，建设新丝绸之路经济带就要超越原有的区位认知，把开放、开发的重点放在西部地区，重点发展与中亚、西亚、南亚间的交通、商贸、旅游、人文等往来、交流方面，而就向西开放的战略而言，相对于我国东中部省份，青海道沿线具有明显的区位优势。青海道不仅与中亚、南亚国家（如巴基斯坦）的空间距离较中东部省份近得多，借助原有的交通基础、人文条件，使青海道沿线拥有加强与中亚、南亚国家经贸往来、共建丝绸之路经济带的各种优势。

就区位优势来说，青海虽在我国的经济版图上属于偏远地区，但在中国与中亚、南亚经济板块中，青海处于中心位置；就交通条件而言，青海道沿线地处中巴经济走廊和丝绸之路经济带的十字要冲，东中部省区的工业品向中亚、南亚国家出口及中亚、南亚国家的能源资源向我国东部发达地区输送，青海道沿线都可以承担重要的交通枢纽功能；就地域文化而言，青海道沿线也与中亚、南亚有着显著的文化接近性，这也是青海融入丝绸之路经济带的重要现实基础。总之，以创新思维认知青海道沿线的区位条件，青海道沿线基础交通设施建设力度的加强，以及沿线人文资源开发、利用程度的提升，区位优势必定会成为青海融入丝绸之路经济带建设，依托新丝绸之路发展开放型经济的优势基础。

资源优势也是青海融入丝绸之路经济带的重要现实基础。青海水资源丰富，水能总储量居西北五省之首，人均水能总储量是全国人均水平的 8 倍。青海的矿产资源品种齐全，分布集中，开采价值高，截止至 2015 年底，发现的矿产地超过 1 500 处，全省共有各类矿产 125 种，占全国已发现矿产 173 种的 72.3%，探明储量的矿产 105 种，占全国已探明储量矿产 156 种的 67.3%。编入青海省矿产储量表的矿产有 89 种，其中，能源矿产有 4 种，金属矿产有 36 种，非金属矿产有 46 种，水气矿产有 3 种。其中，锂矿、锶矿、冶金用石英岩、电石用灰岩、化肥用蛇纹岩、钾盐、镁盐、玻璃用石英岩、石棉的储量居全国之首。青海矿产资源的地域分布并不均衡，人称"聚宝盆"的柴达木盆地蕴藏着极其丰富的盐类矿产和一些非金属矿产，全国 99% 以上的镁盐，96% 以上的钾盐，80% 以上的锂矿和湖盐矿，66% 以上的芒硝，近 50% 以上的锶矿和石棉矿都分布在柴达木盆地。青海矿产资源潜在总值占全国的七分之一，位居第二位。

青海省地处高原，人口稀少，具有丰富的太阳能资源。年日照时数为 2 500 ~ 3 650h，太阳能总辐射量为 4 800 ~ 6 400MJ·m-2，年资源理论储量 67 万亿 KWh，每年地表吸收的太阳能相当于大约 824 亿吨标准煤的能量。在相同面积和容量下，太阳能并网发电量比相邻的甘肃、宁夏多 15% ~ 25%，开发利用前景广阔。目前，青海已基本形成多晶硅材料、单晶硅拉晶、切片、光伏组件为一体的完整光伏产业链。据初步预测，青海省可利用荒漠化土地如全部建成太阳能并网电站，总装机容量可达到十几亿千瓦，发展潜力巨大。①

青海丰富的矿产资源和太阳能资源，既为发展青海道沿线经济提供了基础条件，也为青海承接东部产业转移提供了资源条件和能

---

① 李岩：《青海省太阳能资源现状及发展前景》，《青海科技》，2011 年第 5 期。

源保障，这一现实基础是青海成为中国向中亚国家出口工业制成品生产加工基地的先决条件。

青海近十多年来的经济发展为融入丝绸之路经济带提供了较好的经济基础。新中国成立以来，青海经济发展经历了三个阶段：第一阶段（1949—1977），这一时期经济增长较快，但波动明显，GDP 增长了 8.26 倍，年平均增长 8.5%，高于全国平均水平 2.3 个百分点，但人均收入极低，居民生活水平属于贫困型。第二阶段（1978—1995），这一时期经济增长缓慢，年增长率为 6.8%，明显低于全国平均增长率（9.9%），居民生活水平基本维持在温饱阶段。第三阶段（1996 年以后），这一阶段进入高速增长期，1995—2010 年，青海 GDP 增长 4 倍，年平均增长率达到 10.5%，高于全国平均水平（9.6%），这一时期居民收入有所提高，开始进入小康水平。[1] 对外开放方面，青海已与多个国家的相关省州市缔结了友好关系，青洽会、环湖赛、藏毯展、清真食品展等重大活动的专业化、国际化水平明显提升，截至 2015 年，全年货物进出口总额 119.86 亿元，比上年增长 13.6%。其中，出口额 101.76 亿元，增长 46.8%。[2] 近年来，青海经济尤其是开放型经济的快速发展，为青海融入丝绸之路经济带奠定了基础。

青海道沿线的交通基础设施、城镇体系也是青海融入丝绸之路经济带的现实基础。近年来，青海交通基础设施建设走向快车道，

---

[1] 胡鞍钢、童旭光：《青海省经济发展历程与发展阶段研究》，《青海社会科学》，2011 年第 6 期。
[2] 青海省统计局、青海调查总队：《青海省 2015 年国民经济和社会发展统计公报》，引自青海统计信息网：http://www.qhtjj.gov.cn/tjData/yearBulletin/201602/t20160229_39207.html　本书所用 2015 年青海省财政、人口、经融等主要数据均采自此报告，后文不再一一标注。

航空、铁路、公路建设呈现井喷式发展的态势，尤其是航空业的快速发展，几乎每年以一座新机场的"诞生"速度在推进，不仅使省内航空网络更趋完善，也使青海与内地、青海与国外的空中连通变得更加畅通。依托古代丝绸之路的交通走向，结合现代公路建设理念，建成完备的公路交通体系，已经成为青海公路建设领域内的共识，2015年年底，成都至库尔勒高速公路青海段的重点工程，花石峡至果洛公路路基本贯通，这为基本沿河南道路线修建的川青新大通道的开通奠定了基础；2015年10月7日，茶卡至格尔木高速公路全线通车，这条公路是国家高速公路网京藏高速的重要组成部分，全长474公里，[1]它的通车，意味着古代湟中道与羌中道沿线实现了高等级公路的全线连通。近年来，铁路建设的最大亮点莫过于兰州经西宁、门源至张掖高铁的开通，这条沿古代湟中道宁张支线修建的高铁，既让青海融入了国家高铁网络，也使青海多了一条向西开放的便捷铁路交通。如前所述，历史上，青海的城镇体系曾为丝绸之路青海道的经贸活动提供了重要支撑，如今，西宁、湟源、都兰、格尔木、同仁、结古等城镇，仍是青海重要的人口集聚区，它们的工业基础、基础设施、文化教育等也是新丝绸之路的重要支撑。此外，青海省经济基础虽然底子较薄，但发展包袱小，与东部对接的空间广阔，经济发展的内在特点决定了青海在参与丝绸之路经济带建设过程中，在"政策沟通、道路连通、贸易畅通、货币流通和民心相通"中能够起到重要作用。

总之，从青海融入丝绸之路经济带的现实基础看，青海具备打

---

[1] 李香玉：《青藏交通新动脉青海茶格高速公路全线贯通》，中国工程建设网2015年10月13日报道，http://www.chinacem.com.cn/qydt/2015-10/198603.html

造丝绸之路经济带战略通道的文化优势、地缘优势、资源优势和现实条件，在丝绸之路经济带建设中必将发挥更为重要的作用①。

## 三、当前的机遇

### （一）全球经济一体化进程带来的机遇

在全球化不可扭转的背景下，如何实现可持续发展，成为中国需要面对的现实问题；全球经济一体化也是当前中国面临的重要机遇，而如何借助、融入一体化的全球经济，加快发展是必须面对的重要问题。全球经济一体化进程背景下的开放经济，要素、商品与服务可以自由地跨国界流动，从而实现最优资源配置和最高经济效率，开放型经济已成为当前各国、各地区的主流选择。经济一体化的内生循环累积发展机制决定，生产系统的分工将更趋专业化，各国根据自身区位特点、经济基础、资源条件等，准确定位自身在全球生产系统中扮演的角色，并加强与其他生产要素的合作。从粗放发展的教训来看，原有的开放机制使得我国对外经济部门畸形发展，内部经济系统受到抑制，改革开放出现瓶颈效应。转变对外经济发展方式，其目光不能仅局限于原有的对外经济优势部门或区域，需要改变国际分工的地位与方式，从而在经济一体化格局中获得更多的发展动力。

全球经济一体化的实证研究表明，除北美与东亚开始展开产品内分工层面的区域融合外，欧洲与亚洲各国因各种因素，未能形成

---

① 刘建民、孙肇明：《专家学者为青海融入丝绸之路经济带建言献策》，《青海日报》，2014 年 6 月 11 日，第 4 版。

这种融合，随着东亚经济的崛起，逐步成为经济一体化的主导力量，深化欧亚合作，对于同时挖掘两大区域的经济潜力，促进分工深化与产业演进，具有深远意义，它整合欧亚各国的共同利益，也是未来经济发展的趋势。①

从国家层面讲，我国的对外开放既需要深化产业结构，参与国际产业分工，强化与各国经济合作、协同能力，也需要注重国家内部各区域间的协同合作与共同发展，建构区域经济的均衡发展。全球经济一体化不单指国与国之间经济的协同发展，也包括国家内部各区域间的经济协同发展问题，且这种经济协同发展很大程度上是指经济的均衡发展。在国家经济体系中，要做到均衡发展，既需要国家宏观经济调控，使经济均衡发展获得制度、金融等方面的保障，也需要打造各区域之间经济协作的交通、人才、信息等平台，同时也使各区域协同发展带动人口素质、医疗卫生、文化教育水平等的均衡发展。

"一带一路"既是在全球经济一体化背景下实施的国家战略，也是确保我国各区域间均衡发展的新思路，这都有利于改善青海的区位条件，提升开放效率，拓展发展空间，助推青海向西开放型经济发展取得重大突破。总体而言，青海依托丝绸之路经济带建设打造向西开放型经济是青海突破区位劣势、拓展向西开放空间的重要引擎；青海依托丝绸之路经济带建设打造向西开放型经济是经贸多元化跨越发展的难得机遇；青海依托丝绸之路经济带建设打造向西开放型经济是完善交通网络体系、实现更广领域资源优化配置的突

---

① 马莉莉、任保平等编著：《丝绸之路经济带发展报告2014》，中国经济出版社，2014年版，第80页。

破口。①

在全球经济一体化进程提供的历史机遇下,青海可以打造成为丝绸之路经济带的"战略基地和重要支点","绿色高地和重要战略支撑区","向西开放的重要腹地、能源资源的战略要地、能源进口的重要通道"等,②从而摆脱原有的区位劣势,提升开放水平,在经济一体化格局中找到自身发展的切入点与突破口,积极搭建合作平台,加快发展内陆开放型经济,努力把我省打造成丝绸之路经济带的战略通道、重要支点和人文交流中心。

### (二)政策机遇

国家及地方经济政策往往对区域经济发展产生决定性影响。1978年以来,在国内经济发展水平低下,投资环境薄弱的前提下,中国采用东部沿海率先开放的策略,加之受海权时代的深刻影响,中国参与全球经济一体化分工的产业和劳动人口等都集中在东部沿海地区,因此,东部沿海经济在改革开放前30年得以飞速发展。受经济政策影响,中西部地区的经济发展相对滞后,且成为主要的能源、原材料和廉价劳动力的来源地。

如前所述,"一带一路"国家战略的提出,为西部地区向西开放,融入经济一体化进程,加快当地经济可持续性发展,提供了难得的历史机遇。这一政策机遇既是国内外矛盾日趋激化、经济发展方式迫切需要调整的结果,也是国家实现区域平衡发展的战略考量。从国家层面看,以创新理念建设丝绸之路经济带成为基本政策导向。

---

① 苏海红、丁忠兵:《丝绸之路经济带建设中青海打造向西开放型经济升级版研究》,《青海社会科学》,2014年第5期。
② 杨自沿:《青海在丝绸之路经济带建设中的地位》,《青海日报》,2014年4月28日,第6版。

这一政策机遇意味着需要重构市场与政府关系，既要肯定市场在资源配置中的决定性作用，也要追求国家治理体系和治理能力的现代化目标，政府将逐步退出因行政干预造成市场壁垒的领域，提升市场软硬件的通达性、协调性，为西部地区的经济发展提供公共服务支撑。

在这一政策机遇下，地方政府应当把青海的发展放到全国乃至全球发展的大背景下来审视、来考量，发挥比较优势，有所为有所不为，对未来的发展战略、发展思路、发展方法进行理性分析，尽力抢占未来转型发展的制高点。①

学者们指出青海改革开放的战略导向应当转向西部，②利用政策导向加快青海与中亚、西亚、南亚国家的经贸合作。丝绸之路经济带总人口近30亿，市场规模及市场潜力独一无二，沿途区域经济互补性强，合作空间巨大，因此，丝绸之路经济带建设着眼点在于构建以合作促发展的大格局，利用青海的区位、文化等优势，积极参与到沿线国际贸易体系当中。只要充分利用这个格局，必将改变青海省一直以来远离中心市场的不利局面，进而对青海省的商贸发展、区域合作、资源综合循环利用、生态文明建设、民族文化交流、金融创新与发展等各方面产生深远影响。总之，丝绸之路经济带建设使青海向西开放空间得到了较大拓展，开放型经济发展前景广阔。

青海省委、省政府正在积极推进青海的向西开放力度。2014年5月，2014中国（青海）国际清真食品及用品展览会在西宁举行，

---

① 马洪波、孙凌宇：《丝绸之路经济带与青海转型发展》，《青海日报》，2013年12月9日，第6版。
② 子宜：《将丝绸之路经济带打造成为青海向西开放的主渠道——访省社科院副院长、研究员孙发平》，《青海日报》，2014年6月12日，第6版。

期间，青海省委、省政府举办2014中国（青海）"丝绸之路经济带"经贸合作圆桌会议，来自土耳其、塔吉克斯坦、吉尔吉斯、尼泊尔等国的代表与会，省委书记骆惠宁提出加强沟通协商、拓展合作领域、加强政策服务的三点建议。[①]其中，"加强政策服务"的建议，既是对与会各级政府职能部门的要求，也是对参与青海经济建设的各国（地区）企业的承诺。2015年6月12日，由青海省政府主办，青海省金融工作办公室承办的中国·青海"一带一路"金融论坛在西宁举行。省委常委、常务副省长骆玉林出席论坛并致辞，省政协副主席仁青安杰、全国相关金融机构及国内外知名经济金融领域专家学者、"一带一路"沿线10多个省(市、区)金融办负责人出席论坛。本次金融论坛的举办，旨在深入贯彻党中央国务院关于实施"一带一路"重大战略部署，面向全球金融运行形势，多领域、多角度加强合作交流，搭建"一带一路"开放型经济发展平台。[②]丝绸之路沿线各省区加强政策协调，就金融领域内的发展战略和对策进行充分交流，协商制定推进区域合作的规划和措施，形成合力，也可为青海融入丝绸之路经济带提供政策机遇。

---

[①] 刘鹏:《青海:努力融入"丝绸之路经济带"》,《光明日报》,2014年5月21日,第4版。
[②] 陈海玲:《中国·青海"一带一路"金融论坛在西宁举行》,《青海日报》,2015年6月13日,第一版。

## 第二节 面临的挑战与战略选择

### 一、青海融入丝绸之路经济带的严峻挑战

尽管历史背景、现实基础及当前的机遇都有利于青海道沿线借丝绸之路经济带建设，提升区域经济发展水平，但是，青海融入丝绸之路经济带建设仍存在着诸多严峻挑战。

从宏观方面看，丝绸之路经济带沿线的安全形势不容乐观。首先，近年来，境内外"恐怖主义、分裂主义、极端主义"相互勾结，对我国西部边疆地区的安全形势构成极大威胁，尤其是新疆地区近年来连续发生暴恐案件，严重影响到新疆及我国的局势稳定，而新疆恰恰是向西开放的主要门户，这一地区不容乐观的安全形势，对国家向西开放战略的实施形成很大威胁。此外，青藏地区因达赖集团的分裂活动，也存在诸多安全隐患。丝绸之路沿线经济开发建设势必会促进人员流动，开放程度的提升有可能为境外敌对势力乘虚而入提供可乘之机，这就使丝绸之路经济带建设面临两难选择。其次，丝绸之路经济带沿线地区地缘政治形势复杂多变，部分国家不良的政治经济环境及特殊的社会条件给经贸合作带来诸多负面影响。丝绸之路沿线国家大多历史悠久，是世界几大宗教的诞生地和主要传播区域，由此积累而成的民族、宗教、文化、种族等矛盾较多，化解这些矛盾本身就有很大风险和挑战。中亚、西亚地区局部政治、军事冲突一直没有中断，美国和俄罗斯在此地区的权力争夺也十分激烈，"颜色革命""阿拉伯之春"等使部分国家间的冲突进一步加剧，这使得未来的经济合作面临很多变数。复次，中国参与中亚、西亚国际合作起步较晚，一些涉及欧亚合作的项目将中国排除在外，这使得中亚、西亚与我国的合作国际化层次低，还未真正建立立足长远的双边经济合作机制。一些中亚、西亚国家法制不健全，市场机制不完善，存在严重的腐败问题，根据2012年12月4日公布的《透明国际2012年度全球腐败指数报告》，哈萨克斯坦、俄罗斯、吉尔吉斯、塔吉克斯坦、土库曼斯坦、乌兹别克斯坦等国腐败程度严重，这都使得中国与这些国家的经济合作面临很大的不确定性和高风险性。第四，丝绸之路经济带建设成本高昂，可行性本身就有很大的挑战性。丝绸之路经济带横跨欧亚地区，交通基础设施的互联互通是首要建设内容，但沿线地域广阔、自然地理条件差异较大，交通基础设施的建设成本高昂，加之中亚国家铁路多是宽轨，中国和欧洲铁路是准轨，铁路轨道问题使得欧亚跨境铁路运输费用大增，比较优势不明显，远程商贸面临较大限制。最后，地处中亚、西亚的欠发达国家普遍拥有丰富的石油、天然气、矿产等资源，这些国家和地区普遍依赖初级产品出口来参与国际分工，在自由市场中处于外围层级，这可能导致丝绸之路经济带建设中这些国家仍然扮演原有角色，从而强化中心——外围的经济结构，从而侵蚀丝绸之路经济带的合作基础，难以实现可持续发展。①

从青海道沿线自身条件看，融入丝绸之路经济带也面临很多挑战。

首先，古代丝绸之路发展史上，青海道的主要干线不在主干道上，和经过河西走廊的丝绸之路相比较，青海道的交通支撑作用相对较弱，往往被视为辅助之路，这尽管是客观因素导致的，但也有主观上对青海道历史地位与价值认识不到位的因素，同时也与历代王朝普遍不重视青海道沿线经济开发的政策导向有关。丝绸之路经济带的构想是以古代丝绸之路为蓝本的，河西道是丝绸之路经济带的主干线，青海道仍被定位为辅路，这就导致国家相关战略规划中青海道沿线可能被列为间接参与区，而不是直接构成区，由此可能导致青海在国家制定丝绸之路经济带建设规划中被再次边缘化。②

其次，青海在建设丝绸之路经济带、扩大向西开放中面临很大的竞争压力。随着"丝绸之路经济带"上升为国家战略，陕西、甘肃、宁夏、新疆等省区纷纷争当丝绸之路经济带建设的起点、节点区域和桥头堡。如陕西要把西安打造成丝绸之路经济带的"新起点"和"桥头堡"，甘肃致力于打造丝绸之路经济带的"黄金段"，新疆借助区域优势打造向西开放的前沿门户。因青海并不邻边，也不在欧亚大陆桥的主干道上，区位优势不及上述省区，加之自然条件、人力资源、经济发展水平等都落后于这些省区，因此在省际竞争中并不占优势。

---

① 马莉莉、任保平等编著：《丝绸之路经济带发展报告 2014》，中国经济出版社2014 年版，第 82—83 页。
② 苏海红、丁忠兵：《丝绸之路经济带建设中青海打造向西开放型经济升级版研究》，《青海社会科学》，2014 年第 5 期。

此外，青海的能源产业与新疆存在较大竞争关系，藏药产业、枸杞产业、民族服饰产业都与甘肃、四川、西藏、宁夏等存在竞争。由于青海地处"三江源头"，90%多的地区是禁止开发区和限制开发区，纳入国家生态建设重点保护的区域占全省的面积的39%，生态环境保护压力大，产业承载能力也十分有限，与上述省区相比较，矿产资源开发、工业制造、基础设施建设等方面都不占明显优势。

第三，青海道沿线资源优势转化难度较大，很可能成为青海融入丝绸之路经济带的一大障碍。青海面积为72万平方公里，面积广阔，人口只有588.43万人（2015），总量不大，这似乎都有利于经济开发，但是，青海高寒、荒漠区面积很大，占到总面积的70%以上，难以开发的雪山、冰川、沙漠及高海拔区域因生态脆弱，人口承载能力十分脆弱，这些地带的经济发展与人口资源环境矛盾十分突出。青海道所经柴达木盆地及青南高原尽管矿产资源丰富，但由于高海拔，高开发、运输成本，以及产业链受技术制约难以延伸等因素制约，资源优势很难转化为经济优势，"富庶的贫困"现象仍是制约青海经济发展的一大障碍。

第四，传统增长模式转型难、改善民生的任务很重。青海经济增长模式中，产业层次低、链条短，产业结构单一，一直依赖低资源成本、高环境成本为主的发展模式。如今，"挖矿开发"的粗放经济面临着生态环境保护的约束和可持续发展的压力，难以为继，一些地区的GDP增长因此放缓。加之外贸、金融、信息等服务体系不健全，影响和制约着开放型经济的发展。青海道沿线地区的经济总量和市场容量很小，虽然产业升级、经济转型的需求迫切，但是经济发展的驱动力不足。2015年，青海的GDP总量为2 417.05亿元，大约仅占全国的0.28%，青海的区域经济价值远不及它的生态价值及社会价值。2015年，青海全省公共财政预算收入381.13亿元，全省公共财政预算支出1 505.54亿元，青海财政收入少，但民生领域的支出巨大，发展资金不足，"小马拉大车"的局面短期内难以改善，这也成为青海融入丝绸之路经济带建设的一大障碍。

## 二、青海融入丝绸之路经济带的战略选择

### （一）战略选择

青海融入丝绸之路经济带的战略选择包括对发展方向的选择、发展速度与质量的选择、发展点的选择和发展能力的选择。发展方向的选择涉及战略构想与战略实施，李勇先生从政府引导、文化牵线、贸易先行、合作开发、物流中转、承接转移、制造崛起七个方面提出青海融入丝绸之路经济带建设的战略构想。[①]从政治经济学角度看，大国间的利益博弈与各国在丝绸之路经济带扮演的角色等因素影响着丝绸之路经济带建设的战略实施，优化贸易制度、调整对外金融制度、创新利用外资、完善经济合作制度是实施发展战略的基本措施，而以上海合作组织为依托，以打造"战略稳定带"为支撑，以双边及多边合作项目为载体，以实现互联互通为内容，是战略实施的要点。战略实施的路径则包括协调利益关系、深化互利合作、加快政策沟通等。[②]

---

①李勇：《青海融入丝绸之路经济带建设的战略构想》，《青海社会科学》，2014年第5期。
②任保平、马莉莉等主编：《丝绸之路经济带与新阶段西部大开发》，中国经济出版社2015年版，第53—59页。

如果说发展方向的选择是宏观的战略构想，那么发展速度与质量、发展点及发展能力可综合为战略选择的具体措施，在战略选择的理论框架中，具体描述的一些措施也往往与战略层面上的构想息息相关，并不仅仅局限于措施本身。著名经济学家熊彼特认为当经济发展达到均衡和停滞时，只有通过不断的创新才有经济的不断发展，而要促进经济不断发展就要打破均衡，在制度和技术两方面努力创新。[①]当前，青海道沿线经济既面临着上述挑战，也迎来了难得的机遇，要迎接这些挑战与机遇，就要以创新思维，提高创新能力。

青海要更好地融入丝绸之路经济带，首先要形成全方位的开放合作观念，特别是要紧紧抓住向西开放的国家战略，夯实青海融入丝绸之路经济带的理念基础。

从国家战略角度看，向西开放可以与向东开放形成一种平衡，这有利于增强我国对外开放的多样性，消解中国在环太平洋地区的外交压力，增强中国在地缘政治与安全事务中的主动性，也有利于加快西部欠发达地区的经济发展，可谓一举数得。青海要抓住向西开放的历史机遇，就要理性对待与国家战略的对接问题，既不能以"等、靠、要"的被动心态错失发展良机，也不能盲目跟进，制定不合适宜的发展策略。我们要从原有发展思维中解脱出来，树立主动融入的战略观念，密切关注丝绸之路经济带沿线国家的发展变化情况，分析国内其他地区的应对之策，为利用好国家向西开放的战略契机奠定制度基础。同时，也要理性审视我省省情，准确把握当前经济发展的阶段性特征，理性研判青海经济与丝绸之路经济带的结合点，为进一步谋划经济发展找到合理路径。具体来说，国家层面

---

① （美）约瑟夫·A.熊彼特著，何畏、易家详译：《经济发展理论》，商务印书馆 1990 年版，第 13—14 页。

协调西部各省区在丝绸之路经济带建设中的战略定位时，不能为了争得所谓的战略先机，盲目地进行战略定位。比如，一些省区为争取国家关于丝绸之路经济带建设的政策及资金支持，在省际竞争中获得优势地位，纷纷加入"丝绸之路起点"的争夺战中，通过过度阐释历史信息，甚至不惜假托历史依据来获得所谓的"先机"，最终的结果是丝绸之路经济带建设尚处在谋划和初步建设的阶段，而中西部地区出现了数个"起点"，这种理念上的乱象不仅不利于丝绸之路经济带建设，也会导致省区间的无序、恶性竞争。

结合青海道在古丝绸之路交通网络及商贸体系中的历史地位，青海省省情及当前社会经济发展水平等各个要素，以"融入"为导向的战略选择，是十分恰当的，它既体现了青海省与国家相关战略的准确对接，也准确反映出青海省积极建构与周边省区的联动协调机制，这都为利用丝绸之路经济带建设提升区域经济发展水平奠定了制度基础，也扫除了一些不必要的外部障碍。

融入丝绸之路经济带，就是要秉持开放合作、积极向西开放的理念，融入国家经济可持续发展的战略布局，融入"一带一路"的战略规划。具体而言，利用区位优势和政策红利，把握好推进基础设施互联互通和"兰西经济一体化"、新型城镇化的机遇，加快实施重要基础设施的升级改造和项目建设，加强物流基础设施、服务的跨区域衔接，完善多元交通运输体系，努力把青海打造成路贯东西、辐射南北的重要丝绸之路战略通道。近年来，青海省组织经贸代表团分赴南亚、中亚、西亚等地区国家进行经贸学习考察，达成多项经贸、文化、教育合作意向。率先在西北五省区成功举办"中国（青海）丝绸之路经济带经贸合作圆桌会议"和"中国（青海）丝绸之路经济带地毯产业合作与发展圆桌会议"，达成一批政府间、企业间合作协议和经贸合同，构建起与丝绸之路沿线国家经贸合作的常态化机制。这些举措都是理念融入的实际表现，说明青海省已充分认识到了丝绸之路经济带建设中青海因素的方方面面，为打造战略通道提前布局，以抢得发展先机。

在战略选择中，发展能力、发展质量等的选择，往往依托于机制融入，要积极探索资源配置、利益分配、制度保障等方面的合作机制，强化体制机制创新，努力破解体制障碍，努力创造开放、统一、有序的市场环境。要做到机制融入，就要积极参与并推动区域经济一体化进程，在遵循一体化战略构想的前提下着重培养区域经济的发展能力和发展质量。受自然条件、利益差异、政策差异及文化差异等因素影响，丝绸之路经济带一体化建设面临着诸多制约条件，而经济带建设过程即是要打破这些差异，找到多边合作的共同利益点，超越政策、文化等方面的差异，最终形成一体化的经济格局。在借助东部沿海向东开放格局未能有效拉动经济发展，向西开放的格局还未形成时期，青海的资源配置往往满足于小区域的经济发展需要，未考虑到更为复杂多元的开放格局中资源配置问题，促使多元合作的制度保障及利益分配体系也不完善，这都不利于机制融入的建构，同时也制约了发展能力、发展质量的提升。

经济一体化的内容包括空间上的一体化，基础设施的一体化和市场的一体化。空间上的一体化是指经济一体化过程中，不同区域之间按层级构成的空间体系，这些体系在时间上、空间上都有逐级推行的可能与过程。空间一体化是机制融入的前提，它决定了特定区域在资源、制度、利益等方面按空间扩展需要而进行的调适及其结果。青海长期被定位为民族边疆地区，高寒的气候条件、多元复杂的民族成分、滞后的经济发展水平都影响着青海的空间定位，使这个并不邻边的省份被定位为边疆地区，而这一空间定位又影响着人们的空间观念，加之民族文化、国家安全等方面的因素，使得青海长期被置于一体化格局的边缘。以机制融入为抓手，提升青海经济的发展能力、发展质量，就要打破原有观念，在中国与中亚一体化的空间体系乃至中国、中国与欧洲一体化的空间体系中找到准确定位，提高参与意识，明确青海是上述空间的组成部分，而非边缘区域，只有这样，才能倒逼着行政管理体系、市场主体等制定、完善融入机制，进而提升发展能力和发展质量。基础设施的一体化是机制融入的基础条件，基础设施的完善势必会带动经济实力较弱的区域成为新的开放前沿，也可为国际贸易提供便利。如若青海能够与东部地区的基础设施相接轨，其经济发展能力与发展质量就会上一个台阶，这又反过来会加速完善该地区的机制融入。市场一体化也包括几个层级，青海既是国内市场的组成部分，也是向西开放的主体之一，同时也是未来欧亚一体化市场的组成。为了在国内市场中占得一席之地，就要建立完善的市场经济、增强基础设施建设、提升人力资源，这些机制融入的手段是在第二、第三层级的市场一体化中面临着进一步优化、升级的压力，以解决国际贸易、投资自由化和便利化等问题。

青海融入丝绸之路经济带的战略选择中，发展点的选择应当与本省的产业优势结合起来，做好产业融入。所谓产业融入就是要以自身的优势产业参与丝绸之路经济带的产业发展、布局，并以此为发展点，促进区域经济的快速发展。结合青海的资源优势、区域特点，盐湖资源、新能源、新材料、农牧产品、生物医药等产业是青海省重要的战略发展点。

## （二）具体措施

青海融入丝绸之路经济带的战略选择可结合国家西部大开发、产业转型升级、新型城镇化等战略，从以下几点具体措施着手来实施：

第一，交通基础设施的互联互通。

从宏观上看，中国与中亚地区在铁路、公路、航空、电信、风力发电和能源管道等方面的互联互通，既可以帮助中亚各国摆脱传统线路出口单一的困境，与能源需求大国基础设施有效对接，改善基础设施落后的现状，也可帮助中国实现油气来源多元化，带动产业向西发展。正因如此，习近平主席的"五通"构想中，基础设施的互联互通被置于首要地位。

从青海省的实际情况看，基础设施落后是制约青海发展的一大瓶颈，尽管近年的高速发展，使得交通基础条件大为改善，但青海在铁路、公路、民航、城市交通建设等方面明显滞后于发达地区，特别是跨省区连通方面，还存在很多不足，省内公路、铁路多为连通东西的交通线路，纵贯南北的公路设施相对滞后。铁路建设方面，目前青海的铁路密度仅为全国的四分之一，除青藏铁路所在地区及兰新高铁外，青海黄河流域地区、青南地区没有铁路网覆盖，这既在很大程度上抑制了区域间的人员、物资往来，也弱化了丝绸之路青海道的现实功能。此外，青海民航基础设施虽在近年有长足发展，但在支撑丝绸之路经济带一体化方面，仍有许多不足，特别是民航的国际化程度较低，支线机场的支撑能力较弱，这都在较大程度上抑制了青海融入丝绸之路经济带的发展步伐。

一流的交通基础设施可以弥补青海在自然环境、地理区位等方面的不足，也可以淡化青海道作为辅路的劣势，因此，交通基础设施的建设既要追赶发达省份的发展步伐，与丝绸之路沿线省区保持相当一致的发展水平，特别是要重视中巴经济走廊沿线的交通基础设施建设，更要注意省内各地区的发展平衡问题，如果青海的铁路、高等级公路、民航等交通设施过于集中在湟水流域及北部地区的话，势必会制约丝绸之路沿线经济一体化进程，也会进一步拉大区域内的发展差距。

当前，青海省应当利用国家"五通"建设的时机，抓紧推进一批干线铁路、支线机场、高等级公路等交通基础设施建设，特别是应当全力改善青海黄河两岸及果洛、玉树等地区的交通建设，尽快打通西南地区经青海通往新疆的交通瓶颈，把青海省建设成为我国西南地区与中亚国家连通的中继站，激活古代河南道的交通功能，使青海成为西南地区与中亚、西亚间能源、经贸、人口运输、往来的必经之地，发挥缩短国家（地区）间连通的距离、提高连通效率的功能，进而使青海能够真正融入新丝绸之路经济带当中。

第二，加快青海城镇建设。

城市是经济发展的助推剂、加速器，也是人口、教育、文化等资源的密集区，因此，城镇建设的好坏直接影响着特定区域经济发展水平。历史上，丝绸之路沿线城镇既是各条路线的连接点，也是沿线商贸活动的聚集地。如今，城镇基础设施、产业结构、社会文化等指标仍是衡量区域经济发展的重要指标。青海西宁、海东、格尔木、德令哈、结古等城镇，大多拥有悠久的发展历程，现今仍是区域内重要的交通设施、产业园区、能源项目、外贸及旅游设施密集区。

与发达省区的城镇相比，青海的城镇基础设施、产业结构等也是制约青海经济发展的一大瓶颈。青海70%的人口生活在西宁、海东两市，但两市的城镇基础设施和公共设施建设却十分滞后，城区人均道路面积、排水管道密度、污水处理率，均低于全国平均水平。城镇产业结构过分单一，无法满足产业转移的需要，海东、格尔木等城市经济虽然发展迅速，但工业产业建设起步晚，文化教育、医疗卫生等支撑条件不完备，难以形成发展合力，导致产业结构布局不能满足区域经济发展的需要，也难以承接大规模的产业转移。此类问题都成为制约青海融入丝绸之路经济带的障碍。

青海应当加快城市基础设施建设，完善城镇发展规划，改善西宁、海东等城区道路、污水处理基础设施条件，打造宜居城市；加大格尔木、德令哈等城镇的绿化、道路、通信等投入，为产业转移、升级奠定基础；加快大武、结古等城镇的发展步伐，打造具有民族特色的现代小型城镇品牌，为拓展当地旅游市场打好基础。

根据青海城镇的资源禀赋、环境条件和产业基础，实行差别化产业政策。格尔木等城市周边矿产资源富集、光照条件优越，非农牧业用地广阔，适宜发展化工、光伏等产业，也可承接中东部产业转移。西宁、海东人口压力较大，环境承载力较重，虽有一定的工业基础，但不适宜发展重化工产业，应当利用当地优势资源发展清真产业、现代农业等。一些小型城镇应当着力发展现代生态旅游项目，以对接丝绸之路经济带的相关产业。

在丝绸之路经济带建设的大背景下，青海城镇建设应当深化区域经济合作，加快推动"兰西经济一体化"和东部城市群建设，使青海城镇成为新丝绸之路的中继站，努力把"青洽会""藏毯展""清真食品展"等升格为国家级展会，把循环经济技术推广至中亚各国，积极参与丝绸之路沿线国家资源开发，利用高校资源搭建语言及专业技术人才交流、培训平台，促进与中亚、西亚各国的合作与交流。

第三，加快发展对外贸易。

对外贸易是经济发展的"三驾马车"之一，相对于投资、内需，青海的对外贸易长期处于低水平发展状态，这在很大程度上制约了青海经济的发展。

青海对外贸易的落后虽与地缘条件、国家政策等有一定关联，但根本原因在于没能以创新思维对待外贸发展，没能根据自身条件优化对外贸易结构。青海融入丝绸之路经济带，就要打造自身的对外贸易产业结构，形成对外出口的优势产业，成为对外产品出口的制造基地和出口基地。

根据青海的自然资源、人文条件以及丝绸之路沿线国家的实际情况，青海应当以西宁、结古等为中心，加快构建藏毯产业的设计、加工、销售体系，使这一产业成为国民经济发展的支柱型产业，也使它成为向西出口的主要产品。加快发展出口导向型的清真产业，把西宁打造成穆斯林服饰、食品、宗教用品等的生产、出口基地；以民和、循化、化隆、贵德、柴达木等为核心，形成绿色产品生产加工基地，向中亚国家出口蔬菜、枸杞等绿色健康食品；以隆务镇、结古等为核心，打造佛教用品生产基地，利用西宁经拉萨至尼泊尔等国的新丝绸之路，把这些产品销往南亚的佛教国家及地区。

第四，加大环境保护力度。

在整个中国的发展战略体系中，青海的最大责任、价值、贡献都在生态，保护生态已成为青海可持续发展的比较优势所在，也是青海融入丝绸之路经济带建设的关键点。青海首先应当积极把握国家重视丝绸之路沿线生态保护建设的重大机遇，始终把保护生态作为第一要务，不再走牺牲生态搞建设的老路、歪路，不再把生态看作是阻碍区域经济发展的障碍。

生态是青海最大的公共产品，它与青海的城镇建设、产业升级、旅游开发等息息相关。当前的主要任务首先是要建立科学的生态评价体系，对青海地区的生态结构、生态效益等做出客观评估，以为生态产品开发、生态补偿机制等提供科学依据；其次，保护生态并不意味着仅把眼光局限在保护上，应当适度开发生态产品，利用外贸、旅游等开发手段，利用好青海宝贵的生态资源，加大碳汇交易的可行性研究，出台碳汇交易的具体措施，向生态要效益；最后，在现在生态补偿机制的基础上，探索建立能够体现生态价值的资源有偿使用制度，保障为保护生态而牺牲发展机会的地区和群众的利益，统筹解决好发展、生态与生计问题。

第五，加快旅游开发。

青海独特的自然环境、人文条件等为发展旅游业创造了得天独厚的有利条件，但青海景区海拔高，适宜旅游的季节短，发展旅游业也面临着许多困难。如何扬长避短，利用好"一带一路"国家战略，使青海旅游业改造升级，是目前急需解决的一大问题。

针对青海旅游开发不均衡、重自然轻人文、旅游目的地之间距离过长等问题，应当打造整体区域联动的旅游规划，制定科学合理的旅游线路，把旅游业发展滞后的黄南、果洛、海南等牧区也纳入规划；旅游线路的开发应当充分融入丝绸之路元素，可以以"重走青海道"为专题，开发出一些新的旅游线路，适当发展优质旅行团服务项目；充分发掘青海的人文优势，把青海打造成汉族移民文化、佛教文化、伊斯兰文化富集地，加大宣传力度，吸引丝绸之路沿线各个国家地区旅客前来观光。

第六，开发民族文化资源，打造文化名省。

青海是一个多民族省份，"一带一路"国家战略的总设计中，青海被定位为民族文化富集区。因此，利用民族文化资源，打造文化名省，具有一定的现实条件，也有相应的政策支持。

　　针对青海文化建设中主体意识缺失，周边省区文化对我省的稀释效应明显等问题，可从树立青海文化建设中的主体意识，结合新丝绸之路发展青海文化产业等角度提高青海文化的辨识度，振兴青海文化产业。青海民族文化的国际性禀赋是最值得挖掘的人文资源，伊斯兰文化、藏传佛教文化在青海具有很高的辨识度，与之相关的文化需求旺盛，文化产业的基础条件也较好。因此，无论是青海文化建设中的主体意识培育，还是形成文化产业链条，都应当围绕进一步深化青海民族文化国际性禀赋而展开。借助"一带一路"国家战略，青海文化不仅要走出国门，还应当成为民族文化的聚合区，在文化合作、文化出版、文艺演出、宗教文化产业等领域寻求国际合作的新思路、新方式，从而真正使青海成为名副其实的文化名省。

## 貳

### 跬步千里：丝绸之路经济带建设与青海交通发展

## 第一节 青海交通现状分析

### 一、青海公路交通今昔

青海道路的开辟，可上溯到先秦时期，汉唐以来逐步完善、兴盛。青海古道大多是古代丝绸之路的组成部分。魏晋南北朝时期的河南道、隋唐时期的唐蕃古道、北宋时期的青唐道等都是连接中西的交通要道，在加强我国与中亚、西亚、南亚等国家、地区的交流方面做出过贡献。《青海省志·公路交通志》一书较全面地叙述了青海境内的羌中道、河南道、河曲道、唐蕃古道、党项故道、入藏官马大道等古道，以及黄河、湟水、浩门河等古渡、梁津等①，不过，该志对一些古道的表述与历史事实不相吻合，如把青海东部

---

① 青海省地方志编纂委员会编：《青海省志·公路交通志》，黄山书社1996年版，第13—45页。

地区的丝绸之路干道湟中道表述为羌中道，把柴达木地区的丝道笼统地归入河南道等。实际上，青海古代陆路交通干线主要分为湟中道、羌中道和河南道，各干线内部有许多支线，干线之间也利用一些支线相互连接。青海古道既是古代丝绸之路国际大通道的组成部分，也是区域内的交通孔道，承担着贡使往来、军事辎重运输、茶马互市等的交通功能，到明清时期，青海境内古道的交通承载能力已经较为强大。

民国时期，青海公路走向近代化之路，青海建省后，首届政府把"修筑道路"列为八大施政纲领之一，西宁地区也掀起修路热潮，以省垣西宁为中心的近代化公路建设也得到很大发展。其中，甘青公路西宁至享堂段的修筑最具代表性。1929年至1948年，青海省政府先后四次修筑甘青公路西宁至享堂段，使之成为青海省境内等级最高的一条公路。[1]青藏公路宁玉段始筑于1927年，"一九二九年，青海建省后，由省交通处主持修筑湟源县到日月山下的哈拉库图段，长三十五公里；一九三二年，青海南部边区警备司令部交通处主持补修西宁至大河坝土路三百一十六公里；一九三七年，原青海省政府强迫被俘红军一千多人参加修筑西宁至大河坝段；一九三八年，湟源至倒淌河、倒淌河至恰卜恰、恰卜恰至大河坝三段同时施工；这两年内展[2]修了二百八十九公里便道；一九三九年，继续整修恰卜恰至大河坝的石方地段，并修建倒淌河、东巴、恰卜恰站房各一处，共计七十多间。"[3]抗战胜利后，国民政府决定修建青新公路，青海

---

[1] 崔永红、张得祖、杜常顺主编：《青海通史》，青海人民出版社1999年版，第723—725页。
[2] "展"当为"整"，笔者按。
[3] 青海公路交通史编写办公室：《解放前青藏公路（宁玉段）修筑概况》，《青海文史资料选辑》第11辑，内部资料，1983年，第59页。

省政府负责修建西宁经格尔木至芒崖段，经过两年修建，青新公路基本打通，并于民国三十六年（1947年）9月15日在西宁举行通车典礼。①此外，西宁至周边各县区的公路也得以修整或开通，包括宁湟（西宁至湟源）、宁贵（西宁至贵德）、宁临（西宁至甘肃临夏）、宁张（西宁至甘肃张掖）、宁武（西宁至甘肃武威）等公路。②

民国时期，尽管青海公路建设事业取得了一些成就，但是与现代化公路网络建设的目标相差很远。到1949年时，青海境内勉强可以通行汽车的公路仅有472公里，新中国成立后尤其是改革开放后，青海加大了交通运输基础设施建设力度，建成了以公路为骨干，铁路、民用航空组成的综合交通运输网，但和东部发达地区相比，青海的公路交通事业仍然较为落后，2000年底，青海公路交通总里程仅有1.8万公里，没有一条高速公路，一级公路只有18公里。近15年是青海公路大发展时期，借西部大开发的东风，国家加大了对青海公路建设的投资力度，地方政府也进一步意识到改善交通条件是地方社会经济进步的先决条件，经过十几年的建设，到2013年末，全省公路通车里程达到7.01万公里，是1949年的149倍。其中高速公路达1228公里。公路线路密度达到972.22公里/万平方公里，是1965年末的5.8倍，形成了以省会西宁为中心，国道、省道为骨架，县乡道路为脉络的辐射全省城乡的公路交通网。

具体来说，2000年以来，青海省在高速公路建设，国道、省道升级改造，藏区公路建设等方面取得了长足进步。2000年以来，青

---

① 刘秉德：《民国时期的西宁交通概况》，《西宁文史资料》第4辑，内部资料，1986年，第85—86页。
② 马鹤天著，胡大浚点校：《甘青藏边区考察记》，甘肃人民出版社2003年版，第142—143页。

海先后建成了倒淌河至共和、共和至茶卡、茶卡至德令哈、德令哈至小柴旦湖、当金山至大柴旦、大柴旦至察尔汗、察尔汗至格尔木、湟源至西海等高速公路，建成的共和至玉树高速公路一期工程，与原有214国道构成了通往玉树州的高速化公路。在建或于2015年通车的高速公路有花石峡至久治、牙什尕至同仁、茶卡至格尔木高速公路，这些公路项目完工后，青海省将实现各市州基本通高速的目标。国道、省道的升级改造也是15年来的重要建设目标，一些干线公路的建设、改造为人们提供了更为便捷的交通条件。2000年以来，先后改建了214国道结古至囊谦、囊谦至多普玛公路，建成了省道冷湖至涩北、省道309线多拉马科至杂多、312线珍秦至称多等通县二级油路，有效提升了国道、省道的交通承载能力。2003年以来，"村村通"工程的实施，改善了广大农村地区居民的出行条件，截至2014年底，全省农村公路达到58 502公里；乡镇通畅率达到96%，行政村通畅率达到82.8%，村道硬化率达到73.6%，有效缓解了农牧民群众行路难、过河难问题。

青海牧区地域广袤，海北藏族自治州、黄南藏族自治州、海南藏族自治州、果洛藏族自治州、玉树藏族自治州和海西蒙古族藏族自治州，面积占全省的98%。这些地区自然地理条件复杂，人称"山高鬼见愁，悬崖伴激流；行人攀石壁，走路栽跟头"。原有交通条件十分落后，严重制约了当地社会经济发展水平。几十年的努力，使青海藏区交通建设快速推进，通自治州高速公路、国道省道升级改造、出省通道、通县沥青（水泥）路、县际公路和农村公路建设不断加快。"十二五"前4年，青海省民族自治地区完成交通固定资产投资615.95亿元，到2014年年底，青海省6个民族自治州及7个民族自治县公路通车里程达到6.76万公里，占全省公路总里程的93%，其中高速公路1 574公里。2015年年底，连接果洛、黄南两个藏族自治州的花石峡至久治高速公路和牙什尕至同仁高速公路建成，青海省6个藏族自治州全部有了高速公路。2004年以来，青海交通运输管理部门积极实施乡村便民桥工程，在全省农村牧区共修建便民桥梁3 200多座，解决了出行困难导致的牧区群众"看病难""出门难""致富难"等问题。①

公路交通事业的发展在扶持企业、促进就业、增加收入等方面发挥了重要作用。仅2014年，就在公路建设中使用本省农民工8.2万人，劳务收入近20亿元；使用本省水泥399万吨，占总用量的96.7%，石灰17.7万吨，占总用量的82.5%；钢材14.5万吨，占总用量的15.8%；沙砾960万立方米，占总用量的98%；碎石1 484万立方米，占总用量的98.8%。②

目前，青海境内的国道有甘青、青藏、青康、柳格、宁张、青新、宁果公路，省道有花阿、宁甘、民青、峨八、当黄、歇石、鲁大、玉杂、临民、临平、五碌、湟嘉、黑切、茶察、满班、玉曲、清曲等公路，高速公路有平西高速、马平高速、西湟高速、西塔高速、宁大高速、平阿高速、牙什尕至同仁高速、宁互一级公路、湟倒一级公路、共玉高速、共茶高速等。2015年底，青海全省公路通车总里程达75 593公里，比上年末增加2 890公里，其中高速公路2 662公里，比上年增加943公里。2016年,青海拟投资380亿元建设公路基础设施，继续提升交通基本公共服务水平，计划年内建成通车的项目有民和

---

① 冯萍、杨青山:《青海藏区公路：从鬼见愁到高速通》,《中国交通报》,2015年9月24日, 第1版。
② 陈悦:《创新 改革 跨越——"十五"以来青海交通发展成就综述》,《青海日报》,2015年7月13日, 第1版。

川口镇至甘肃大河家高速公路、民和至小峡一级公路、德令哈至香日德公路、共和至玉树公路二期、牙什尕至同仁公路、茶卡至格尔木公路等。同时，新开工建设国道109线昆仑西路改线段和青海湖段（倒淌河至大水桥）、贵南至乌兰公路贵南（黄沙头）至三塔拉段、国道347线都兰（安固滩）至德令哈段、国道345线杂多至查吾拉段改建工程等。①

## 二、铁路、民航的快速发展

青海铁路、民航交通事业的发展可以用"飞速"两个字概括，60多年来，从无到有的发展、变化，既为地方经济发展奠定了基础，也为青海融入新丝绸之路提供了便捷的交通方式。

铁路建设方面，抗战胜利后，国民政府打算修建甘青铁路，1945年，派工程师刘宝善等20多人沿甘青线绘测平面图，②但最终没有落实。青海的第一条铁路是兰青铁路，连通甘肃兰州和青海西宁。这条铁路于1958年5月开工，1959年9月通车，1960年2月交付运营，全长216公里，它的修建和开通结束了青海没有铁路的历史。当时，这条铁路是青海和西藏（经青藏铁路）与内地唯一的铁路连接，它沿黄河及其支流湟水谷地西进，沿途为青海省主要农业区，人口稠密、城镇较多，对促进青海经济发展发挥着重要作用。西宁至格

---

① 张添福、杨青山：《2016年青海交通计划投资380亿 基础设施全面开复工》，中国新闻网2016年3月21日报到，http://www.chinanews.com/df/2016/03-21/7805183.shtml

② 西宁市志编委会编：《西宁市志·交通志》，陕西人民出版社1997年版，第24页。

尔木的铁路线是青藏铁路的一期工程，全长846公里，1958年分段开工，1979年铺设完成，1984年5月正式通车。这条铁路沿线海拔大多在3 000米以上，是我国第一条高原铁路，国家用于西藏发展的重点物资大多数是通过这条铁路运于格尔木，再通过格萨公路进藏的，被誉为各族人民的团结线、幸福线、生命线。西格铁路复线于2007开工，现已完工，2011年6月29日完成电气化运营。格尔木至拉萨铁路是青藏铁路二期工程，全长1 142公里，于2001年6月29日正式开工，2006年7月1日正式投入运营。青藏铁路东起西宁、南至拉萨，全长1 956公里，是世界上海拔最高、冻土路程最长、修建难度最大的铁路，被誉为"天路"。这条铁路是西部大开发战略的标志性工程，是我国新世纪四大工程之一，它的开通意味着青海铁路交通事业进入新的纪元。

甘肃兰州至新疆乌鲁木齐高铁的开通，又为青海铁路交通建设添上浓墨重彩的一笔。兰新高铁兰新二线铁路工程，东起兰州，青海境内经民和、乐都、平安、西宁、门源，经甘肃张掖、酒泉等地，至新疆首府乌鲁木齐，全长1 776公里，青海境内268公里。兰新高铁于2009年11月4日修建，2014年12月26日建成通车，是世界上一次建设里程最长的高速铁路。兰新高铁为沿线各族人民提供了十分便捷的交通，对开发青海沿线旅游资源意义重大。

除国家干线铁路外，近10年来，青海在地方铁路建设方面也取得了显著成就。柴达尔至木里铁路是青海省第一条地方铁路，于2009年建成运营，锡铁山至北霍布逊地方铁路全长45.25公里，总投资11.77亿元，于2014年10月22日正式启动自主运营模式。鱼卡至一里坪地方铁路全长126.9公里，投资29.99亿元，于2014年4月开工建设，甘森至肯德可克地方铁路全长90公里，计划投资21

亿元，也在计划建设当中。青海地方铁路主要分布在柴达木盆地，承担当地矿产资源和产品运输，为青海资源"走出去"，加速该地区的工业化、城镇化起着重要支撑作用。①

65年来，青海铁路从无到有，经历了快速发展的历史过程，到2013年末，全省铁路营业里程达1 856公里，线路密度达25.78公里/万平方公里。到2014年年末，全省铁路营运里程增加到2 074公里，所增加218公里为兰新高铁青海段。2015年年末全省铁路营运里程2 274公里，比2014年又增加200公里。

青海的航空事业起步也较晚，1931年，青海省政府在西宁东郊乐家湾整修了长、宽各1 000米，面积100万平方米的空场地，称为乐家湾飞机场。两年后，民国政府交通部计划将上海至迪化，即今新疆乌鲁木齐的航空班机，飞经西宁起落，要求青海省政府修筑飞机场。当时的西宁县政府在已建飞机场的基础上，扩建了长、宽各1 600米，总面积256万平方米的新飞机场。乐家湾新机场竣工后，欧亚航空公司曾派飞机前来试航，但是，这家航空公司的民航班机并未飞经西宁，该机场仅供高级军政人员的专机使用。②

1949年以来，青海民航事业进入快速发展阶段。1957年，青海省政府对乐家湾机场进行改造，修建了长2 600米、宽60米的单向沥青跑道、候机室、指挥塔等，1958年1月正式投入使用。由于该机场离市区较近，净空条件差，不能满足需要，1975年5月青海地方政府就迁建西宁机场向国务院提交报告。1985年5月17日，国务院、中央军委批准建设西宁曹家堡机场，1989年10月正式开工，于1991年建成

---

① 啸宇、一丁：《地方铁路让青海资源走出去》，《西宁晚报》，2014年3月26日，第A4版。
② 刘秉德：《民国时期的西宁交通概况》，《西宁文史资料》第4辑，内部资料，1986年，第91—93页。

并投入运营,并于2005年完成改扩建工程。西宁机场二期改扩建工程是青海省"十一五"重点建设项目,2009年开工,2012年竣工并投入运行。

除西宁机场外,青海境内的支线机场建设也实现了跨越式发展,每年以40%的速度增长,在全国名列前茅。[①]格尔木机场地处柴达木盆地,海拔2 842米,距格尔木市12公里,属4D级支线机场,该机场始建于1969年,1971年竣工完成,2004年完成改扩建,现开通格尔木至西宁、成都、西安的航线。2015年8月,格尔木机场改扩建工程获批,项目总投资3.73亿元,主要建设内容包括新建8 000平方米的航站楼、3个机位的站坪、6 580平方米的停车场等,对现有航站楼进行改造,整修现有跑道、联络道等设施,更新改造空管设施设备,配套建设供电、供水、暖通等设施,工程按照满足2025年旅客吞吐量75万人次、货邮吞吐量2 250吨的目标设计。[②]2016年,该工程进入建设期。玉树机场于2007年5月16日开工建设,2009年8月1日实现通航,该机场在玉树抗震救灾中发挥了重要作用。德令哈机场位于青海省海西蒙古族藏族自治州德令哈市境内,2012年7月25日国务院常务会议正式审批通过了德令哈机场建设项目,2014年6月16日该机场正式竣工通航。花土沟机场是青海省第四个支线机场,于2011年批复建设,2015年3月13日迎来第一架民用飞机,具备了开航条件,2015年6月26日,正式通航。到2015年末,青海航线里程达92 689公里,通航点覆盖了国内绝大多数省会城市和经济发达城市。随着交通运输状况的

---

[①]孟军:《西部航空业发展的空间和未来在青海》,《青海日报》,2011年3月17日,第3版。
[②]荣丽君:《格尔木机场改扩建工程获批》,《西宁晚报》,2015年8月5日,第A6版。

极大改善，各种运输方式完成的客货运输量成万倍增长。

总之，新中国成立以来青海交通事业经历了快速发展的一个过程，无论是铁路、公路、民航的到达公里数，还是旅客吞吐量、货物运输量都有了飞速发展，这不仅促进了青海社会经济的发展，也为青海融入"一带一路"国家战略奠定了基础。

## 三、青海交通总体特点解析

交通运输业是区域经济发展的基础性产业，也是文化交流、社会进步的重要基础性条件，它的结构特点和空间布局状况往往决定着特定区域交通运输业的总体特征。就青海交通业来说，改革开放以来迅速发展的过程，既为当地社会经济事业发展夯实了基础，同时也形成了交通运输业本身的一些结构特点和空间布局特征，而科学分析、了解这些特点有助于我们认清青海交通运输业的发展现状、基本特点，为青海更好地融入丝绸之路经济带提供可靠、准确的学术支持。

首先，从青海交通运输业的组成结构看，公路、铁路、民航虽都经历了快速发展的历程，但总体结构不平衡，青海的公路交通事业基础相对比较良好，但高速公路建设仍较滞后，青海至新疆的省际公路标准较低；民航交通的发展速度最快，但中转功能仍需强化；铁路交通从无到有也经历了较快发展，但在总体上滞后于全国平均发展水平。从发展状况看，青海交通运输业与周边省区之间有较大差距。

公路方面，截至2015年，公路通车里程75 593公里，其中高速公路 2 662 公里，高速公路里程仅占公路总里程的 3.5%，这说明青海的高速公路在整个公路运输体系中发挥的作用仍很有限。高速公路即高等级公路，按我国交通部《公路工程技术标准》，高速公路能适应年平均昼夜小客车交通量为 25 000 辆以上，专供汽车分道高速行驶，并全部控制出入的公路。高速公路平均时速达 80 公里以上，最高时速可达 120 公里，高出普通公路的 60%—70%，因车道多、路面宽，通行能力大，所以承担的运输量是普通公路的几倍乃至几十倍。此外，高速公路还有降低运输成本、降低能耗、带动沿线经济发展等的优势或功能。高速公路占地多、工期长、投资大，对环境的影响作用也较为明显。作为经济发展相对滞后且环保压力较大的省份，青海高速公路事业发展存在着诸多内在矛盾。

目前，青海的高速公路对方便居民出行，开发当地旅游业等发挥着重要作用。比如，西塔高速连通了西宁和旅游名胜塔尔寺，使得从西宁出发的游客能十分方便地到达塔尔寺，这对开发当地旅游资源起到了至关重要的作用。玉树结古镇是青海著名的旅游目的地，也是青海南部高原的人口聚居地，共玉高速一旦全面开通，既可以促进旅游事业发展，也可以带动结古镇地方经济发展，同时也有利于国家稳定与边疆安定，可谓一举数得。当前，青海虽然基本做到了各市州基本通高速公路的目标，但一些重要的城镇之间仍需建设高速公路实现快速连通。比如，同在黄河大峡谷旅游带的贵德、同仁之间应当有高速公路连通，以带动当地旅游业的共同发展。除青海向东至兰州及在建的格成高速外，青海向西、向南的高速公路建设仍处于在建或空白。

青海面积广阔却人口稀少，公路建设的投入产出比较低，这是制约公路交通建设事业的一大因素，但是，公路是区域经济发展与社会事业现代化的必备条件，同时也是对外交往所依托的重要条件，因此，建设良好的交通体系既有利于区域内人员、物资等的便捷连通，也有利于跨区域的交往、交流。目前，青海省的东向出省通道中，既有高等级公路，也有相对便捷的普通公路设施，青海向北至河西走廊的公路交通相对比较完善，青藏公路也有效连通着青海与西藏的公路交通，但是，青海玉树至西藏、四川，青海黄南、果洛至甘南、四川，青海格尔木至新疆库尔勒等的公路设施仍需要强化。

新中国成立65年来，青海的铁路交通从无到有经历了较快发展，但在交通运输总体结构中，铁路交通仍处于相对滞后状态。除青藏铁路干线、兰新高铁青海段外，青海没有其他省际铁路干线，地方铁路基本集中在海西地区且主要为当地工业发展服务。由于干线少、里程短，铁路对居民出行便捷率的贡献不足，也无法成为当地居民首选的外出交通工具。目前，除海东市、西宁市、海西蒙古族藏族自治州及海北部分县区外，其他地区仍未开通铁路交通，全省也没有形成各市州通铁路的地方铁路交通网络。

青海铁路的铁路网络密度较低，铁路交通对全省社会经济发展的支撑作用仍较薄弱。铁路网络密度指数是衡量铁路交通事业的重要指标，它是由铁路公里数与区域面积之间的比对关系构成，能直接说明铁路对区域交通、经济的支撑作用。据国家铁路总公司统计，截至2014年，全国铁路运营里程达11.2万公里，路网密度为116.48公里/万平方公里，当年，青海铁路运营总里程为2 074公里，路网密度为28.8公里/万平方公里，相当于全国平均水平的25%。

在青海交通运输组成结构中，民航交通的地位与作用日益突出，发展速度远高于全国平均水平，在西部地区也名列前茅，但存在着机场规模小，航班线路单一，旅客吞吐量、运输起降架次、货邮吞吐量低等问题。以西宁曹家堡机场为例，2005年一次完成扩建后，该机场基础设施得以显著改善，2013年7月完成扩建后，二楼候机楼面积增至4.2万平方米，可满足旅客吞吐量800万人次，现已开通国内20多个城市航班，有数条国际航线，近几年，该机场也保持20%的年平均增长率，但是和周边省会城市机场相比，西宁曹家堡机场的发展相对滞后。甘肃中川机场的硬件设施远超西宁机场，仅T2航站楼面积6.1万平方米，可满足650万旅客吞吐量，T3航站楼已在规划建设中，2013年11月，该机场旅客吞吐量已达500万人次。乌鲁木齐地窝堡国际机场是联结欧亚的重要机场，现已建成3个航站楼，扩建后总面积达10.8万平方米，早在2010年，乌鲁木齐机场年旅客吞吐量接近千万人次。上述两个机场的国际航线也远远超过西宁机场。

旅客吞吐量、运输起降架次和货邮吞吐量是衡量机场发展状况的主要指标，据中国民用航空网报到，2015年1—10月份，甘肃省全省6个机场旅客吞吐量达到738.77万人次（兰州机场单日旅客吞吐量首次突破3万人次），同比增长19.78%；运输起降65 448架次，同比增长16.58%；货邮吞吐量达到40 347.4吨，同比增长7.91%。[1]2015年1—10月份，新疆机场集团旅客吞吐量累计完成2 168万人次，比去年同期增长18.2%，货邮吞吐量累计完成14.34万吨，比去年同期增长0.6%，机场集团保障各类飞行起降25.9万架次，比去年同期增长21.9%。[2]2009年至2014年，青海机场旅客吞吐量连续6年增长速度远高于行业平均水平，居西北各机场首位，但是，旅客总吞吐量低于周边省区，2014年全年，青海机场公司年旅客吞吐量突破

---

[1] 刘莎莎、吴枚：《成绩骄人甘肃机场集团生产指标创历史新高》，引自民航资源网2015年10月26日，http://news.carnoc.com/list/327/327260.html
[2] 王明森：《2015年1—10月新疆机场吞吐量统计数据出炉》，引自民航资源网2015年11月12日，http://news.carnoc.com/list/328/328838.html

400万人次，①尽管增长迅速，但吞吐能力低于甘肃、新疆机场。此外，青海机场运输起降架次和货邮吞吐量也低于甘肃、新疆等省区。

其次，从交通运输方式在空间上的布局看，青海交通运输事业呈现出极不平衡的发展态势。

青海的主要公路干线，几乎所有的铁路轨道，以及重要民航机场及航线都集中在青海东部地区，而青海牧区人烟稀少，公路建设相对滞后，除青藏铁路经过玉树高海拔地区外，铁路建设基本为空白，民航方面，青海牧区有玉树机场、果洛机场等支线机场，但机场规模较小，旅客吞吐量占比不大。

以公路为例，青海东部地区的公路网较为密集，西宁至民和、乐都、大通、湟中、化隆、循化等地区基本有高速公路相连接，便捷的交通条件不仅方便了人们的出行，也促进了当地社会经济的快速发展。相比较而言，无论是公路等级还是公路网的密集程度，青海牧区的公路建设无法与东部地区相提并论，目前，通往青南牧区的高速公路仅有在建的共玉高速，一些国道、省道的通行能力、公路等级也普遍低于东部地区的公路设施。

铁路方面，青海东部地区有兰青铁路、青藏铁路及兰新高铁青海段，铁路线向西、向北延伸，使得柴达木地区、青海海北牧区也纳入到铁路网当中，尽管青藏铁路经过玉树地区，但铁路沿线基本为无人区，对当地的交通支撑作用不明显。与之相较，果洛、玉树、海南、黄南牧区的人口聚居区域没有铁路线，这种交通设施上的空白，使当地的交通严重依赖公路设施。

在区域经济学视域中，交通运输被看作是主导产业和关联产业

---

① 李德军：《青海机场公司年旅客吞吐量突破400万人次》，引字明航资源网2014年12月22日，http://news.carnoc.can/list/302/302198.html

提供公共服务的基础性产业,在区域经济发展中起着不可或缺的基础作用。①交通运输业与特定区域的社会经济条件之间往往成正比关系,特别是交通与人口的正比关系较为典型。一般来说,人口因素是决定交通运输业发展状况的直接因素之一。人口密集区的出行要求普遍高于人口稀少区域,当地的工业、农业及服务业所需要的交通支撑功能也相对强大,这就决定了特定区域的交通建设投资向人口密集区倾斜,交通基础设施也相应地得以提升。当人口密集区的交通条件达到一定水平后,当地的投资吸引力、宜居条件等也相应地得以提升,这就会吸引更多的厂家、公司等落户该地区,当地的房地产业也因此得以快速发展,而这一切又会增加当地的人口总量,持续增加的人口也会促使当地政府在交通设施方面的投资。如此反复循环,致使人口与交通设施之间形成彼此促进的正比关系。相应的,如果特定区域的人口总量较小,人们总的出行要求不高,当地吸引投资的条件不足,政府投资交通设施的意愿会下降,而相对滞后的交通条件既无法吸引更多的外来投资,也无法促进当地的人口增长,这使得人口越少交通条件越差,交通条件越差人口越少。如果较大区域内人口的密集与稀疏恰好形成较大反差时,交通条件也会因此形成较大差异,从而呈现出不平衡发展的状况。以这一理论分析青海目前的交通设施在空间上的不平衡状态,据统计,截至2014年年底,青海省常住人口583.42万人,其中西宁市常住人口为229.07万人,海东市常住人口为144.34万人,较2013年末增加1.25万人,占全省人口总数的64%,而西宁市和海东市的地理面积仅占全省的8%。海北州常住人口为27.73万人,黄南州常住人口为26.65万人,

---

① 赫寿义、安虎森主编:《区域经济学》,经济科学出版社1999年版,第246页。

海南州常住人口为 45.90 万人，果洛州常住人口为 19.42 万人，玉树州常住人口为 39.77 万人，海西州常住人口为 50.54 万人。上述青海牧区及海西格尔木地区占全省面积的 92%，人口只占全省的 36%，显然，人口的确是导致交通发展不平衡的主要因素。

表 2.1　2014 年全省人口统计数据

| 地　区 | 常住人口（万人） | 城镇人口（万人） |
| --- | --- | --- |
| 全　省 | 583.42 | 290.40 |
| 西宁市 | 229.07 | 157.15 |
| 海东市 | 144.34 | 47.69 |
| 海北州 | 27.73 | 9.45 |
| 黄南州 | 26.65 | 7.61 |
| 海南州 | 45.90 | 14.70 |
| 果洛州 | 19.42 | 4.97 |

除人口因素外，历史发展、气候等因素也是影响青海牧区交通基础设施在空间上十分不平衡的重要因素。

历史上，青海东部地区因自然地理条件相对优越，社会发展水平较高，坐落于湟水流域中部的西宁市一直以来是青海人口最为密集、社会经济条件最好的城市，海东地区的气候条件适宜人类居住繁衍，人口集中，一些大型企业也落户当地，交通条件也因此较为优越。青海牧区开发较晚，加上气候条件不理想，制约了当地交通条件的改善、发展。

总之，青海的交通运输业无论是在组成结构上还是在空间布局上，都呈现出明显的不平衡态势，这既是青海交通运输业的基本特点，也是制约这一行业发展的主要因素，而要想从根本上改善交通条件，就要对症下药，改变这种不平衡。

## 第二节 新丝绸之路视域中的青海交通建设

### 一、丝绸之路经济带建设与青海交通发展的内在关系

首先,丝绸之路经济带建设为内陆省份如何借此东风打破交通瓶颈提供了新思路、新方法,这是新丝绸之路视域中青海交通建设的一个新支点,也是分析丝绸之路经济带建设与青海交通发展内在关系的主要方面。

在区域内,公路、铁路、民航交通首先要为当地社会经济发展服务,它的建设水平、投资取向等往往由当地社会经济发展的整体状况决定。青海是面积大省,也是人口小省,社会经济发展往往面临着"小马拉大车"的困境。就交通建设来说,65年来取得的成绩既是全省人民共同努力的结果,也是中央扶持民族边疆地区社会经济发展的典型体现。正如我们在本章

第一节中分析的那样，受人口、历史条件、气候等因素影响，青海的交通投资重点在东部地区，投资水平也受到区域不平衡因素的制约。因此，如果仅从区域内交通发展的状况看，交通运输内部结构的不平衡，交通运输条件在空间上的分布不均等因素，都是客观存在的现实，也是青海交通发展的必然趋势。换句话讲，如果接受目前西宁及海东地区在人口、投资方面吸纳力不断持续、增强的现实的话，那么，上述不平衡因素既会限制青海交通运输业发展，同时也能促进一定区域内交通条件的进一步改善。青海的人口、气候等因素决定了青海交通发展的内在不平衡性，同时也是造成交通瓶颈的主要因素。

国家战略与区域经济发展的内在关系决定着青海交通建设的发展规模与发展水平。新中国成立之初，青海的交通事业一片空白，国家拿出有限的财政投资支持青海地区交通建设，使该地区拥有了基本的交通条件，由于整个国家长期处于交通条件滞后的状态，青海省的交通条件也不可能达到更高水平。改革开放以来，我国基本采取向东开放战略，国家的交通投资也主要集中在东部沿海地区，近30年的改革开放，拉大了东西部的差距，也拉大了青海与东部地区在交通条件方面的差距。近几年实施的西部大开发战略，为青海交通建设迎来新的发展机遇，青海在公路、铁路、民航方面的成就大多是近15年所取得的，这进一步说明了国家战略对区域交通发展的决定、支配作用。然而，西部大开发是局限于中国境内的开发战略，它对开发区域的选择和建设投资往往服务于经济发展和国土安全，因此取得的社会经济发展成果也往往局限于此，这一点也体现于交通建设方面。从全国的交通发展布局来讲，青海总人口不足600万，2015年，全省地区生产总值2417.05亿元，不到全国总量的1个百分点,交通建设投资对全国经济的贡献率较低,这既在很大程度上抑制了青海交通业的投资,也使交通融资能力、条件长期在低水平徘徊。作为民族边疆地区,青海在维稳方面发挥着重要作用,对于保障西南藏区边境国土安全也起着至关重要的作用,因此,改善青海的交通条件不仅仅是为经济发展服务,同时也有深刻的区域政治因素。在这些因素的共同作用下,青海的交通运输业形成东部交通网密集,进藏、入疆通道相对通畅,其他地区的交通条件相对滞后的特点。

习近平总书记在阐述共建丝绸之路经济带时明确提出了"五通"要求,其中很重要的一条就是道路连通。这对于饱受交通瓶颈制约的青海而言,无疑将是一次实现突破的重大契机。青海融入丝绸之路经济带建设,意味着青海的交通设施不再仅为青海当地社会经济发展服务,它们必将承担起中国连通中亚、西亚、南亚的重要使命,成为中国打通向西开放通道的重要支撑;青海融入丝绸之路经济带建设,也意味着青海在国土安全、民族边疆稳定方面势必发挥更为重要的作用,交通建设对国家总体战略的贡献率会显著上升;青海融入丝绸之路经济带建设,还意味着青海更多的区域要纳入到开发、发展的行列,结合西部大开发、新型城镇化建设等国家战略,青海交通建设的必将迎来新的发展机遇。

丝绸之路经济带建设是我国向西开放的国家战略,是未来国际合作的典范,这一跨区域的国际经济带战略无论是开发方向还是开发前景都对青海交通建设带来新的契机。丝绸之路经济带建设是向西开放的战略,同时也有向南亚开放的内涵,从我国的地理构成上讲,无论是向西开放,还是向南开放,青海都能成为对外开放的中继站或桥头堡,因此,"五通"工程中的道路连通必将包括经青海前往中亚、西亚及南亚的交通建设，丝绸之路经济带建设与青海交通发展的内在关系不再受区域限制的或局限于西部开发的战略限制，从而具备了快速发展并为跨区域合作提供支撑的先决条件。国际化的发展战略往往具有更高的发展目标，它既不可能受限于区域内的一些客观发展因素，也能超越一般性国家发展战略所设定的短期目标。因此，新丝绸之路视域中的青海交通建设，完全有可能突破人口、气候等条件制约，也完全可以超越区域内的国土安全、发展重点等因素制约，从更高的发展战略出发，为未来中国的可持续发展提供服务，为中国化解美国主导的全球化战略所带来的危机提供基础条件，进而能在更高层次、更多领域为青海的社会经济发展提供支撑。

其次，丝绸之路经济带建设与青海交通发展的内在关系并不是现当代人们的主观臆想，它具有雄厚的历史基础，相关历史信息可作为一种经验参照，为我们在新丝绸之路视域下建设青海交通网络提供历史借鉴。

作为东西交通大动脉的组成部分，丝绸之路青海道曾经对青海交通业的发展起到过至关重要的作用。和今天在整个中国社会经济领域的地位一样，古代青海也因受制于气候、资源、人口等不利条件，社会发展程度低于全国水平。这些不利因素可能在一定的时期、一定的空间范围内制约着青海地区社会生产力的进步和社会文化的发展，但一旦河西道堵塞，作为战备丝绸之路辅路的青海道则会受到重视，其沟通东西的功能就会显著地体现出来。据历史记载，在青海东部地区，早在先秦时期，当地羌人就有制造、使用大车的传统，这些大车往往用于运输辎重，在当时羌人的社会生产、战争等起着重要作用，而大车要行进，就必须有相对平坦的大道，可以想见，当时青海东部地区的湟水流域、黄河南北两岸应当早已有方便大车通行的道路。随着汉王朝在河湟地区移民垦田、行政建置、军事攻伐等活动的展开,青海东部地区丝绸之路的运营权逐步由汉政权掌控,羌人开辟的大道成为中原文化进入河湟地区的必经之路,其交通支撑能力也逐步上升。① 吐谷浑时期,从四川盆地西北部经甘南草原进入青海南部,越黄河向西北至环湖地区,再向西前往柴达木盆地,然后越过阿尔金山前往新疆南部的丝绸之路被彻底开发出来,沿线的高山大河不仅没有成为道路障碍,反而是当时南朝各个政权与西域诸国沟通的必经之路,它的交通支撑能力可以说超乎想象。北宋时期,吐蕃族建立的青唐政权乘河西道又一次堵塞之机,复兴了青海道,使得东部丝道湟中道和西部丝道羌中道都得以空前发展,特别是借助了柴达木盆地中各个绿洲之间相连通的羌中道,在这一时期获得了较大发展,其交通支撑能力也进一步得以扩充。

先秦到明清时期,丝绸之路青海道的交通支撑能力经历了逐步强化的过程。具体来说,青海道主要干线的交通支撑能力在逐步广大,先秦至秦汉时期,可能只有湟中道有大道且能通行大车,羌中道和河南道应当主要是马、骆驼等驮运物资,到后来,随着羌人开发青海道进程的深化,中原王朝势力在环青海湖地区的经营与开发,可以通行大车的干线总长度在逐步扩展。吐谷浑民族善于架桥,他们在黄河上架起河厉桥和大母桥,使得黄河南北的丝道得以连通,通往青海南部丝道的功能也得到强化。到明清时期,车拉驮运的运输方式基本成熟。

古代青海国际贸易通道的开辟与发展带动了当时的交通发展,并且促进了沿线商贸城镇的兴起。吐谷浑及吐蕃时期,今青海河西

---

① 李健胜:《汉代丝绸之路青海道述略》,《青海师范大学学报》(哲学社会科学版),2015年第4期。

都兰香日德地区是重要的丝绸之路中继站，西域商人经过西域南道越阿尔金山至格尔木一带，沿戈壁南端丝道自西向东至香日德地区，或经敦煌南下越当金山口进入柴达木盆地再沿各丝道干线或支线东南行，来到香日德地区，南朝使团或吐谷浑商队经四川盆地西北部丝道进入甘南草原，由此北行至香日德地区，各路商人汇聚于此。香日德地区是古代白兰羌的旧地，自古以来是东西南北各路人群汇聚之所，吐谷浑控制白兰羌后，曾在此地营建吐谷浑城，一度是其牙帐所在地。在吐谷浑的经营下，当地成为各路商人聚集贸易之地，吐蕃统治此地后，继承了吐谷浑旧业，大力发展国际贸易，使香日德成为繁荣兴盛的国际贸易城镇。考古工作者在香日德地区吐蕃墓葬群中发现了来自西亚的波斯锦、粟特金银器、西亚漆器等，也发现了来自四川的蜀锦等，制作都十分精美，集中反映了当时的青海古代交通对丝绸之路的重要支撑作用。①吐蕃青唐政权统治青海时期，河西道由西夏政权把持，北宋与西夏政权长期对峙，无法利用河西道与西域各国交往，而青唐政权与北宋素称友好，共同对付西夏，因此，北宋使臣往往经过青海道向西至中亚，中亚各国也常常经青海道前往北宋朝贡。这一时期，青唐城（今青海西宁）成为重要的国际贸易中继站，受东西交通路线的支撑，青唐城成为当时西部富甲一方的重要贸易市镇，《青唐录》记载，当时城中"贾贩之人数百家"，商业繁荣可见一斑。

总之，根据历史经验，丝绸之路青海道与青海交通发展具有深刻的内在关系，作为国际贸易大通道的青海道，它需要交通路线的支撑，交通路线越通畅对它的支撑作用越大，而青海道的国际化程度越高，交通路线的功能与作用也会进一步强化。因此，我们可以

---

① 许新国：《青海丝绸之路与都兰大墓》，《文史知识》，2006年第2期。

得出这样的结论：只有让青海道复兴，使其国际贸易通道的功能进一步强化，这就会让青海交通事业超越地域的、民族的限制，成为支撑国际通道的交通要道。

最后，丝绸之路经济带建设与青海交通发展的内在关系还可以从青海道的中继站功能，以及其特有路线的发展角度来判断。

青海在人们心目中是典型的民族边疆地区，但它既不临边，也非人口、文化单一的少数民族地区，它是新疆、西藏前往内地中原的过渡地带，天然地具有交通中继站的特点。历史上，车拉马驮的运输方式决定了中继站的重要性，青海道沿线之所以出现大的贸易城镇也得益于此。当前，借助快速的铁路、民航交通，出发地与目的地之间的过渡地带在交通上显得不那么重要了，因此，从新疆、西藏出发的旅客，除非因旅游需要可能会在青海短暂停留，否则没有必要把青海当作交通的中继站。由于中继站功能的弱化，上述都兰香日德地区的民族贸易、西宁的国际贸易功能等大大退化。在复兴青海道的时代要求下，如何复兴青海道作为中继站的功能，需要我们理性、科学地进行谋划。从国际贸易角度看，青海的中继站功能完全可以复兴，一方面，青海有多元的民族文化，特别是穆斯林群众的服饰、饮食、宗教等文化因素与中亚、西亚之间有诸多相同之处，如果我们以青海为中继站，使它成为伊斯兰文化的交汇之地，那么，借助国际通道进入中国的穆斯林旅客、商人等会给青海带来很多商机，也会为青海交通建设提供价值支撑。中国—巴基斯坦贸易通道一旦开辟运行，格尔木是该铁路线的必经之地，借助当地相对完善的石油冶炼工业基础和循环经济区，让来自西部的石油在此消化、加工，再运往内地，以循环经济为支撑点，使格尔木成为现代工业技术的输出地，这些设想皆因中继站功能的强化而可以变成可操作的具体手段。

如前所述,青海道的各干线中,河南道应当是具有相对独立价值,且特色十分鲜明的一条丝道。说它具有相对独立的价值,主要是指这条丝道连通了我国的大西南与中亚、西亚及欧洲地区,贵州、重庆、四川等地的工农业产品、人员等可以经青海、新疆较方便地抵达中亚、西亚及欧洲等地。即使在国家战略背景下,河西道仍是最受瞩目的黄金丝道,青海东部、北部的丝道及其功能有可能因此弱化,它也无法取代河西道的交通功能,因为这条丝道的交通连接能力是任何丝道无法取代的。说它特色鲜明,是因为这条丝道所经之地是青海少数民族聚居区,沿线的民族风情十分独特,自然地理面貌也独具特色,蕴含着十分丰富的旅游资源。沿线所经主要是欠发达地区,如果能开通便捷的交通方式,势必会带动沿线社会经济的发展。

总之,结合丝绸之路经济带建设思考、设计青海交通的未来发展,应当在理念上具备让二者互惠互利的双赢格局。复兴青海道不是复兴它在区域内的通道功能,而是要复兴它的国际通道功能,一旦复兴这种功能,国际化的交通建设是一大前提;结合丝绸之路经济带建设安排、设计青海交通建设,势必会突破区域的、空间的、民族的因素限制,使青海交通建设的目标指向国际通道的复兴与发展,从而超越交通建设中人口、政策等因素的制约,使青海交通真正负担起连接东西的功能。研究丝绸之路经济带建设与青海交通发展的内在关系,就要结合"一带一路"国家战略中的国际因素,不能只局限于青海考虑交通未来发展,同时也要结合古代青海道的历史功能,深挖历史资源,认清这条具有中继站特色的丝绸之路,使历史经验成为指导现实的重要资源,并且在这一资源中找到青海交通的独特功能。

## 二、目前的新变化

近年来，青海交通建设在结合省情的同时，较充分地考虑了青海融入新丝绸之路经济带的战略实际，一些交通建设项目结合了青海道的具体实际，明显具有引领、示范作用，且能在未来丝丝绸之路经济带建设中发挥重要作用。

铁路方面，青海通往新疆的格尔木—库尔勒铁路（库格铁路）已于 2014 年年底动工修建。这条铁路连通了新疆中部和青海中部，是新疆第二条出疆铁路，国家共投资 200 亿元，青海境内 560 公里，投资达 116 亿元。具体线路自格尔木、格尔木南站客货分线引出，经乌图美仁、甘森、花土沟，从巴什考垭供口翻越阿尔金山，经米兰、若羌、尉犁后引入库尔勒站。它的建成不仅可以完善我国西部铁路网，开辟新疆中部—青海中部的轨道交通，每天客运数对，也使南疆资源与内地工业产品的交易有更大通道，推动线路周围区域的发展。更为重要的是，库格铁路是中国—巴基斯坦经济带建设中的重要一环，是连通南亚与中国能源运输和工业产品出口的铁路大动脉的组成部分。

中国和巴基斯坦两国的合作、交流有着悠久的历史传统，在世界范围内，中巴两国的战略合作伙伴关系最可靠、最稳定。2009 年，中巴两国签订《自由贸易区贸易协定》，成为两国开放程度最高、内容最为全面的自贸区服务协定。2010 年，中国成为巴基斯坦的第二大贸易合作伙伴。中巴合作具有坚实的政治、经济基础，在中国受恐怖主义威胁逐渐加剧的国际背景下，地处中亚、西亚、南亚交界处的巴基斯坦是"疆独"等恐怖主义分裂分子活动的重要交通要道，为消灭这些恐怖分子，中国需要与巴基斯坦合作，以阻止恐怖主义活动的蔓延。在能源安全及工业产品输出方面，中国 60% 的能源补给来自中东，80% 石油进口经过马六甲海峡，中国输往南亚、非洲、欧洲的大量工业产品也须经过马六甲海峡，这条能源生命线虽然十分重要，但远距离运输不仅增加了成本，也带来了很多不确定因素。随着美国太平洋战略的变化和地区不稳定因素的加强，破解"马六甲困局"成为中国急待解决的问题。巴基斯坦南部濒临阿拉伯海，西南地区与伊朗接壤，西北与阿富汗相邻，北部与中国新疆相接，在丝绸之路经济带中具有明显的地理优势。目前，中国租借了位于巴基斯坦俾路支省西南部的瓜达尔港，于 2002 年开始兴建，2015 年 2 月基本竣工。2015 年 9 月，中国获租瓜达尔港 2 281 英亩（约 9.23 平方公里）的土地，为期 43 年。瓜达尔港距全球石油运输主要通道霍尔木兹海峡只有约 400 公里，利用中亚与该港口相连的公路与铁路，中国有望开辟一条往新疆等西部地区输送能源的通道，中国石油运输路程将缩短 85%，中国的工业品也可借此通道运往西亚、非洲等地，借此既可破解"马六甲困局"，也可加大中国向西开放的力度。2016 年 5 月 6 日，一条规划从我国新疆维吾尔自治区南部出发、贯通巴基斯坦南北的高速公路的重要组成部分——白沙瓦至卡拉奇高速公路苏库尔至木尔坦段项目开工。白沙瓦—卡拉奇高速公路连接巴基斯坦北部边境城市白沙瓦与南部沿海城市卡拉奇，途径巴基斯坦第二大城市拉合尔，全长 1 152 公里。此次开工的苏库尔至木尔坦段位于整个线路中段，长 392 公里，设计为双向六车道、时速 120 公里，工期 36 个月，投资约 28.9 亿美元，由中国建筑股份有限公司（中建）承建，中国进出口银行提供融资。这是迄今为止中巴经济走廊金额最大的基础设施项目。在开工仪式上，巴基斯坦总理谢里夫称，白沙瓦—卡拉奇高速公路是连接巴基斯坦南北的经济大动脉，将极大促进巴基斯坦地区经济发展和中巴经济走廊建设。这条公路一旦开通，瓜达尔港至新疆之间就有了便捷、高速的交通条件，这为中东等地石油进入中国打供了一条难得的便捷通道。①此外，穆沙拉夫执政时期，巴基斯坦曾提出中巴铁路的修建计划，由于项目技术难度大、耗资多、工期长，没能有实质性进展，目前，瓜达尔港至新疆喀什的铁路仍处在计划阶段。②

受国内外环境条件影响，巴基斯坦在政治、经济领域与我国有强烈的合作意愿，因此，经巴基斯坦通往中国的公路、铁路建设是完全可预期的，巴基斯坦盛产铜、铬、铁、锌等中国短缺的矿产资源，两国的能源合作前景也十分广阔。目前，喀什至库尔勒之间已有铁路线，库格铁路开通后，喀什经乌鲁木齐、吐鲁番经河西走廊进入内地，喀什经库尔勒、格尔木、西宁至中原，以及未来喀什经库尔勒、格尔木、玛多、达日、马尔康、汶川至成都之间都会有铁路线连接。其中，喀什至西宁的铁路运输线途经古代西域南道经羌中道、湟中道至内地的丝道，未来喀仁至成都的铁路经西域南道、羌中道、河南道和西蜀丝道。

由于喀什经乌鲁木齐、吐鲁番、河西走廊到达内地的铁路线十分繁忙，我国修建库格铁路的目的主要是利用这条铁路线打通瓜达尔港至内地的能源运输线，一旦建成，未来也主要承担物资运输。2015年1—10月份，格尔木至库尔勒铁路正在进行路基、桥梁、涵

---

①《韩媒：中巴经济走廊核心公路开工 可绕过南海通向中东》，引自参考消息网2016年5月13日，http://china.cankaoxiaoxi.com/bd/20160513/1158152.shtml
②任保平、马莉莉等主编：《丝绸之路经济带与新阶段西部大开发》，中国经济出版社2015年版，第178—185页。

洞工程施工；路基土方石完成 1 027 万方，桥梁完成 1 652 延米，涵洞完成 3 728 横延米，预计能在规定工期内完工。库格铁路沿线多为人迹罕至的荒漠地区，人口、环境因素支撑不了这条铁路线，这在一个侧面说明丝绸之路经济带建设服从国家战略，也依循国际化通道建设的基本思路，集中反映了青海省交通建设的新思路、新变化。

据学者研究，格尔木至敦煌的丝道是羌中道的重要支线，它连通了羌中道南部支线和北部支线，是青海经河西走廊西端进入中亚、西亚的重要丝道。①这条丝道向南经青海西南部高原可进入西藏地区，也是通往南亚地区的重要通道。敦煌至格尔木一带也属于荒漠地带，人烟稀少，区域内交通开发价值不大。但是，这条丝道在丝绸之路经济带建设中将会发挥重要作用，在连通河西地区与西藏乃至南亚地区方面起到至关重要的作用。

作为未来丝绸之路经济带建设方面"五通"工程的重要组成，格尔木至敦煌之间的铁路也正在修建中。这条铁路起点为敦煌，终点为饮马峡站，并有连接线前往格尔木站。线路全长约 616.79 公里。2011 年 6 月可行性研究报告获批，2012 年 10 月 18 日开工建设，设计为 I 级单线电气化铁路并预留复线条件，正线长度 509 公里，其中甘肃境内 263.7 公里，青海境内 245.3 公里。设计时速 120 公里/小时，投资总额约 129.57 亿元，建设工期 6 年。2015 年 1—10 月份，格尔木至敦煌铁路进行路基附属工程、桥梁、隧道及站后工程施工；正线铺轨完成 210 公里，站线铺轨完成 56.5 公里，完成铺道碴 89.7 万立方米。建成后，将会成为沟通新疆、青海、甘肃、西藏四省区的一条最便捷通道，并一举填补了这一区域的路网空白，

---

① 周伟洲：《吐谷浑史》，宁夏人民出版社 1985 年版，第 135—136 页。

连接起兰新铁路和青藏铁路两大干线，在政治、经济、国防等各领域都具有重要意义。

地方铁路建设为青海借助国际通道输送资源产品提供了便捷交通，2015年1—10月，海西地区完成投资10.2亿元；鱼卡红柳至一里坪地方铁路铺轨工程完成75%。1—10月完成投资9.53亿元；塔尔丁至肯德可克地方铁路塔尔丁至尕林格段目前已完成PPP合作协议的签订工作。

青海交通建设的一些新变化还体现在民航事业的快速进步方面。民航交通因便捷、高效的运输功能成为国际运输的重要组成部分，我国西部地区在构建丝绸之路经济带交通枢纽工程的过程中，民航交通势必会迎来大发展，也势必会成为最为重要的国际交流通道。

从青海民航发展的基本情况看，其中已经蕴含着一些新的变化。西宁机场的国际航班从无到有，初具规模。2014年年底，西宁机场开辟了西宁—曼谷、西宁—首尔、西宁—台北3条国际（地区）航线，不仅方便了本土游客，也提升了青海对外开放的水平，同时也初步展示了青海融入"一带一路"国家战略所取得的成绩。国际航线的开辟意味着西宁机场有了对外口岸，意味着西宁机场检验检疫、海关、边防无缝对接，能够保障旅行社顺利通关。硬件设施方面，西宁机场T1国际航站楼面积约7 500平方米，其中，检验检疫、海关、边检单位使用面积约2 000平方米，旅客使用面积约5 500平方米，这使得西宁机场成为西北地区设施优越的国际航站楼。[①]2015年12月5日，西宁—曼谷航班通航一周年来，该航班共执飞108架次，运输旅客1.06万余人次。西宁—曼谷航班的通航使青海省与泰国的

---

① 《西宁机场离国际机场还有多远》，引自人民网2014年12月7日，http://qh.people.com.cn/n/2014/1207/c182775-23135797.html

经贸往来更加密切，开通一年以来，对促进青海与泰国两地之间的双向贸易、投资及合作交流都发挥了重要的作用，同时也为两地的客商寻找商机提供了便利。根据青海省商务厅对外贸易处的统计，2014年青海与泰国的外贸总额为1 902.9万美元，2015年1至10月底，青海与泰国的外贸总额就达到1 745.5万美元，与2014年同比增长30%，这与西宁—曼谷航班的通航有着密切的联系。[①]2015年12月4日，西宁机场新开了西宁—西安—香港的定期航线，该航班每周三班，是青海第四条国际航线。[②]一般而言，拥有两条以上国际航线才可申请更名为国际机场，国家对国际机场的审批也十分严格。目前，西宁机场还未改称国际机场，但国际航线的初步开辟为未来发展奠定了一定的基础。

青海境内的一些机场分布在丝绸之路经济带上，为未来该区域的社会经济发展也将起到重要的交通支撑能力。在古青海道重要干线羌中道沿线分布着格尔木、德令哈、花土沟三个民用机场。从国家在西北地区的交通发展战略看，格尔木将成为重要的交通枢纽，除青藏铁路、格库铁路、敦格铁路交会于此外，当地的航空业发展也是一大亮点，格尔木机场原为军民两用机场，经改造升级后旅客吞吐量等有一定提升，2015年1—10月份，格尔木机场改扩建工程加快实施，已完成职工宿舍及餐厅、锅炉房、供水泵站等航站区单体工程建设，正在进行中心变电站及综合管网及管沟工程，共完成投资0.32亿元。2015年10月，格尔木机场当月共保障航班116架

---

① 孙睿：《青海首条国际航线开通周年 运输旅客超1万人次》，引自中国新闻网2015年12月5日，http://finance.chinanews.com/sh/2015/12-05/7657514.shtml
② 荣丽君：《新通道：西宁香港航线开通》，《西宁晚报》，2015年12月5日，第A2版。

次，旅客吞吐量 10 491 人次，客座率 87.3%，货邮 128.8 吨。1—10 月完成投资 0.44 亿元。德令哈机场 2015 年 1—11 月，共保障航班 218 架次，实现旅客吞吐量 13381 人次，客座率 51.15%，货运 87.52 吨。花土沟机场已于 6 月 26 日竣工通航，并于 9 月 23 日开通西宁至敦煌至花土沟航线，但是由于运力不足，该机场航班在年内停飞。玉树机场坐落于唐蕃古道中部地区，对该丝道与周边地区的交通连接也起到较重要的支撑作用。机场运营之初，只开通拉萨至西宁的航线，该机场也仅在省区内发挥作用。2014 年 10 月，玉树机场开通了玉树到成都的航线，2015 年 3 月开通玉树到西安的往返航班，2015 年 10 月 9 日，玉树机场迎来了成都—玉树—拉萨的航班，这也是玉树直飞拉萨的首条航线。随着上述航线的开通，围绕玉树机场开辟的这些空中丝绸之路，不仅实现了当地民众直飞成都、西安、拉萨的梦想，对推动玉树地区的经济发展也具有重要意义。此外，果洛大武机场于 2012 年 9 月 14 日奠基，通过 4 年建设期，2016 年 7 月正式通航。2015 年，祁连民用机场获批，为青海省第六座民用机场，2016 年预计建成飞行区和航站区主体工程。

近年来，青海的公路建设也发生了一些新的变化。在东部地区，随着西宁经平安、乐都、民和向东至兰州的出省通道进一步得以优化外，青海共和至甘肃临夏的公路等级也将在近期得以提升，使青海黄河南北两岸向东的出省公路高速化。这条出省公路为国道 310 线的主体部分，它从青海、甘肃两省交界的大力加山向西至循化县，再从循化至隆务峡高速公路，主体位于青海省循化撒拉族自治县和化隆回族自治县境内，起点位于大力加山（省界），经道纬乡、白庄镇、清水乡、积石镇（循化县）、街子镇、查汗都斯乡、公伯峡、古什群，终点为化隆县哇加滩枢纽互通，全长 40.38 公里，是青海省高速公路路网规划（2009—2030）"三纵、四横、十联"中的第三横——临夏至共和公路的重要组成部分，是青海重要的出省通道之一。这条高速公路的修建对加强甘肃与青海之间的交通联系，优化区域路网结构，开发利用沿线自然资源和旅游资源，带动沿线民族地区经济社会发展，促进青海沿黄经济带发展，都具有十分重要的意义。更为重要的是，这条高速公路沿线所经为历史上河州地区进入青海黄河两岸的古丝绸之路，从今天的甘肃临夏向东经循化、化隆群科镇向北至平安，向西可达西宁，从群科向西至隆务河流域，再向西可抵达共和盆地一带，自此向西北与环湖地区的丝道相连。历史上，青海向东的交通线主要分布在这条丝道上，借助这条丝道的东端，青海与甘南、汉中及川北地区之间也形成交通联结。如今，在充分认识到这条丝道的历史地位与现实意义基础上进行的交通建设，可为建设新丝绸之路经济带提供重要支撑。

总之，近年来，在铁路、民航及公路建设方面的新变化反映出，青海省决策部门较早意识到了利用古代丝绸之路进行交通建设的重要意义，积极融入"一带一路"国家战略的心态转化为具体的交通谋划与建设，也势必会对新丝绸之路起到重要的支撑作用。

## 三、青海交通建设的未来规划与趋势

在"一带一路"国家战略大背景下，青海交通建设的思路及新变化都体现了未来的交通规划和发展趋势都超越了区域、人口等因素的限制，从更高的层面、更广的视域出发来规划和建设青海交通。据此，我们拟从交通建设、发展思路和未来规划等角度出发，研究青海交通建设的未来规划与趋势。

首先,在铁路、公路建设方面,应当结合古丝绸之路的走向,加快出省通道建设,使青海拥有完善的、多元的出省通道,为未来经济发展奠定更为坚实的交通基础。

根据国家《中长期铁路网规划》和《铁路"十二五"发展规划》,青海应当尽早实施西宁—成都铁路建设项目,"十三五"规划实施阶段应当尽早安排修建格尔木—成都铁路。西宁—成都铁路是国家《中长期铁路网规划》的研究项目,是连接川、甘、青三个西部省份藏区的重要铁路通道。该铁路起于西宁市,途经青海海东市、黄南藏族自治州,甘肃省甘南藏族自治州,四川省阿坝藏族羌族自治州,接轨于在建成兰铁路黄胜关站。西宁—成都铁路新建线路长度533.02公里,其中青海省境内长173.38公里,甘肃省境内长159.20公里,四川省境内长200.44公里,预估算投资总额为583亿元。2015年7月30日至8月1日,中国铁路总公司组织人员对西宁至成都铁路四川、甘肃、青海三省沿线进行了现场踏勘,并于8月2日在西宁组织召开西宁至成都铁路预可行性研究报告审查会。西宁—成都铁路沿线所经是古代丝绸之路青海道东部线路、甘南丝道和西蜀分道,曾在魏晋南北朝时期成为西南地区经西北地区连接中亚、西亚之间的重要国际商贸路线。如今,它是西北地区连接西南、沟通华南的一条重要铁路通道,是"丝绸之路经济带"与"海上丝绸之路"的重要连接,是连接大西北和大西南的重要纵向通道,是实施西部大开发战略和完善区域路网功能的干线铁路。建成后,将大幅缩短西藏、新疆、青海、甘肃与西南各省区的距离。①

---

① 《西宁至成都铁路前期工作启动》,引自新华网2015年8月6日,http://www.qh.xinhuanet.com/2015-08/06/c_1116162652.htm。

格尔木—成都铁路起于格尔木市，经青海玛多、达日和四川马尔康、汶川、都江堰市到达成都市，全长约 1 270 公里，其中青海境内 855 公里。这条线路所经也是历史上青海道重要的支线，吐谷浑时期曾连接了南朝与中亚、西亚间的商贸、文化往来。格尔木—成都铁路的建设将完善西北地区铁路网布局，对新、甘、青、藏、川五省区未来国土利用和开发提供交通保障，促进沿线省区矿产资源开发，维护民族团结，促进旅游业发展具有重要意义。这条铁路已纳入我国《中长期铁路网规划》，成为未来修建的重要制度保障。①和成都—西宁铁路相比，这条铁路能更便捷地连通"海上丝绸之路"与"丝绸之路经济带"，势必会成为我国华南、西南地区与中亚、西亚的重要交通连接，也势必会成为上述地区融入中巴经济带的重要交通枢纽，因此，尽早修建这条铁路对于完善、提升"一带一路"交通连通战略，意义非凡。

公路方面，除东部出省口有较完善的高速公路设施外，青海向北、向西、向南的出省公路通道也应当加快修建高等级公路。目前，青海向北出省公路主要是西宁至张掖的公路，为国道 227 线，是古代青海道重要干线湟中道的一条支线，全长 330 多公里。目前，西宁至大通为一级公路，大通至张掖基本为二级公路，沿线所经青海门源至甘肃民乐段为山路，特别是扁都口大坂山一带山高路陡，交通不便。根据《青海省城镇体系规划（2014—2030 年）》《甘肃省城镇体系规划（2013—2030 年）》及《张掖市城市总体规划（2012—2020 年）》，明确规划加快建设张掖到西宁高速公路。这条高速公路

---

① 《格尔木至成都铁路列入国家中长期铁路网建设规划》，引自新华网 2006 年 7 月 22 日，http://www.qh.xinhuanet.com/cdmqh/2008-07/22/content_13892906.htm

一旦建成，青海向北的出省交通会更加便捷，对于激活这条古丝绸之路的交通支撑能力具有重要意义。

青海向北的出省口还有格尔木至敦煌的公路，为连霍 G30 和京藏 G6 高速公路的联络线。这条公路不仅是古丝绸之路的重要路线，也是西部大通道西宁至库尔勒公路的重要组成部分，它的高速化建设对完善国家高速公路网布局与结构、深入推进西部大开发战略，为区域资源开发利用和保障西藏、青海和新疆发展稳定具有十分重要的战略意义。2004 年 12 月，国务院批准实施《国家高速公路网规划》，瓜州—敦煌—格尔木高速公路纳入国家高速公路网进行建设实施。格敦高速青海省界全长 400 公里，2009 年开工建设，总投资 49 亿，2013 年全线通车，瓜州—敦煌的高速公路于 2014 年 12 月 1 日正式通车。敦煌至当金山口环评报告已发布。格尔木向西越过阿尔金山至新疆若羌的公路全长 510 公里，为三级公路，公路等级不高，升级也十分困难，未来格尔木向西的公路主要依赖向北越当金山口经敦煌前往新疆的交通线路，因此，格尔木至敦煌公路的升级改造和全线高速化对青海融入丝绸之路经济带具有重要的战略意义。

青海向南的出省通道主要为格尔木至拉萨的 109 国道，这条公路的升级改造是京藏高速建设的重要一环。目前，从西宁至拉萨约 1900 公里，西宁至茶卡段 300 多公里高速化路面已建成，茶卡至格尔木约 400 公里高速化路面正在建设中，这说明京藏高速的修建已推进至格尔木。新建格尔木至拉萨高速约 1 100 公里，和其他省区的进藏公路相比，青藏高速沿现有青藏二级公路走廊，地形起伏小，

---

① 《格尔木至成都铁路列入国家中长期铁路网建设规划》，引自新华网 2006 年 7 月 22 日，http://www.qh.xinhuanet.com/cdmqh/2008-07/22/content_13892906.htm

青藏高原昆仑山至唐古拉山间处于相对平坦的高台地。相对而言，青藏高速建设难度要小、受损后恢复通行快，有利于巩固国防需要。因此，在所有进藏高速公路中青藏高速建设里程最短、工程量小、投资省、工期短。简言之，格尔木至拉萨高速是目前所有进藏公路中最佳的进藏大通道。影响这条高速公路修建进程的主要问题是沿线500多公里的多年冻土，2013年6月发布的《国家公路网规划》中，京藏高速的最后建设路段——格尔木至拉萨段已纳入"十二五"后期建设规划，能否开工建设将直接取决于国家意志和多年冻土地区高速公路修筑技术的支撑保障体系。①

总之，西宁—成都铁路、格尔木—成都铁路及格尔木—拉萨高速公路，三条交通干线与丝绸之路经济带建设所要求的道路连通都密切相关，这三条骨干交通线建成通车，青海不仅能融入国家主干交通网络体系之中，成为连接我国西南与西北两大经济区的交通枢纽，并将开辟我国东南、西南地区与中亚、欧洲商贸往来的一条捷径，必然给青海的对外开放和经济发展创造重大契机。②

民航方面，未来应当发展的主要方向是开辟更多的国际航线，为丝绸之路经济带建设提供更为便捷的交通条件。从近年来西宁机场的发展来看，自从开辟国际航线以来，截至2015年11月底，已执行航班飞行200余架次，出入境人数近3万人次，有效促进青海省的对外开放和旅游文化交流，可见通过开辟国际航线加快青海对外开放步伐是一项有效的措施。不过，目前的国际航班线路主要针

---

① 《高速公路何时通拉萨？——五问青藏高速公路修建》，引自新华通网2014年10月8日，http://www.xinhuatone.com/interfaceDetail.jsp?con_id=325566
② 苏海红、丁忠兵：《丝绸之路经济带建设中青海打造向西开放型经济升级版研究》，《青海社会科学》，2014年第5期。

对东亚及港台地区，未来应当开辟与中亚、西亚及南亚的国际航线，比如，开辟西宁至阿联酋、尼泊尔等国的航班，既可以扩大青海向西开放的地域范围，也可以为青海更好地融入"一带一路"国家战略奠定交通基础。

其次，从目前已取得的交通建设成绩及发展趋势看，青海交通建设的未来发展方向应当与丝绸之路经济带更紧密地结合起来，为新丝绸之路国际商贸通道服务。

目前，青海的铁路、公路及民航建设成就总体上沿着古代丝绸之路的印记，逐步成为沟通东西交流的重要交通网络。铁路方面，随着兰新铁路第二双线、格尔木至敦煌、格尔木至库尔勒、饮马峡至霍布逊、鱼卡至一里坪铁路的开工建设，加之早已贯通的青藏铁路、兰新铁路、兰青铁路，连通了河西走廊，延伸至新疆大地，一路向西，可达中亚、欧洲。公路建设方面，建成中的京藏高速、省际高速公路，部分建成的格敦高速公路，不仅将兰州、西宁、格尔木串成一线，也与新疆交通网相连。航空建设方面，近几年，青海的航空交通迅猛发展，除西宁曹家堡机场外，格尔木、玉树、德令哈、花土沟相继运营，"一主八辅"机场建设布局基本成型。总之，青海境内的公路、铁路网将总体上已成为沟通东西、连通南北的重要通道，且已初步获得不可替代的交通战略地位。①

复兴青海道，很大程度上可以理解为复兴和激活青海道的各个干、支线，使它们重新融入连通东西交流的国际商贸通道之中，起到连通东西的作用。为实现这一目标，青海未来交通发展虽然要服务于本省的社会经济，但不能仅立足于本省实际，应当树立更远、

---

① 李勇：《青海融入丝绸之路经济带建设的战略构想》，《青海社会科学》，2014年第5期。

更大的目标,把青海建成我国向西开放的交通枢纽,特别是利用我省南部地区的丝道,把青海建设成为华南、西南与中亚、西亚乃至欧洲的交通枢纽。基于这一目标,青海陆路交通的发展不能以区域人口、资源开发等作为交通投资的主要指标,而是要看沿线的交通联结价值。比如,未来修建的格尔木—成都铁路所经青海牧区多为人口稀少地区,从铁路服务于当地民生角度看,这一交通投资项目的投入产出比是十分低下的,完全没有必要修建,但是从连通我国西南地区与西亚、欧洲的交通战略考量,修建这条铁路具有显而易见的重大意义,应当及早上马,以加快丝绸之路经济带建设的步伐。民航建设方面,受到当地社会经济发展水平及复杂国际局势的影响,开辟国际航线面临着一些困难,青海人口较少,出国留学、旅游、经商等的人口总量较少,青海又是多民族地区,国土安全问题较为突出,这些因素都在制约着国际航线的开辟与运营。但是,如果我们基于空中丝绸之路的未来发展考虑这个问题,那么,仅仅局限于当地人口等因素去发展国际航空业,显然不能与当代国家发展的大趋势相融合。我们应当跳出既有的思维定式,以更为积极的心态和更为有效的实际行动去对待上述问题,就会发现,如果开通青海至南亚、西亚的航线,因当地居民与上述地区之间宗教、商业等方面的亲和因素,与之连接的航线可能更有市场潜力。

复次,青海交通事业的未来发展应当更加注重平衡发展,体现人文关怀。

从上述关于青海交通事业发展基本特点的分析来看,青海公路、铁路、民航的交通网络布局、铁路线分布等均存在很大的不平衡性。这种不平衡性一方面是由客观条件造成的,比如,青海东北部地区是人口集聚区,交通条件相对发达,就是为了满足众多人口的出行条件，加之青海的政治、经济、文化中心也在这一地区，区域凝聚效应十分突出，这又在一定程度上加深了交通条件的不平衡性。客观地讲，在特定区域的社会经济领域，出现不平衡发展的状态，是事物发展的一般规律造成的，这也决定了一味地追求平衡发展并非完全是明智之举。但是，如果社会经济发展的不平衡性超越了某种界限，那么，就会导致落后地区愈加落后，发达地区也因此受到牵累，如人口、资源更多地向发达地区集中，从而制约该地区的各种社会经济秩序的健康发展。因此，不能任由不平衡性因素增长，也不能人为地进一步扩大这种平衡性。在交通建设领域，相关政策、资金向青海牧区倾斜，打通青海牧区通向周边省份的交通通道，既有利于改善当地的交通条件，促进当地经济及民生事业的进步，也在一定程度上可以缓解青海东部地区的交通压力，从而达到交通事业均衡发展的目的。

人文关怀的核心在于肯定人性和人的价值。在交通建设领域，人文关怀可理解为把人文关怀作为交通建设规划的视角之一，即交通建设应当重视人、尊重人、关心人、爱护人。具体而言，交通建设应当充分考虑到居民出行的具体问题，如在城市周边修建高速便捷的公路网，使每日奔波于城市两端的人们能够借助这些通道实现快捷出行；农牧区居民、自驾游客远距离出行往往借助私家车等交通工具，那么，沿途的加油站、旅馆、餐饮等设施对于他们的出行至关重要，如果再在公路建设之初考虑到上述问题，那么，既可以方便群众，也可以带动当地旅游业、餐饮业的发展；人文关怀还可以体现在交通设施服务于人的方面，比如机场各项设施充分考虑游客需要，铁路车站的设置与当地居民出行具体要求相结合等。总之，人文关怀意识是人类文明进步的具体体现，也是人类文明向前发展的动力。如果青海交通建设及规划充分体现人文关怀，那就意味着与国际先进文化接轨，而这对于"五通"工程中的人心相通无疑具有很大现实意义。

最后，青海交通建设的未来趋势应当是融入欧亚大陆的交通枢纽中心。

从我国西北的自然地理格局上看，与中亚、南亚相邻的新疆尤其是天北核心区乌昌—奎独乌石地区将成为亚欧大陆中心地区最为重要的交通枢纽中心，即成为丝绸之路经济带的交通中心。[①] 青海的交通建设要做好与欧亚大陆交通枢纽的连通，使之成为这一交通枢纽中心的缘边组成部分，从而融入新丝绸之路国际商贸大通道。

青海虽为民族边疆地区，但并不邻边，社会经济发展基础也不及新疆，交通枢纽中心建设先天不足。正因为如此，建设成为相对独立的交通枢纽中心的战略设计是不太合适的。基于青海省"融入丝绸之路经济带"的总体战略构架及青海交通建设的实际情况，应当把青海建设的未来趋势定位于融入欧亚大陆交通枢纽中心则是更为恰当的。

以融入这一交通枢纽中心的视野看，青海的交通建设首先有了十分恰当的定位，既不因为省内社会经济发展相对滞后而忽略青海的交通联结价值，也不为了省际竞争中获得所谓优势而盲目自大，以恰当的定位统筹考虑青海交通发展，能够科学、理性地把握住青海交通建设的实际情况、发展重点及优势所在。

融入欧亚大陆交通枢纽中心，就要做好与新疆的陆路及空中连接。从陆路交通看，铁路交通的连接最具优势，兰新高铁途经西宁，

---

[①] 孙久文、高志刚：《丝绸之路经济带与区域经济发展研究》，经济管理出版社2015年版，第188—189页。

使青海融入国家高铁交通网络，方便了青海与新疆之间人员经贸等的往来。未来，敦格铁路、格库铁路的建成，青海与新疆之间至少有三条铁路交通线，这就为青海真正融入欧亚大陆铁路交通网络奠定坚实基础。公路方面，青海与新疆的连通相对滞后，截至2015年年底，格尔木—敦煌高速公路甘肃界内仍未修通，格尔木至若羌、和田之间的公路等级低，通行条件不好，这在很大程度上限制了两省区间的公路交通往来。青海应当积极谋划格若、库格高速公路的设计与前期环评，尽早打通直接通往新疆的高等公路瓶颈，为青海融入欧亚大陆交通枢纽中心提供更为优质的陆路交通条件。民航方面，除加快国内航班经西宁前往乌鲁木齐或乌鲁木齐经西宁至内地航班的开通步伐外，适时开通国际航班经西宁至土库曼斯坦等国航班，利用乌鲁木齐国际机场的通行优势，带动发展青海的国际航班。

古人云："不积跬步，无以至千里。"在交通建设上，只有累积点滴之功，才能构筑四通八达的交通网络；只有夯实交通基础，才能为社会发展奠定坚实基础。青海未来的陆路交通建设应当沿着古丝绸之路，充分完善青海道各干线及重要支线所经区域的铁路、公路设施，开辟通往中亚、西亚及南亚的国际航线，特别是要加快建设青海南部地区古代丝道沿线的铁路、公路设施，使之成为连通海上丝绸之路与丝绸之路经济带的独一无二的快捷通道。未来的交通建设应当服从丝绸之路经济带建设的需要，加快与新疆地区的交通连接设施建设，尽快融入欧亚大陆交通枢纽。

## 叁 构建新支点：丝绸之路经济带建设与青海城镇经济振兴

## 第一节 青海城镇经济的空间布局与产业结构

### 一、青海城镇经济的空间布局

空间是人类经济活动的场所,是人类社会经济生活的重要依托,人类的经济活动都会在空间上反映出来。因此,了解人类经济活动在空间上的布局,有助于我们研究特定区域经济活动的发生、发展及其未来走向。

按照区域经济学理论,在多种区位因素影响下,区域经济会形成非均衡增长的态势,这种非均衡现象又会使一定空间范围内原有的各种社会经济客体和现象的位置、相互结合关系、聚集规模及其形态发生相应的变化。因此,区域经济空间的变动,"是人类经济活动区位选择的结果;是各种经济活动地域空间分化、组合、聚集的动态过程……"①在现代社会,人类经

---

① 赫寿义、安虎森主编:《区域经济学》,经济科学出版社1999年版,第296页。

济活动的非均衡性，突出表现在城镇经济的聚合形态上。在特定区域内，经济活动主要发生在一个或数个城镇，城镇成为第二、第三产业的汇聚地，人们迁往城镇居住以解决就业问题，而广大乡村地区的经济活动因此受到很大的抑制，即使在区域内城镇经济发展过程中，一旦形成经济发展的核心城市，对周边其他城镇的经济活动也会起到抑制作用，从而空间上形成非均衡性增长的状态。

人类经济活动在空间上的非均衡性增长过程对经济活动的空间布局形成决定性影响，它一方面会造就一个或数个中心城镇，这些城镇往往会成为区域经济活动的核心区域，城镇是区域的核心，它们是区域内经济活动和区域外经济联系的组织者和领导者。在城镇的周边也会分布一些工业或第三产业，但主要是以提供劳动人口、农副产品种植、乡村休闲等形式支撑核心城镇的发展，由此构成核心——外围的二元结构。综观全球经济的空间分布，在不同层次的区域内形成由中心城镇及其外围区域的二元结构，是当代城镇经济的主要空间布局形式。

根据区域经济学中核心——外围二元结构理论分析青海城镇经济的空间布局，可以看出，青海城镇经济有三大核心，它们分别是西宁、海东和格尔木，这三个居于核心地位的城镇在促进青海经济增长方面起着支配作用，而其周边区域往往以支撑城镇经济的外围形态，参与到城镇经济的发展之中。

西宁是青海省会，是青藏高原人口规模最大、经济最发达的城市。根据《西宁市2015年国民经济和社会发展统计公报》，2015年年末，全市常住人口为231.08万人，同比增长0.88%。全市出生人口2.92万人，死亡人口1.25万人，出生率12.70‰，死亡率5.44‰，自然增长率为7.26‰。全市城镇人口为159.26万人，占常住人口的

68.9%；乡村人口为71.82万人，占常住人口的31.1%。① 几十年的发展，使西宁在冶金、化工、电力、中藏药和农畜产品深加工等方面具有较强的发展实力。据西宁市统计局统计，2015年，西宁完成地区生产总值1 131.62亿元，增长10.9%，几乎占了青海省的一半。其中，第一产业实现增加值37.46亿元，增长5.3%，对GDP贡献率为1.4%，拉动GDP增长0.15个百分点；第二产业增加值543.47亿元，增长12.6%，对GDP贡献率为64.1%，拉动GDP增长6.99个百分点，其中，工业增加值增长12.7%，对GDP贡献率为55.8%，拉动GDP增长6.08个百分点；第三产业增加值550.69亿元，增长9.0%，对GDP贡献率为34.5%，拉动GDP增长3.76个百分点。全年人均地区生产总值达到4.92万元，扣除价格因素，实际增长9.9%，折合美元为7 897美元。

2015年，西宁市完成固定资产投资1 295.95亿元，增长10.1%。其中，市属固定资产投资1 055.58亿元，增长18.2%。分产业看，第一产业完成投资53.54亿元，增长16.8%；第二产业完成投资589.31亿元，增长11.3%，其中，工业投资500.57亿元，增长4.7%；第三产业完成投资653.10亿元，增长8.7%。分投资类型看，国有及国有控股投资605.17亿元，增长25.2%；民间投资690.78亿元，增长1.2%。民间投资占固定资产投资的比重达58%，成为投资增长的重要支撑力量。产业结构调整呈现结构优化、转型升级的良好态势。

近几年，西宁城镇经济进入快速发展阶段。2014年，西宁市

---

① 西宁市统计局：《西宁市2015年国民经济和社会发展统计公报》，引自西宁统计信息网，http://xntjj.xiningj.gov.cn/html/871/299479.html 下引海东市相关数据不再一一标注。

GDP和固定资产投资双双过千万,标志着西宁的中心城市地位进一步提高。据统计,2015年上半年,西宁市完成地区生产总值496.76亿元,增长10.7%,高于西北五省会城市平均增速2.4个百分点,增长步伐较快,高于位居第二的兰州市2.1个百分点。全市规模以上工业增加值增长13.2%,高于西北五省会城市平均增速6.6个百分点,明显高于位居第二的银川市4.0个百分点。完成社会消费品零售总额204.97亿元,增长11.3%,高于西北五省会城市平均增速2.8个百分点,高于位居第二的西安市1.2个百分点;兰州、银川、乌鲁木齐三城市增速均在10%以下。此外,2015上半年,西宁市完成固定资产投资555.42亿元,增长12.9%,高于西北五省会城市平均增速7.2个百分点,低于位居第一的兰州市2.0个百分点。全市完成地方公共财政预算收入47.48亿元,增长15.1%,高于西北五省会城市平均增速3.6个百分点。

据青海海东市统计局统计,2015年,全市常住人口145.43万人,比上年末增加1.09万人。按城乡分,城镇49.44万人,占34%,比上年末提高0.96个百分点;乡村95.99万人,占66%。全年人口出生率14.97‰,比上年低0.01个千分点;人口死亡率6.97‰,比上年高0.71个千分点。全年人口自然增长率8‰,比上年低0.72个千分点。全年全市地区生产总值384.4亿元,按可比价格计算,比上年增长11.2%。分产业看,第一产业增加值53.2亿元,增长5.7%;第二产业增加值192.8亿元,增长14%;第三产业增加值138.3亿元,增长9.2%。第一产业增加值占地区生产总值的比重为13.8%,第二产业增加值比重为50.2%,第三产业增加值比重为36%。人均地区生产总值26 531.2元,比上年增长11.2%。全年完成全社会固定资产投资611.39亿元,比上年增长20.33%。按投资类型分，国有及国有控股投资365.96亿元，增长44.33%；民间投资233.09亿元，下降3.33%；港澳台及外商投资12.34亿元，下降8.15%。按产业分，第一产业投资81.91亿元，下降22.38%；第二产业投资196.01亿元，增长52.44%，其中工业投资145.78亿元，增长25.88%；第三产业投资333.47亿元，增长21.7%。全年基础设施投资196.25亿元，增长31%。①

2015年上半年，海东市完成地区生产总值123.66亿元，同比增长10.7%，较一季度提升3.3个百分点，高于省考目标0.7个百分点，低于自考目标1.3个百分点，高于全省平均2.8个百分点，居全省第一位。其中，第一产业完成9.3亿元，同比增长5.5%；第二产业完成68.5亿元，同比增长11.1%；第三产业完成45.9亿元，同比增长11.1%。

根据格尔木市统计局的统计，2015年，全市常住人口为235 724人。据公安部门户籍人口及其变动情况报表显示，年末全市户籍总户数50 551户，总人口134 841人，比上年减少1 058人。户籍男性人口68 568人，下降1.2%；少数民族人口31 232人，增长2.3%,其中:蒙古族3 382人,下降0.4%;藏族7 121人,下降0.2%。户籍人口出生率12.2‰，比上年低2.37个千分点；死亡率4.9‰，比上年高1.66个千分点。2015年，格尔木生产总值2 852 412万元，按可比价计算，比上年增长4.6%。分产业看，第一产业增加值42 364万元，增长6.0%；第二产业增加值2 008 084万元，增长3.6%；第三产业增加值801 964万元，增长8.1%。第一、第二和第三产业

---

①海东市统计局：《海东市2015年国民经济和社会发展统计公报》，引自青海统计信息网，http://www.qhtjj.gov.cn/tjData/cityBulletin/201605/t20160525_42291.html 下引海东市相关数据不再一一标注。

对生产总值的贡献率分别为1.5%、60.8%和37.7%,分别拉动经济增长0.07、2.8和1.73个百分点。第一产业增加值占全市地区生产总值的比重为1.49%,第二产业增加值比重为70.4%,第三产业增加值比重为28.11%。人均生产总值120 539元,比上年下降3%。2015年,格尔木完成全社会固定资产投资1 916 173万元,比上年下降36.6%。按投资类型分,国有及国有控股投资1 432 211万元,下降15.1%;民间投资450 547万元,下降65.2%;港澳台及外商投资33 415万元,下降17.8%。按产业分,第一产业投资17 005万元,下降13.8%;第二产业投资1 561 647万元,下降37.7%,其中工业投资1 543 163万元,下降38.2%;第三产业投资337 521万元,下降31.9%。2016年1—4月,格尔木规模以上化学原料和化学制品制造业同比下降1.2%,对规模以上工业的贡献率为-3.6%,拉动下降0.3个百分点;石油加工、炼焦加工业增长10.9%,贡献率为39.9%,拉动增长3.1个百分点;石油和天然气开采业下降0.5%,贡献率-2.6%,拉动下降0.2个百分点;电力、热力生产和供应业增长21%,贡献率为25.4%,拉动增长2.0个百分点;有色金属冶炼和压延加工业增长7.7倍,贡献率10.3%,拉动增长0.8个百分点;非金属矿物制品业增长2.8倍,贡献率9.4%,拉动增长0.7个百分点;酒、饮料和精制茶制造业增长11.8%,贡献率0.6%;有色金属矿采选业贡献率12.6%,拉动增长1个百分点;其他行业贡献率为8%,拉动增长0.6个百分点。①

2015年,以上三个中心城镇的总人口近400.08万人,当年,

---

① 格尔木市统计局:《2015年格尔木市国民经济和社会发展统计公报》,引自青海统计信息网,http://www.qhtjj.gov.cn/tjData/cityBulletin/20160427_41587.html 下引格尔木市相关数据不再一一标注。

青海全省人口总数为588.43万,三个中心城镇约占总人口的68%。以上三个中心城镇地区生产总值为1 804.22亿元,2015年,青海生产总值为2 417.05亿元,三个中心城镇约占总产值的74%。

综上,青海城镇经济的空间布局不仅吻合区域经济学中核心——外围的二元结构,甚至在一些方面表现出的非均衡性现象超过了周边省区中心城镇在区域经济中的地位与作用。青海城镇经济空间布局及其表现形态与青藏地区特殊的地理环境有关,青海面积广阔,但由于多数地区高拔高、气候条件恶劣,不具备或欠缺人类经济活动所需的基本条件,因而不适应工业、建筑业及第三产业的投资与开发。青海实施生态立省战略以来,90%左右的国土为限制或禁止或限制开发区域,这一战略主要出自保护青藏高原脆弱的生态环境,同时也是对上述因素的承纳或回应。正是由于上述这些因素,青海的产业经济发展只能集中在东部地区及海西格尔木等地,这也就决定了青海城镇经济的非均衡性现象既吻合了全球现代经济发展的一般规律,同时还受一些特殊因素影响,对与之相关的非均衡性因素的考察,也需要结合这些特殊因素。

青海城镇经济的上述空间布局形式形成了以西宁、海东、格尔木为中心的一些区位优势十分明显的中心城镇,它们坐落于古代丝绸之路青海道的各个干线上,一些城镇自古以来就扮演着区域经济中心的角色,在青海当代经济的空间布局上,它们的中心地位日益突出,所产生的交易费用毫无疑问可以提高居民的消费能力,区位经济利益可从支出、消费、就业三大方面提高居民真实收入或货币收入,从而大大提高居民的总效用水平。不过,也须看到,青海城镇经济的聚焦效应也产生了一些负面因素,比如,西宁的聚焦效应使这座城市的拥挤成本上升,这在一定程度上抑制了西宁城镇经济的健康发展。城镇经济与生态系统是不能截然相分的,城市工业生产、人口增长等因素使环境容量压力不断增大,也使生态环境受到干扰,这种现象也反映在西宁,这反而可能会削弱西宁的区位优势。

## 二、青海城镇经济产业结构分析

新中国成立以来,随着第二、第三产业的迅速发展,青海城镇经济产业结构发生了大的变化,城镇经济在整个国民经济体系中的地位也迅速上升,这与青海城市化的总体进程及产业结构变化的客观规律有关,因此能直接反映青海城镇经济产业结构的具体状况。

从总的产业结构变化看,1949年至2013年,青海产业结构发生了巨大变化。1949年,第一产业占比达80.5.%,第二产业为5.7%。第三产业为13.8%,65年来,第一产业的比重逐步下降,第二产业的比重增加较快,第三产业在近几年异军突起,成为未来城镇经济的

表3.1 1949—2013年青海省工业增加值

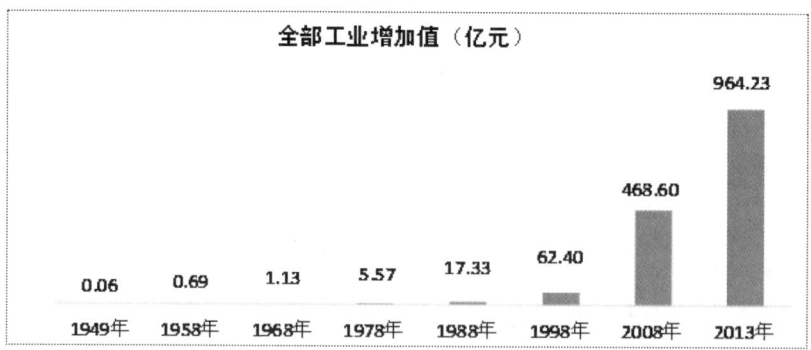

重要支撑。2013年，第一产业占比为9.9%，第二产业为57%，第三产业为33.1%，产业结构与新中国成立初相比，发生了天翻地覆的变化。[①]

首先，从青海城镇经济产业结构的总体状况看，第二产业在青海城镇产业结构中居于核心地位。

从工业增加值的增长看，第二产业是城镇经济的支柱产业。1949年时，全省工业增加值仅为0.06亿元，至1978年为5.57亿元，改革开放以来，工业增加值增速明显加快，1998年工业增加值达62.4亿元，2008年为468.6亿元，2013年达964.23亿元，当年，第二产业增加值占比超过青海省产业总产值的一半以上，工业增加值接近千亿。2015年，工业增加值达到1 207.31亿元，这个数据充分说明第二产业是青海城镇产业的半壁江山。

第二产业内部结构中，建筑业是近年来重要的增长点。截至2013年末，青海省房地产开发企业达308个，从业人数达1.01万人。房地产开发投资额达247.61亿元，是1990年0.32亿元的774倍；房屋建筑施工面积达23 76.64万平方米，是1990年的132倍；商品房销售面积达381.56万平方米，是1990年的149倍；商品房销售额达158.84亿元，是2000年的32.2倍。2013年房地产业实现增加值达34.21亿元，比1992年增长13.2倍。2014年，青海省房产开发投资达308.27亿元，在第二产业中，比上年增长24.5%。2015年，全省建筑业增加值313.81亿元，按可比价格计算，比上年增长12.6%。注册地在省内的具有资质等级的总承包和专业承包建筑企业419个，实现利润11.84亿元。

---

[①] 青海省统计局：《新中国成立65年来青海省经济社会发展成就综述》，引自青海统计信息网，http://www.qhtjj.gov.cn/infoAnalysis/tjContrast/201410/t20141011_4136.html

从工业内部结构看，轻工业增长迅速，制造业规模不断扩大，优势产业发展良好。轻工业保持快速增长，比重不断提高，重工业增速回落。2014年，青海省规模以上轻工业增加值比上年增长30%，占规模以上工业增加值的12.8%，比重比上年提高2.4个百分点，拉动规模以上工业增长3.3个百分点。全年全省规模以上重工业增加值增长5.9%，增速比上年回落6.0个百分点，拉动规模以上工业增长5.8个百分点。从工业产业的行业结构看，2014年，青海省规模以上工业36个大类行业中26个行业增加值比上年增长，增长面为72.2%，其中20个行业增加值增速高于规模以上工业平均增速。制造业增加值比上年增长17.2%，比规模以上工业增速高8.1个百分点，占全省规模以上工业增加值的62.5%，比重比上年提高4.5个百分点。其中，股份制企业增加值比上年增长9.7%，占全省规模以上工业增加值的88.5%，比重比上年提高0.9个百分点；外商及港澳台投资企业增加值增长19.9%，增速比上年加快14.1个百分点；国有企业增加值比上年下降15.5%。2014年，青海省规模以上工业中，非公有工业增加值比上年增长12.5%，比规模以上工业增速高3.4个百分点，占规模以上工业增加值的比重为46.2%，比上年提高1.6个百分点。国有控股企业增加值增长3.5%，占规模以上工业增加值的比重（44.3%）比上年下降1.9个百分点。高技术产业增加值比上年增长36.8%，占规模以上工业增加值的4.7%，比重比上年提高1.1个百分点。装备工业增加值增长30%，占规模以上工业增加值的4.0%，比重比上年提高0.8个百分点。资源类行业增加值比上年下降8.9%，占全省规模以上工业增加值的23.5%，比重比上年下降4.7个百分点。

2014年，青海省工业十大优势产业投资保持快速增长，完成投资1 013.94亿元，增长27.2%，占全社会固定资产投资的34.9%，比重比上年提高 1.7 个百分点。其中，新能源产业投资增长 80.5%（占十大优势产业投资的比重为 23.3%，比上年提高 6.9 个百分点），煤化工产业投资增长 2.7 倍（占十大优势产业投资的比重为 12.8%，比上年提高 8.4 个百分点），有色金属产业投资增长 89.5%（占十大优势产业投资的比重为 22.2%，比上年提高 7.3 个百分点），生物产业投资增长 69.6%（占十大优势产业投资的比重为 6.1%，比上年提高 1.5 个百分点），装备制造业投资增长 50.7%，钢铁产业投资增长 42.2%。

货物运输量是衡量第二产业发展的重要指标，从中也可以看出第二产业在总体产业结构中的地位。2014 年，青海省完成货物运输量 14 638.64 万吨，比上年增长 9.4%。其中，铁路货运量下降 4.7%，公路货运量增长 15.0%，民航货运量下降 1.4%。在铁路运输的主要货物中，运输量比上年增长的有：医药品增长 96.6%，钾肥增长 48.0%，非金属矿石增长 41.5%，工业机械增长 36.0%，盐增长 15.2%，水泥增长 13.4%，化工品增长 12.9%，石油增长 8.6%，集装箱增长 4.9%；运输量下降的货物有：煤下降 40.1%，焦炭下降 37.8%，农副土特产品下降 37.6%，钢铁、有色金属下降 16.4%，金属矿石下降 13.1%，矿建材料下降 8.9%。

其次，第三产业的迅速发展，对优化青海省产业结构、增加就业等起到了至关重要的作用。从产业增加值看，第三产业的占比不断提升。1949 年，第三产业增加值仅为 0.17 亿地，1978 年为 17.3 亿元，至 2008 年增加至 355.93 亿元。2013 年，全省第三产业增加值接近 700 亿元。2014 年，第三产业增加值达 853.08 亿元，增长 8.8%。[①]2015 年，第三

---

① 青海省统计局：《青海省 2014 年国民经济和社会发展统计公报》，引自青海信息网，http://www.qhtjj.gov.cn/tjData/yearBulletin/201502/t20150226_4377.html 以下青海省 2014 年相关数据不再一一标注。

产业增加值达 1 000.81 亿元，增长 8.6%，占整个产业增加值的 41.4%。

第三产业的投资比重不断增加，显示出第三产业在总的城镇产业结构中的地位与作用日益突出。2001 年，第三产业增加值为 158.90 亿元，占产业增加总值的 40.7%，近十几年来，第三产业迅猛发展，至 2014 年，第三产业完成投资 1 485.69 亿元，增长 31.3%，增速为三次产业之首，占全社会固定资产投资的比重过半（51.1%），比上年提高 4.0 个百分点。在第三产业投资中，居民服务和其他服务业投资增长 3.3 倍，科学研究、技术服务和地质勘探业投资增长 78.3%。2015 年，第三产业增加值为 1 000.81 亿元，大约是 2001 年的 6 倍左右。

从上述历年相关数据来看，城镇经济首先依据第二、三产业进行布局、发展，这就决定了城镇经济的基本结构特点。城镇是特定区域内的经济、人口、文化汇聚、集中区域，一般在空间上具有内聚特征，所辖地理面积一般有限，这决定了第一产业一般不是城镇经济的主要方面，也无法以第一产业作为城镇经济的核心产业。西宁所在的湟水地区曾经是重要的农业区，农业人口比重较大，但经过几十年的发展，西宁已成为典型的依托第二、三产业发展的区域中心城市。西宁下辖的大通、湟中、湟源三县中，大通县的工业比重较大，湟中县重点发展旅游业等第三产业，湟源县第二、三产业的比重也逐年提升。上述三县的农业人口相对比重较高，但农业产业对城市经济贡献率并不高，西宁市第一产业在总体产业增加值中的比重也并不高，2015 年，西宁市第一产业实现增加值 37.46 亿元，增长 5.3%，对 GDP 贡献率仅为 1.4%。海东市原为青海省重要的农业区，耕地面积广，农业人口比重较大，2015 年，全市农业人口为 292.45 万人，占总人口的 49.70%，当年，海东市第一产业增加值为

208.93亿元，占总增加值的8.6%，这说明第一产业在海东城镇经济中也不占大的比重。格尔木市所辖面积广大，但大多为荒漠地区，不适合农业发展，农业经济的占也较低。总之，第一产业比占低是青海城镇经济的一般特点，这既吻合城镇经济发展的一般规律，也与现代城镇经济中第一产业占比普遍较低的总体特定是相一致的。

从第二、三产业相关数据看，城镇经济结构既与现代城镇经济的总体结构特点相吻合，也具有一定的区域特点。具体来说，近几十年来，我国城镇经济快速发展，第二、三产业的发展势头尤其强劲，第二产业增加值在总体规模中的占比一般都会超过50%，成为支撑国民经济的半壁江山。第三产业增速一般高于总体经济的增长速度，已成为增加就业、税收的核心产业。从上述有关数据看，西宁、海东、格尔木的第二、三产业增加值也经历了新中国成立初占比很低，改革开放前仍处于低位徘徊，改革开放30多年来发展十分迅速的过程。因此，可以说青海城镇经济结构及其发展过程基本与全国城镇经济发展过程及其特点是同步的。城镇经济发展一般要依托当地原有产业基础、矿产资源条件等，这在一定程度上决定了城镇经济结构的一些具体特点。西宁的产业基础相对较好，近年来大规模对接东部地区的产业转移战略，从第二产业的行业类别看，有色金属冶炼和压延加工业、电力、热力生产和供应业、黑色金属冶炼和压延加工业、化学原料和化学制品制造业和医药制造业五大行业占规模以上工业增加值比重的64.2%，轻工业增加值增长较快，2015年增长了20.5%，但工业增加值中的占比远低于重工业，而这一特点与承接东部的产业多为重工业为主的现实情况有直接关系。西宁第三产业中，旅游业增速较快，2015年，西宁接待国内外游客1 606.53万人次，增长11.3%，旅游总收入156.46亿元，增长23.4%。接待国内游客1 603.13万人次，增长11.3%，国内旅游收入155.48亿元，增长23.5%。国际旅游外汇收入1 619.57万美元，增长6.9%。旅游业之所以增长较快，与西宁的地理位置、交通条件、文化产业基础等都有重要关联。格尔木地处柴达木盆地，丰富的盐湖、油气等资源是该市第二产业发展的重要依托，因此，工业产业中钾肥、天燃气、石油化工等占比较大。格尔木人口稀少，与中心城市间的距离较大，交通运输的便捷性不足，因此，旅游业虽然发展较快，但在第三产业中的占比相对较低，这都体现出了产业结构与当地国民经济及社会文化条件相依托的特点。

从第二、三产业发展的总体进程看，青海城镇经济的未来走向应当是第二产业的规模会进一步扩大，工业产业对国民经济的贡献率会持续走高，东部地区的产业转移可能会在较长时间内成为青海城镇经济快速发展的原动力。第三产业的增加值虽然进步很大，但由于该产业依托的各种条件具有一定的局限，比如旅游业的季节性特点过于明显，一些城镇的经济、人口等因素对第三产业发展的促进作用较弱等，都可能会限制第三产业的进一步发展。不过，随着城镇化进程的加速，居民文化消费的增长，第三产业的发展前景颇为良好。

总之，从产业结构的组成看，城镇经济主要依托于第二、三产业。新中国成立以来，青海省第二、三产业发展迅速，在产业结构中的占比逐步扩大，现已成为国民经济的支柱产业。工业产业在城镇产业结构的占有支配地位。近年来，三产业发展迅猛，支柱产业的地位与作用也日益突出。

## 第二节 青海城镇经济增长因素解析

城镇经济增长的因素一般分为以下几个方面：一是促进城镇经济增长的基础性因素，包括区域内功能设施、社会设施和基础设施。城镇经济活动依托于特定区域整体的经济发展，因此，分析城镇经济的基础性因素，首先要对区域内总体情况加以考察。其中，社会总投资、建筑业投资、邮电通讯、居民消费、文化教育等具体因素是上述基础性因素的主要内容。二是城镇化率指标，包括城镇人口增速与经济增长的关系，城镇化率与就业量指标分析等。三是通过与周边城镇经济指标的比较分析，经济总量的增长，考察城镇产业结构演进、升级的一般规律及特殊状况。我们拟根据以上三个方面，分析青海城镇经济增长因素。

城镇经济活动依托于特定区域整体的经济发展，因此，分析城镇经济的基础性因素，首先要对区域内总体情况加以考察。其中，社会总投资、建筑业投资、邮电通讯、居民消费、文化教育等具体因素是上述基础性因素的主要内容。二是城镇化率指标，包括城镇人口增速与经济增长的关系，城镇化率与就业量指标分析等。三是通过与周边城镇经济指标的比较分析，经济总量的增长，考察城镇产业结构演进、升级的一般规律及特殊状况。我们拟根据以上三个方面，分析青海城镇经济增长因素。

# 一、青海城镇经济增长的基础性因素

青海城镇经济增长的基础性因素可从纵向比较的过程中得以呈现。新中国成立以来，青海经济发展的基础性因素，即与之相关的功能设施、社会设施和基础设施逐步完善，初步形成了支撑区域内城镇经济发展的基础要素。

从形成经济发展基础性因素的投资结构看，新中国成立以来，随着投融资体制的不断改革及国家加大西部地区薄弱环节投入，青海省投资总量不断扩大，投资结构也发生较大变化。从资金来源看，资金来源逐步多元化。1950年时，投资到位资金仅来源于国家预算内资金和自筹资金，1980年以来，随着改革开放的不断深入，全省上下共同努力，调动多方力量投资，逐步增加了国内贷款、利用外资、债券等方式，资金来源呈多元化发展。2015年，全省固定资产投资32 66.64亿元，其中，国有及国有控股投资占63.4%，海外投资占0.6%，民间投资占36%。1949年全省总财力仅26.8万元，1951年总财力1 359.3万元，其中地方财政收入仅400万元。65年来，财政收入规模不断扩大。2013年总财力达1 367.75亿元，比1949年翻了 19 番，公共财政预算收入达 368.56 亿元，比 1951 年翻了 13.2 番。到 2015 年，全年全省公共财政预算收入达 381.13 亿元，其中地方公共财政预算收入 267.12 亿元。

表 3.2　青海省各时期生产总值、人均生产总值、财政收入年均增速

单位：%

|  | 生产总值 | 人均生产总值 | 公共财政预算收入 |
| --- | --- | --- | --- |
| 1949—1952 年国民经济恢复时期 | 8.9 | 5.7 |  |
| "一五"时期 | 16.7 | 11.6 | 45.2 |
| "二五"时期 | 0.9 | 0.4 | -2.0 |
| 1963—1965 年国民经济调整时期 | 11.2 | 8.4 | 23.8 |
| "三五"时期 | 7.4 | 3.0 | 2.5 |
| "四五"时期 | 8.3 | 4.5 | 11.3 |
| "五五"时期 | 5.9 | 3.4 | -4.2 |
| "六五"时期 | 9.0 | 7.2 | 7.8 |
| "七五"时期 | 5.3 | 3.3 | 24.7 |
| "八五"时期 | 7.6 | 6.0 | 18.7 |
| "九五"时期 | 8.7 | 7.2 | 8.8 |
| "十五"时期 | 12.0 | 10.8 | 19.4 |
| "十一五"时期 | 13.1 | 12.4 | 26.5 |
| "十二五"时期 | 10.8 | 9.7 | 19.4 |

建国初期，国家财政困难，固定资产投资规模小，投资结构单一，加之青海自身条件差，固定资产投资一直在低位徘徊。近年来，随着投融资体制的不断改革及国家加大西部地区薄弱环节投入，青海省投资总量不断扩大，投资结构也发生较大变化。具体来说，有以下几方面的变化：一是从产业投资看，随着三次产业结构由农业主导向工业主导转变，第二、三产业投资力度加大；二是从经济类型看，国有和集体经济比重下降，私营、个体及股份制经济发展迅

猛；三是从投资类型看，民间投资崛起；四是从资金来源看，资金来源逐步多元化。据青海省统计局统计，2015年，全年全省完成全社会固定资产投资 3 266.64 亿元，比上年增长 12.3%。按投资类型分，国有及国有控股投资 2 067.60 亿元，增长 26.1%；民间投资 1 180.36 亿元，下降 4.8%；港澳台及外商投资 18.68 亿元，下降 34.8%。按产业分，第一产业投资 157.92 亿元，增长 13.2%；第二产业投资 1 467.45 亿元，增长 14.3%，其中工业投资 1 305.45 亿元，增长 8.3%；第三产业投资 1 641.27 亿元，增长 10.5%。全年基础设施投资 1 169.71 亿元，增长 14.5%。全社会固定资产投资规模是衡量国民经济发展的重要指标，也是促进城镇经济发展的基础性因素，尽管从横向比较看，青海省全社会固定资产投资规模远逊于国内发达省份，但从纵向比较看，近几年的快速增长对国民经济的促进作用十分明显，这为城镇经济发展奠定了较坚实的基础。

新中国成立以来，我国长期实行的是计划经济体制，土地归国家所有，不允许买卖，包括生产用房和职工住宅在内的房屋都由政府拨款或单位组织建设，分配给职工居住。改革开放以来，特别是上世纪 90 年代以来，随着城镇住房制度的改革，青海房地产业兴起，投资规模不断扩大，商品房销售快速增长，对改善城市居民住房条件和城市开发建设发挥了重要作用。2013 年末，全省房地产开发企业达 308 个，从业人数达 1.01 万人。2013 年，房地产开发投资额达 247.61 亿元，是 1990 年 0.32 亿元的 774 倍；房屋建筑施工面积达 2 376.64 万平方米，是 1990 年的 132 倍；商品房销售面积达 381.56 万平方米，是 1990 年的 149 倍；商品房销售额达 158.84 亿元，是 2000 年的 32.2 倍。2013 年房地产业实现增加值达 34.21 亿元，比 1992 年增长 13.2 倍，占第三产业增加值的比重达 4.9%，比 1992

年提高 3.3 个百分点。2014 年,青海省房地产开发投资 308.27 亿元,比上年增长 24.5%。其中,商品住宅投资 190.67 亿元,增长 19.4%(其中 90 平方米以下住宅投资增长 74.8%);商业营业用房投资 64.28 亿元,增长 44.5%。到 2015 年,全省建筑业增加值达 313.81 亿元,比上年增长 12.6%,房产开发企业总数为 419 个。

房地产也是促进城镇经济发展的基础性产业,与之相关的建筑、水泥、钢材等行业本身就是第二产业的重要组成部分,由房地产业兴起所带动的服务业则是第三产业中颇具发展亮点的行业。总之,房地产业的迅速发展为城镇经济既带来扩充产业链的机遇,也为城镇经济提供发展基础。

新中国成立以来,一些功能性设施逐步完善,为经济发展提供了较好的保障。如通讯业是城镇经济增长的基础性因素,1949 年,全省电话用户仅有 15 户,邮路总长度仅为 1 727 公里,以步班、畜班为主。"九五"以来,全省邮电事业实现了高速度、高效益的跨越发展,建成了包括光纤、数字微波、程控交换、移动通信、数据通信等覆盖全省的电信网和业务种类齐全、网点密布的公用邮政网。2015 年,全省固定电话用户达 104 万户,电话普及率为 109.96 部/百人,固定互联网宽带接入用户达 74.4 万户,移动宽带用户达 349.80 万户,3G 移动电话用户达 230.3 万户,4G 移动电话用户达 119.50 万户,互联网普及率达 80.4%。

城乡居民人均可支配收入也是衡量城镇经济发展基础性因素的重要指标。1984 年,青海省城镇居民可支配收入不足 700 元(684.8 元),2013 年增加到 19 498.54 元,增长 27.5 倍,年均增长 12.2%;农牧民人均纯收入由 1980 年的 204.31 元增加到 2013 年的 6 196.39 元,增长 29.3 倍,年均增长 10.9%。城乡居民储蓄存款由 1949 年的 0.2 万元增加到 2013 年的 1 504 亿元，城乡居民人均储蓄存款从 0.001 元增加到 26 138 元。2015 年，全年全省城镇常住居民人均可支配收入 24 542.35 元，比上年增长 10.0%，城镇常住居民人均可支配收入中位数 23 416.00 元，增长 8.6%。2015 年，全年全省社会消费品零售总额 690.98 亿元，比上年增长 11.3%。按经营地分，城镇消费品零售额 600.22 亿元，增长 11.2%，其中城区消费品零售额 429.66 亿元，增长 10.8%；乡村消费品零售额 90.76 亿元，增长 11.8%。按消费形态分，商品零售额 634.60 亿元，增长 11.5%；餐饮收入 56.38 亿元，增长 9.2%。

文化教育及科学技术事业也是城镇经济增长的重要基础性因素，文化教育事业关乎居民的文化素质，而城镇经济发展与各产业从业人员基本素质之间往往成正比关系，因此，良好的教育水平势必会促进当地城镇经济的发展。科研投入的大小、专利申请量等也是衡量城镇经济基础性因素是否合理的重要指标。新中国成立至改革开放初期，青海的文化教育发展十分滞后，科学事业几乎是空白，这对当时城镇经济发展形成很大的制约作用。1949 年，青海省只有中等专业学校 5 所，普通中学 3 所，小学 717 所，在校生共 4.19 万人。1952 年全省小学和初中毕业生升学率仅为 45.1% 和 82.1%。新中国成立以来，特别是省委省政府提出"科教兴青"战略以来，全省各级政府不断加大教育投入，逐步完善办学体制、管理体制、投入机制，坚持把"两基"工作作为教育工作的重中之重，加大"普九"和扫盲工作力度，基础教育、中等职业教育、成人教育、高等教育、特殊教育等各项教育事业全面进步，走向了规范化、科学化轨道。2013 年末，全省拥有普通高校 9 所，成人高校 2 所，2013 年末，全省国有企事业单位有各类专业技术人员 13.95 万人，平均每万人中有242人。随着经济的发展,科技投入也不断加大。1959年,科技三项费用投入为341.5万元,1994年为1800万元,2006年达8896万元,2013年全省科学研究与试验发展经费(R&D经费)内部支出达13.77亿元,占GDP的比重为0.7%。到2015年,全年全省学龄儿童入学率99.8%,比上年提高0.1个百分点;普通初中毛入学率109.2%,比上年下降1.4个百分点。全年全省研究生教育招生1218人,在校生3222人,毕业生939人。普通高等教育招生2.18万人,在校生6.82万人,毕业生1.75万人。中等职业教育招生2.70万人,在校生7.64万人,毕业生1.95万人。普通高中招生4.00万人,在校生11.66万人,毕业生3.59万人。初中学校招生7.21万人,在校生21.32万人,毕业生6.53万人。普通小学招生7.71万人,在校生45.40万人,毕业生7.61万人。特殊教育招生737人,在校生3124人,毕业生262人。幼儿园在园幼儿18.42万人。全年全省取得省部级以上科技成果445项,比上年增加43项,其中,基础理论成果63项,应用技术成果370项,软科学成果12项。专利申请2590件,比上年增加1056件,其中发明专利申请1103件,增加443件。专利授权1217件,比上年增加598件,其中发明专利授权207件,增加97件。签订技术合同953项,成交金额46.9亿元,比上年增长32.5%。

上述数据看,1949年以来,青海省的文化教育经历了一穷二白到快速发展的历程,科研方面的资金投入也逐步增多,科研对社会经济发展的支撑作用有所提升。特别是近几年的发展,在为提升城镇经济从业人员的文化素质,为城镇经济输送科技成果等方面,发挥着越来越重要的作用。

综上,青海城镇经济发展的基础性因素曾经有过一段低水平发展的历程，但近十几年的发展迅速较快，从相关数据看，支撑青海城镇经济增长的基础性因素，诸如社会投资总量、邮电设施、居民人均可支配收入、文化教育等因素，都得到了明显改善，这既是青海社会经济发展的结果，同时也是城镇经济增长的基础性条件。

## 二、与周边省区比较看青海城镇经济增长的具体特点

除从纵向比较分析青海城镇增长的基础性因素外，通过比较青海与周边省区国民生产总值、固定资产投资，第二、第三产业增速等，分析青海城镇经济增长的具体特点，有助于认清青海城镇经济的总体特征及目前面临的问题。

根据青海省统计局发布的《2014年西部十二省（市、区）主要经济指标增速对比情况》[1]《2014年1–12月GDP、居民收入》[2]等统计报告，青海与内蒙古、广西、四川、重庆、贵州、云南、甘肃、宁夏、陕西、新疆、西藏十一个省区相比，总体经济发展具有两个明显的特征：一是经济总量较低；二是经济增速较快。我们从这两个方面分析总体经济状况对城镇经济的影响，并总结出青海城镇经济的发展特征。

**（一）青海城镇经济总量规模小、产业层次低、固定资产投资量较小，这些因素制约着城镇经济的发展，也决定了城镇经济的基本特点**

---

[1] 青海省统计局：《2014年西部十二省（市、区）主要经济指标增速对比情况》，引自青海统计信息网，http://www.qhtjj.gov.cn/infoAnalysis/tjReport/201502/t20150227_4146.html

[2] 青海省统计局：《2014年1–12月GDP、居民收入》，引自青海统计信息网，http://www.qhtjj.gov.cn/tjData/westData/201507/t20150714_6190.html

首先，从国民经济生产总值相关数据看，2014年全年，青海GDP总量为2 301.1亿元，其中，第二产业增加值为1 232.1亿元，第三产业增加值为853.1亿元，无论是经济总量，还是第二、第三产业总产值在西部12省区中皆排倒数第二。2014年1—8月份，青海省固定资产投资总额为2 004.34亿元，在西部12省区中排名第10位，其中，房地产投资额为211.98亿元，排名第11位。

青海省国民生产总值总量小，无法与西部大省四川、陕西相比，也低于宁夏的总量，这从客观角度看，是省情等客观因素所导致的，同时也与城镇经济总量较小的事实相关。从产业结构看，青海城镇经济结构中工业产业主要依赖矿产资源开发、冶金等资源型、高耗能产业，产业链条短，高科技含量低，这与重庆、广西等西部发达省区主要发展低能耗、高附加值产业形成鲜明对比，与甘肃、宁夏

表3.3　西部省区生产总值　　单位：亿元（当年价）

| 地区 | 1—12月 | 比上年同期增长（%） | 位次 |
| --- | --- | --- | --- |
| 内蒙古 | 17 769.5 | 7.8 | 12 |
| 广西 | 15 673.0 | 8.5 | 8 |
| 重庆 | 14 265.4 | 10.9 | 1 |
| 四川 | 28 536.7 | 8.5 | 8 |
| 贵州 | 9 251.0 | 10.8 | 2 |
| 云南 | 12 814.6 | 8.1 | 10 |
| 西藏 | 9 21.0 | 10.8 | 2 |
| 陕西 | 17 689.9 | 9.7 | 5 |
| 甘肃 | 6 835.3 | 8.9 | 7 |
| 青海 | 2301.1 | 9.2 | 6 |
| 宁夏 | 2 752.1 | 8.0 | 11 |
| 新疆 | 9264.1 | 10.0 | 4 |

的产业结构相比，也明显存在资源开发类产业占比过重、发展后劲不足等问题。此外，第三产业是城镇经济的重要支撑，也是未来西部城镇经济发展的主要驱动力，和西部其他省区相比，青海的第三产业发展总体规模小，在国民经济中占比低。2014年，青海第三产业在生产总值中的占比约为37.1%，同年，重庆的占比达47%，宁夏的占比约为43%。

表3.4　2014年西部12省区第三产业增加值

单位：亿元（当年价）

| 地区 | 1-12月 | 比上年同期增长（%） | 位次 |
| --- | --- | --- | --- |
| 内蒙古 | 6 922.6 | 6.7 | 11 |
| 广西 | 5 925.2 | 8.1 | 8 |
| 重庆 | 6 672.5 | 10.0 | 3 |
| 四川 | 10 486.2 | 8.8 | 5 |
| 贵州 | 4 128.5 | 10.4 | 2 |
| 云南 | 5 541.6 | 7.4 | 9 |
| 西藏 |  |  |  |
| 陕西 | 6 435.2 | 8.4 | 7 |
| 甘肃 | 3 009.6 | 9.5 | 4 |
| 青海 | 853.1 | 8.8 | 5 |
| 宁夏 | 1 178.8 | 6.9 | 10 |
| 新疆 |  | 10.9 | 1 |

**（二）和西部其他省区相比，青海的地区生产总值增速，第二、第三产业增速等较快，城镇经济的发展势头良好**

从生产总值增速比较看，青海省2013年的增速为10.8%，2014

年为9.2%，2015年增长8.2%，均高于全国平均水平，在西部12省区中的位次也从2013年的第7位上升为2014年的第6位。

表 3.5 西部地区生产总值增速对比

| 地区 | 2014年 | | 2013年 | | 2014年与2013年对比 | |
| --- | --- | --- | --- | --- | --- | --- |
| | 增速（%） | 位次 | 增速（%） | 位次 | 增速提高（+）或回落（-）百分点 | 位次升降 |
| 全国 | 7.4 | | 7.7 | | -0.3 | |
| 内蒙古 | 7.8 | 12 | 9.0 | 12 | -1.2 | 持平 |
| 广西 | 8.5 | 8 | 10.2 | 9 | -1.7 | 上升1位 |
| 重庆 | 10.9 | 1 | 12.3 | 2 | -1.4 | 上升1位 |
| 四川 | 8.5 | 8 | 10.0 | 10 | -1.5 | 上升2位 |
| 贵州 | 10.8 | 2 | 12.5 | 1 | -1.7 | 下降1位 |
| 云南 | 8.1 | 10 | 12.1 | 3 | -4.0 | 下降7位 |
| 西藏 | 10.8 | 2 | 12.1 | 3 | -1.3 | 上升1位 |
| 陕西 | 9.7 | 5 | 11.0 | 5 | -1.3 | 持平 |
| 甘肃 | 8.9 | 7 | 10.8 | 7 | -1.9 | 持平 |
| 青海 | 9.2 | 6 | 10.8 | 7 | -1.6 | 上升1位 |
| 宁夏 | 8.0 | 11 | 9.8 | 11 | -1.8 | 持平 |
| 新疆 | 10.0 | 4 | 11.0 | 5 | -1.0 | 上升1位 |

2014年，西部12省（市、区）第二产业增加值增速均高于全国平均水平（7.3%）。青海比上年增长10.0%，增速高于全国2.7个百分点，居西部12省（市、区）第6位，位次较上年上升2位。2014年，青海省第三产业比上年增长8.8%，高于全国0.7个百分点，居西部12省（市、区）第5位，位次较2013年上升3位，说明第三产业增还较快。2014年，青海比固定资产投资（不含农户）上年

增长22.0%，增速高于全国6.3个百分点，居西部第4位，位次较上年提高2位。2014年，青海房地产开发投资比上年增长24.5%，增速高于全国平均水平4个百分点，居西部12省（市、区）第2位，位次较上年提高3位。

总之，从与西部11省区在各项经济指标的比较来看，青海经济明显具有总量低、发展快的特点，这两大特点也是青海城镇经济的基本特点。经济总量低的客观事实取决于青海省省情、生态立省的战略等因素，就产业结构而言，青海城镇经济中高耗能产业占比高，高科技、高附加值产业占比较低，未来经济发展中切不可盲目攀比经济总量，而把重点放在提升经济发展的质量上。近年来，青海经济发展速度明显加快，产业结构也逐渐优化，这说明青海城镇经济的未来前景还是比较乐观的。

## 三、青海城镇化特点解析

城镇经济与城镇化是相辅相成的，城镇经济活动依托于城镇，城镇基础设施、劳动力状况、周边自然条件、居民教育水平等是决定城镇经济发展水平的重要因素；城镇化依赖于城镇经济发展，城镇的经济总量、产业结构、所提供的就业机会等是衡量城镇化水平高低的重要指标。因此，通过分析城镇化的各项指标去了解城镇经济发展状况，既符合区域经济学研究的一般规律，也有助于人们认清城镇化与城镇经济发展的内在关系。

### （一）新中国成立以来城镇化一般概况

分析人口基数是研究城镇化问题的前提，也是了解特定区域城镇化特点的一个数据入口。自古以来，青海地广人稀，城镇人口规模不大，到清代嘉庆年间，西宁府人口突破70万大关，达到顶峰，[①]加上青海牧区人口，总数在100万左右。清代同治、光绪年间，回民起义频发，青海人口大幅减少，到1921年西宁道属7县人口仅为45万左右。1942年，青海人口达1 512 823人，说明民国时期青海人口进入快速增长阶段。[②]新中国成立以来，特别是改革开放后，社会经济的快速发展使民生得以改善，人口质量也相应地得到提高，从而转变了过去"高出生、高死亡、低增长"的人口发展模式，形成"低出生、低死亡、低增长"的态势。2013年末，青海省常住人口为577.79万人，人口自然增长率为8.03‰，比1952年下降8.24个千分点，尤其是2004年以来，全省人口自然增长率已连续十年保持在10‰以下。2010年第六次人口普查数据显示，全省6岁及以上人口平均受教育年限达到7.6年，比1964年第二次人口普查时的2.46年提高5.14年。全省每万人拥有大学专科及以上受教育程度人口862人，比1964年增长12.7倍；拥有高中受教育程度人口1 043人，增长5.2倍。新中国成立初期，青海文盲人口众多，1964年文盲率（13岁及以上不识字人口比重）为41.3%，2010年全省15岁及以上文盲、半文盲人口占总人口的比重降为10.2%。

青海人口数量的增加和人口质量的提高为城镇化奠定了重要基础。新中国成立以来，随着第二、第三产业的发展，非农人口向城镇转移，城镇化进程加快。1949年，全省只有1个城市，19个县城，城镇人口7.08万人，占全省总人口的比重（即城镇化率）为4.8%。

---

① 李健胜、郭凤霞：《国家、移民与地方社会：河湟汉族研究》，人民出版社2015年版，第23页。
② 崔永红等主编：《青海通史》，青海人民出版社1999年版，第746—747页。

1978年城镇化率为18.6%。改革开放后，城镇化进程逐步加快，到2013年末，全省有2个地级市、3个县级市，137个镇，城镇人口达到280.30万人，城镇化率提高到48.5%，比1952年提高43.3个百分点，其中1952—1978年年均提高0.5个百分点，1978—2000年年均提高0.7个百分点，2000年以来年均提高1.1个百分点。城市的集聚和带动效应逐步明显。2013年，西宁和海东两个地级市拥有全省64.0%的人口，实现全省62.6%的生产总值。①

根据青海省统计局发布的数据，2014年，海西州城镇化率达70.63%，居全省之首，西宁市为63.7%，居第二；海北州为34.08%，居第三。从城镇化人口规模看，西宁市城镇人口为157.15

表3.6　2014年青海各地人口城镇化率

| 地　区 | 常住人口（万人） | 城镇人口（万人） | 2014年城镇化率（%） | 2013年城镇化率（%） | 2014年比2013年提高百分点 |
|---|---|---|---|---|---|
| 全　省 | 583.42 | 290.40 | 49.78 | 48.51 | 1.27 |
| 西宁市 | 229.07 | 157.15 | 68.61 | 67.80 | 0.81 |
| 海东市 | 144.34 | 47.69 | 33.04 | 31.29 | 1.75 |
| 海北州 | 27.73 | 9.45 | 34.08 | 32.8 | 1.28 |
| 黄南州 | 26.65 | 7.61 | 28.56 | 25.89 | 2.67 |
| 海南州 | 45.90 | 14.70 | 32.03 | 29.54 | 2.49 |
| 果洛州 | 19.42 | 4.97 | 25.57 | 24.76 | 0.81 |
| 玉树州 | 39.77 | 13.13 | 33.01 | 32.13 | 0.88 |
| 海西州 | 50.54 | 35.70 | 70.63 | 70.06 | 0.57 |

① 青海省统计局：《新中国成立65年来青海省经济社会发展成就综述》，引自青海统计信息网，http://www.qhtjj.gov.cn/infoAnalysis/tjContrast/201410/t20141011_4136.html

万人,海东市为47.69万人,海西为35.7万人。黄南、果洛、玉树的城镇化率普遍较低。[1]

**(二)青海城镇化的基本特点**

根据青海省统计局《推进青海新型城镇化发展的建议》[2]及相关研究,可对青海城镇化特点做如下总结:

第一,从城镇化的发展过程看,2000年以来,城镇化速度加快,各州、市城镇化水平差距逐步缩小,初步形成城镇化体系。

新中国成立前30年,青海城镇化过程较为缓慢,改革开放以来,青海城镇化进程加速,作为青海工业重点开发区,海西地区的城镇化率迅速提升,但是青海牧区城镇化率仍徘徊在较低水平线。我国实施西部大开发战略以来,青海城镇经济迎来新的发展机遇,据统计,"十五"期间,全省城镇化率上升了4.49个百分点,每年平均上升0.9个百分点;"十一五"期间,城镇化率上升了5.47个百分点,每年平均上升1.09个百分点。"十二五"期间,城镇化率上升了5.78个百分点,城镇化率由2010年的44.7%上升到2015年的50.3%,每年平均上升1.16个百分点。

据研究,青海城镇分布具有点——轴结构和扇形分布的特点,工业化和海拔高度一定程度上影响着青海城镇化的基本格局和发展走向。[3]一直以来,青海东部农业区、西部工矿业开发区及牧区之间的城镇化水平差距较大,经过十几年的发展,各地区间城镇化率差

---

[1] 青海省统计局:《2014年全省人口统计数据》,引自青海统计信息网,http://www.qhtjj.gov.cn/infoAnalysis/tjMessage/201501/t20150122_3935.html
[2] 青海省统计局:《推进青海新型城镇化发展的建议》,引自青海统计信息网,http://www.qhtjj.gov.cn/infoAnalysis/tjReport/201406/t20140604_4127.html
[3] 张效娟:《青海省城镇化综合水平空间格局研究》,《青海社会科学》,2011年第6期。

距在逐步缩小。总体上看，海西州的城镇化水平最高，2014年，海西州非农人口为37.93万人占人口的75%。2010年前，海东地区是城镇化率较低的地区，海东建后市，城镇化率上升了8.46个百分点。此外，国家新型城镇化及退耕还牧工程的实施，使得牧区的城镇化率也有所提升。

城镇化率的提升使青海初步形成了独具特色的城镇化体系，东部地区以西宁、海东二市为中心形成兰州—西宁城市群的西部版块，海西地区以格尔木、德令哈为中心形成工业城市体系。按照中国中小城市科学发展评价体系研究课题组和中小城市经济发展委员会联合发布的2010年《中小城市绿皮书》中的相关划分标准：市区常住人口50万以下的为小城市，50万-100万的为中等城市，100万-300万的为大城市，300万-1 000万的为特大城市，1 000万以上的为巨大型城市。青海具有一个大城市即省会城市西宁市，四个小城市即格尔木市、德令哈市、海东市、玉树市，初步形成了以西宁为中心城市，海东、格尔木、德令哈等市为次中心城市，以各县城城关镇为小城镇的三维城镇建设体系。这些城市坐落在古丝绸之路青海道的主要干线上，成为今天青海城镇经济发展的重要依托。

第二，青海城镇化水平总体偏低，流动人口市民化率低下，城镇化缺乏特色产业支撑，这既是青海城镇化面临的问题，也是青海城镇化的重要特点。

受各种因素制约，青海城镇化水平总体偏低，无法与东部沿海地区看齐，与相邻省区之间也有较大差距。据统计，2015年，青海城镇人口为295.98万人，占总人口的50.30%，而城镇人口中非农籍的比重约为60%，也就是说城镇居民中40%左右的人口是"被城镇化"或"半城镇化"。所谓"被城镇化"就是把城市周边农民等纳入城镇化的概率之中，使他们在数据上成为城镇居民，但实际上无论是就业形式还是生活状态，他们主要依托第一产业，与主要依托第二、第三产业的城镇化之间还有较大距离。所谓"半城镇化"指一些失地农民已纳入市民体系，但其养老保险及就业形式还未完全城镇化。如果从城镇化率中除去与这些居民有关的数据量，那么青海真实的城镇化与东部地区之间的差距就更大了。

青海流动人口的市民化率也很低，流动人口转化为市民的机制不健全，渠道不通畅，制约了城镇化的进程。据统计，青海省城镇人口中15岁及以上农业流动人口约为38万人。15岁及以上农业流动人口未参加社会养老保险人口占29.63%，比城镇人口高4.26个百分点。未参加工伤保险的比重为98.44%，比城镇人口高12.33个百分点。这在一定程度上说明农业流动人口与城镇常住人口在享受市民化待遇方面存在明显差距。

表3.7 15岁及以上城镇农业流动人口有无参加社会保险的比重构成

单位：%

|  | 社会养老保险 | | 参加工伤保险 | |
| --- | --- | --- | --- | --- |
|  | 参加 | 未参加 | 参加 | 未参加 |
| 城镇人口 | 74.63 | 25.37 | 13.89 | 86.11 |
| 城镇流动人口 | 72.59 | 27.41 | 12.04 | 87.96 |
| 农业人口 | 70.37 | 29.63 | 1.56 | 98.44 |

如前所述，城镇经济是城镇化发展的动力，城镇经济发展状况决定着城镇化的进程。从纵向比较看，青海第二、第三产业发展较快，但从工业发展的内在质量及第三产业市场发育程度看，仍存在一些问题。比如，青海工业以高耗能、资源类行业为主，链条较短，对

就业的支撑作用不明显,第三产业中非营利性服务业占比达33.1%,虽然旅游服务业增长很快,但季节性因素过于明显,产业内部协调发展的机制也未形成。近几十年的发展,使得青海各区域之间的差距逐步缩小,城镇化体系也初步形成,但总城镇化水平普遍较低,流动人口市民化率也较低。这些因素既是青海城镇经济面临的问题,也是制约青海城镇化的主要因素,同时也是青海城镇化的主要特征。

## 第三节 丝绸之路经济带建设与青海城镇经济振兴

城镇经济的发展、进步是实施"一带一路"国家战略的具体举措,而结合丝绸之路经济带建设谋划城镇经济发展,振兴古丝绸之路上曾经繁荣兴盛的重要城镇,则是当前西部地区普遍面临的重要问题。

如前所述,青海城镇经济在空间布局上基本沿袭了古代青海商贸城镇的格局,新中国成立以来,青海城镇经济得到了较快发展,在一些行业或领域积累了相对坚实的发展基础,青海经济也有相应的基础性因素的支撑,与周边省区相比虽经济规模不大,但发展速度较快,这些因素都为新丝绸之路经济带的建设奠定了基础,也是未来青海城镇经济振兴的重要前提。

当前,有学者认为要加快青海城镇化发展步伐,就要加大对基础设施的建设、加快工业转型的步伐、提升第三产业对经济和就业的带动作用。①有学者提

---

① 杨慧青:《青海推进城镇化建设的具体措施》,《经济研究导刊》,2014年第24期。

出创新社会治理是推动城镇化建设的重要力量,创新社会治理也是确保民族地区长治久安的重要举措。①也有学者从投资、消费需求角度研究青海的城镇化问题。②我们认为,当前青海城镇化建设的重要推动力来自"一带一路"国家战略,青海城镇化建设须服从这一国家战略的需求,也要借助这一国家战略带来的发展机遇与发展动力,并在此基础上实施工业转型、发展第三产业等具体措施。具体来说,结合丝绸之路经济带建设安排青海城镇未来经济发展、振兴,就要进一步加快城镇化建设,促进中心城市的国际化水平;要加快发展资源节约型产业,加大旅游业为主的第三产业发展力度;要树立特色产业为主的城镇经济发展。我们拟在丝绸之路经济带建设视域下,结合"新型城镇化建设"等战略,分别解析以上三个主要措施。

## 一、加快城镇化建设,促进中心城市国际化水平

从政策层面看,要加快青海城镇化建设步伐,须结合国家的大政方针。首先,"一带一路"国家战略为青海城镇经济发展注入新的活力,也为加快青海城镇化建设水平提供了新的机遇。在丝绸之路经济带建设的总体战略中,西宁是重要的节点城市,海东市是兰州—西宁城市群的重要组成部分,格尔木既是重要的交通枢纽,也是能源、矿产为主导产业的新型工业化城市,此外,玉树、德令哈、门

---

①苏海红等:《新型城镇化过程中青海创新社会治理研究》,《青海社会科学》,2015年第2期。
②刘亚洲等:《青海城镇化进程中投资和消费需求效应分析》,《青海金融》,2013年第11期。

源、祁连等城镇在未来丝绸之路沿线交通建设、旅游开发等领域发挥越来越重要的作用。目前，青海要加快城镇化建设步伐，就是积极融入丝绸之路经济带建设的国家战略，主动利用国家利好政策早做谋划、做好谋划，注重结合新丝绸之路去筹划青海城镇化的未来方向，为城镇化奠定新的产业基础，使青海道沿线城镇既能加快发展，更能成为新丝绸之路上重要的节点城市或重点发展城镇。其次，加快青海城镇化建设还要结合十八大提出的"推进新型城镇化建设"战略。"新型城镇化建设"要求坚持以人为本，以新型工业化为动力，以统筹兼顾为原则，推动城市现代化、城市集群化、城市生态化、农村城镇化，全面提升城镇化的质量和水平，走科学发展、集约高效、功能完善、环境友好、社会和谐、个性鲜明、城乡一体、大中小城市和小城镇协调发展的城镇化建设之路。结合这一战略去安排布局未来的青海城镇化建设，就要更加注重生态环境与城镇经济的协调发展，注重城镇化过程中新型产业的布局，注重不同层次城镇间的协调发展。

从城镇规划角度看，要加快青海城镇化发展步伐，就须合理布局青海城镇体系。根据《青海省城镇体系规划（2014—2030年）》，至2020年，青海省城镇化水平要达到60%，建成以西宁市为中心城市，海东市、格尔木市、德令哈市、玉树市为区域中心城市。到2030年，青海省城镇化水平达到68%，城镇体系空间格局基本完善，基本实现生态文明的发展目标。根据未来城镇化率目标，青海省未来城镇空间结构为"四区两带"。"四区"即东部地区、柴达木地区、环青海湖地区和三江源地区；"两带"即兰西、青藏铁路沿线城镇发展带和黄河干流沿岸城镇带。具体说，在东部地区，西宁为中心的东部城市群为主体空间形态，是全省经济社会发展重要增长极，是兰西经济带和国家丝绸之路经济带的重要城市群和城市化地区。柴达木地区是省域重点扶持地区，采用聚集型中心城市发展带动模式，健全产业体系，完善城市功能。环青海湖地区依托青海湖国家风景名胜区，发展旅游休闲、自然观光、文化体验等特色产业，加强市政基础设施和公共服务设施建设，打造全省特色旅游城镇经济区。三江源地区按照控制数量、提高质量、节约用地、体现特色的要求，推动生态文化旅游城镇经济区建设。

根据城镇人口规模，青海要建成1个百万以上人口的中心城市，即西宁市；3个20万—100万人口和1个10万人组成的区域中心城市，即海东市、格尔木市、德令哈市和玉树市；8个5万—20万人口的小城市，即民和、互助、同仁、门源、贵德、西海（含三角城镇）、共和、玛沁。此外，还要加快建设110个人口在5万人以下的小城镇。其中，把西宁定位为青藏高原区域性现代化中心城市，发挥西宁在青藏高原开发和保护方面的重要战略作用，强化在青海省的经济、科教、文化、信息中心职能。海东市定位为青海省副中心城市，兰西经济区重要支点，具有河湟文化特色的高原生态宜居城市。格尔木市定位为青海省次中心城市,全国重要新型工业化基地、循环经济试验区和支持青海省跨越发展增长极。

2015年12月18日，国务院关于西宁市城市总体规划的批复在中国政府网公开发布。①经国务院批准，原则同意《西宁市城市总体规划(2001—2020年)》(2015年修订)。批复要求，到2020年，西宁中心城区常住人口控制在143万人以内，城市建设用地控制在140平方公里以内。在完善城市基础设施体系方面，要进一步完善

---

① 《国务院批复同意西宁市城市总体规划》，引自人民网2015年12月18日，http://politics.people.com.cn/n1/2015/1218/c1001-27946190.html

公路、铁路、机场等对外交通基础设施，发挥西宁连通西部边疆、青藏高原与内地的交通枢纽作用，加强城市内外交通衔接。《西宁市城市总体规划（2001—2020年）》（2015年修订）意味着青海已经按照丝绸之路经济带建设的总体战略及要求进行城镇规划，而国家在政策上的扶持则使相关规划能够按计划落地实施，这无疑是加快青海城镇化进程的主要驱动力。

"一带一路"国家战略和新型城镇化建设无疑是中西部地区城镇经济振兴的重要战略支撑，对内而言，有助于缩小中西部地区与东部发达地区之间的差距，对外而言，也有助于促进中国向西开放的步伐。从对外开放角度看，加快西部地区城镇的国际化水平也是促进城镇化发展水平的一项举措。从政策角度看，国家加大丝绸之路沿线基础设施建设投资，实施"五通"工程的目的并不是单纯地想要借此解决我国能源问题，也不仅仅是通过这条通道将东部地区工农业产品销往西亚、欧洲，更为重要的是，通过建设新丝绸之路，使我国西部重要节点城市成为国际化的金融、贸易、工业城镇，成为国家向西开放的主角。在这一战略背景下，提升西部地区城镇的国际化水平就成为当务之急。就青海而言，提升西宁这一中心城市的国际化水平，既可以加快西宁及其周边区域的城镇化，也可以使西宁真正成为丝绸之路经济带上的重要节点城市。

一个城市的国际化水平有多个衡量指标，比如，国民经济发展指标、第三产业占比指标、外贸依存度、R&D(研究与开发)投资占GDP比重等。如果从广义角度衡量，西宁与国际化都市之间的差距十分巨大，短期内也无法成为广义上的国际都市。但是，如果结合当地实际，加大与西亚、南亚的商贸、文化往来，使西宁成为国际伊斯兰商贸、文化交流重镇，国际佛教文化及相关用品集散地，从而建构独具特色的国际化都市风貌,成为丝绸之路上一个颇具特色的国际化城市,这既符合西宁经济、文化的客观实际,也具有一定的可操作性。此外,借助丝绸之路经济带建设加大对外贸易市场开发,提升西宁经济的外贸依存度,也是加快国际化步伐的一个重要尺度,相关问题我们将专章论述。

## 二、加大资源节约型经济、旅游业的发展力度

城镇经济发展过程中,污染物、废弃物的排放会造成环境污染和生态危机;自然资源的过度开发,会导致资源枯竭和生态失衡;技术水平低、污染严重的工业不断向城镇郊区及农村扩散,形成新的污染区域,这是我国城镇化建设中普遍面临的严重问题,而城镇生态环境的恶化也促使人们关注城镇化过程中的环境保护问题。[1]青海是生态脆弱区域,青海城镇经济的发展过程中也面临着生态保护与经济发展的双重困境。进入21世纪以来,青海逐步形成以生态保护为前提的节约型经济发展的共识。2008年初,青海省根据立足省情,着眼于青海的生态价值和建设生态文明的时代要求,确立了实施以保护生态环境,发展生态经济,培育生态文化为主要内容的生态立省战略。这一战略的核心问题是处理好保护与开发、整体利益与农牧民利益、速度与效益、政策指导与市场调节和一般项目与重点工程之间的关系,始终把生态环保纳入最现实、最迫切、最长远

---

[1] 马震:《生态文明视域下青海城镇化建设研究》,《柴达木研究》,2015年第5期。

的头等大事,生态立省才会成为更高层次的文明形态。①在实施"一带一路"国家战略大背景下,生态立省战略显得尤为重要,它既为青海如何融入丝绸之路经济带建设指明了方向,也为丝绸之路青海道沿线城镇发展环境友好型经济提供了政策保障。

在生态立省战略背景及丝绸之路经济带建设过程中生态保护的总体要求下,最为关键的是需要处理好保护生态与加快发展的关系,解决好生态立省战略下经济发展方式转变问题。针对上述问题,有关学者提出青海转变经济增长方式的基本方式包括:以科技创新为动力和突破口,促进经济增长由主要依靠增加物质资源消耗向主要依靠科技进步、劳动者素质提高、管理创新转变;以资源节约型发展为核心和途径,调整生产要素投入结构,促进产业结构优化升级;以提高产品科技含量为依托,扩大出口贸易和消费,拉动国民经济发展。②其中,加大资源节约型经济建设成为重要共识。

目前,以柴达木地区为核心,通过发展循环经济解决生态保护与经济发展关系问题的探索取得了明显的经济效益和社会效益。循环经济是以资源高效利用和循环利用为核心,以生态产业链为发展载体的一种方式,它在本质上是一种生态经济。循环经济以资源循环利用和环境友好为目标,把清洁生产和废弃物合理利用融为一体,从传统的资源过量消耗、粗放型经济增长方式向资源节约、循环、集约型经济增长方式转变,实现经济、社会与生态协调发展经济结构,以"减量化""再利用""资源化"为主要手段,落实到各个环节,

---

① 陈发平、张伟主编:《青海转变经济发展方式研究》,青海人民出版社2008年版,第288页。
② 陈发平、张伟主编:《青海转变经济发展方式研究》,青海人民出版社2008年版,第46—53页。

从而达到节源和保护环境的目的。循环经济的特点在于生态环境的弱胁迫性,资源利用的高效率,行业行为的高标准,产业发展的强持续性,经济发展的强带动性。①总之,循环经济是人类社会、经济与自然相处发展到一定阶段的产物,是在现代工业社会条件下,在经济、社会高速发展与资源紧缺和环境恶化的矛盾日趋紧张的情况下,人类依据科学发展观的理念,提出的一种新的经济增长模式,是人类对人与自然关系深刻反思的结果,是人类社会发展的必然选择。②

柴达木地区在发展循环经济过程中有效地解决经济发展与生态保护的关系问题。2005年国家级柴达木循环经济试验区批准建设以后,该地区的可持续发展综合水平增长幅度较大。③经过十几年的发展,柴达木循环经济试验区电力、石油天然气化工、盐湖化工、煤化工、有色金属、建筑材料等产业已横向链接起来,构建起了循环型产业链,如"油气—盐化工"产业链、"煤—焦—盐化工"产业链、"有色金属—天然气—盐化工"产业链和"铁矿—焦炭—钢铁"等产业链。柴达木循环经济试验区项目的成功实施,为生态脆弱地区发展节约型经济带来很多启示,它是实现资源转换战略的必由之路,为水资源的循环利用、开发收益与地方共享等提供了诸多可借鉴的经验。④柴达木循环经济实验区发展过程中积累的经验现已逐步推广至三江源、环

---

① 罗朝阳主编:《青海省发展工业循环经济研究》,青海人民出版社2006年版,第3页。
② 罗朝阳主编:《青海省发展工业循环经济研究》,青海人民出版社2006年版,第1页。
③ 甘佩娟:《柴达木盆地经济可持续发展综合评价》,《中国农业资源与区划》,2014年第3期。
④ 陈发平等:《柴达木循环经济试验区发展现状及启示》,《青海科技》,2007年第2期。

湖等生态环境脆弱区域,西宁、海东等东部城市也应当推广上述经验,在工业园区建设及项目选择上构建资源节约型产业链,加强水资源的循环利用力度。在此基础上,借助新丝绸之路,可将循环经济发展模式推广至生态环境问题也十分突出的西亚、南亚等地,成为青海发展外向型经济的一个突破口。

青海城镇化过程中,第三产业应当起到促进城镇化的支柱作用,特别是通过发展旅游业促进城镇化,这既符合城镇经济发展的未来趋势,也符合青海省情。青海总体上是生态脆弱区域,90%以上的国土面积为禁止开发或限制开发区域,不具备大规模发展工业经济的基础条件,传统的以工业为支撑的城镇化模式在大部分区域无法推进,但青海有丰富的旅游资源,因此可以选择以旅游业为主导推动城镇化的发展。①

旅游业涉及游览、交通、餐饮、住宿、购物、文娱等多个行业,是第三产业中发展最快的产业之一,被称为"无烟工业"。旅游业也是一种劳动密集型产业,可以解决当地部分居民的就业问题。通过旅游业促进青海的城镇化,既可以解决社会经济发展与生态保护的关系问题,也可以将青海的生态资源、人文资源转化为经济发展的动力,同时也可以解决居民就业问题。

在青海城镇化过程中,农牧业人口的城镇化是一个十分关键的问题,进入城镇的农牧业人口既是促进城镇消费的人口基础,也是发展新兴产业的主要劳动力来源。在重点发展旅游业的环湖地区、海北地区及青海南部地区,农牧业人口进入城镇后从事交通运输、餐饮、旅馆等行业,成为当地旅游业的主要生力军,而他们从事的

---

① 赵晓娜:《青海省生态脆弱区以旅游业为主导推动城镇化建设的路径分析》,《湖南商学院学报》,2015年第4期。

行业则促使他们完成从农牧民向城市居民的过渡，成为城镇化的参与者与受益者。由此可见，发展旅游业的确可以促进青海城镇化，以旅游业为主的城镇经济是一种典型的绿色经济，在未来青海城镇化过程中势必会扮演重要角色。

## 三、树立特色产业为主的外向型经济发展思路

如我们在第一章中指出的那样，分析青海道沿线商贸发展的历史过程，就可以知道，古代人类主要是通过开发、交易青海地区的特色农牧产品参与到丝绸之路贸易中去的。今天，我们应当借鉴古人的智慧，树立特色产业为主的外向型经济发展思路。

首先，在古代，青海道是东西国际贸易的组成部分，青海道的价值也在于连通了中原与中亚、西亚间的国际商贸交往，并借助这一通道，外销本地的特色产品。"一带一路"国家战略的主要目标在于打通中国向西开放的通道，发展中国西部与中亚、西亚及欧洲、南亚国家间的商业贸易。现在看来，由于中亚、西亚地区复杂的国际关系、民族关系及宗教问题，我国向西开放的难度相当大，但是，青海应当树立通过发展外向型经济促进城镇化水平的观念，这既可以借助新丝绸之路发展青海城镇经济，也可以通过外向型经济发展提升青海城镇化水平。外向型经济是以国外消费群体为服务对象的一种经济发展模式，青海企业利用本地社会资源发展相关产业，促进当地居民就业，把产品销往国外，以赚取外汇。外向型经济在解决国内产能过剩、参与国际商贸竞争等方面具有很大优势，一旦培育出稳定的外向型产业链，会极大地促进当地的就业问题，成为城

镇经济发展的支柱。

其次，在选择发展何种外向型产业问题上，青海的选项并不多。如前所述，青海的工业基础薄弱，生态优先的发展战略也不允许大规模构建第二产业发展链。新丝绸之路"五通"工程基本建成后，东部地区的价格低廉的工业产品就能借助东西大通道销往西亚及欧洲等地，青海发展同类型的工业产品的经济效益及外销前景都不乐观，因此，即使开发外销型工业产品，青海也不具备优势地位。在选择发展何种外向型产业问题上，只能立足本省实际，开发、外销特色产品，发展特色产业，方能在未来的国际商贸中占有一席之地。

青海是中国重要牧业产区之一，畜产品的品种、产量也十分可观；青海的世居民族具有丰富、悠久的民族宗教文化。如果把二者结合起来，建构一种或数种外向型产业完全是可行的。比如，藏族利用畜牧产品开发的传统藏毯曾是丝绸之路对外贸易的重要产品。今天，我们利用这些资源在西宁、玉树等地发展藏毯产业，不仅可以让相关企业参与国际化的商贸活动，也可以促进青海城镇经济发展，还可以使这一产业成为促进青海城镇化的一个支柱。此外，青海的回族、撒拉族与中亚、西亚各国家之间在族源及宗教信仰方面具有十分紧密的关系，如果利用好这些人文资源，开发特色农业产品销往伊斯兰世界，开拓出稳定、广阔的国际市场，那么这样的产业同样可以促进青海城镇经济发展。

总之，结合丝绸之路经济带建设思考青海城镇经济的未来发展，就要使青海道沿线城镇规划符合"一带一路"国家战略的需要，同时，也让这一国家战略成为青海提供城镇经济发展水平、促进城镇化进程的助推器。新的丝绸之路势必是一条连通东西的国际商贸大通道，通过促进西宁的国际化水平，发展节约型经济和旅游业，以及构建外向型的特色产业等，都是促进青海城镇发展的具体措施。至于如何发展旅游业、开发外向型特色产业等问题，我们将专章论述。

# 肆 加快开放步伐：丝绸之路经济带建设与青海外贸水平提升

## 第一节 青海外贸发展现状解析

### 一、青海对外贸易的发展现状

对外贸易是人类经济活动的重要组成部分，自古以来，人们通过对外商品交换进行着广泛的对外交往，近代以来，国家（地区）间的商品贸易更加频繁，对外贸易成为衡量特定国家（地区）国际化水平的重要依据，而外贸依存度的高低也是判断特定国家（地区）经济国际化程度的重要指标。

青海对外贸易始于近代。民国时期，产自青海的羊毛等农牧产品经天津港销往国外，"西宁毛"也曾一度盛誉在外。不过，由于近代青海对外开放水平低下，限制了对外贸易发展，无论是出口贸易还是商品进口都徘徊在较低水平。1949 年至 1980 年，青海对外贸易发展水平十分落后，对国民经济的贡献率也十分低下。改革开放以来，青海对外贸易水平逐步提高，但发展水平仍较缓慢、低下，近几年来，青海对外贸易发展迅速，发展势头良好。

根据青海省统计局《新中国成立 65 年来青海省经济社会发展成就综述》，1949 年至 1979 年，青海按照国家下达计划，实施货源收购，并不直接参与出口贸易，出口商品主要为农牧产品。1980 年，青海开始自营出口，对外贸易进入一个新阶段。1998—2013 年的 16 年间，全省进出口总额累计 89.25 亿美元，其中，2013 年进出口总额达 14.03 亿美元，比 1998 年增长 11.3 倍，年均增长 18.2%。建立贸易往来关系的国家和地区由 1980 年的 3 个增加到 2013 年的 166 个，还在一些国家和地区设立了境外营销网点。其中，日本、巴基斯坦、美国、韩国等国与中国香港是主要出口市场，2013 年对上述国家和地区出口 3.94 亿美元，占全省出口总值的 46.5%。印尼、澳大利亚、德国是主要进口市场。2015 年，青海省货物进出口总额 119.86 亿元，比上年增长 13.6%。其中，出口额 101.76 亿元，增长 46.8%；进口额 18.11 亿元，下降 50.0%。

从横向比较看，青海对外贸易总量在西部 12 个省区中名列倒数第二，贸易总额仅高于西藏，但发展速度居西部之首。据青海省统计局统计数据，2015 年 1—8 月份，青海进口总额为 83.29 亿元，增长 75.1%，出口总额为 69.91 亿元，增长 219.9%。青海对外贸易的发展增速及发展趋势与城镇经济发展态势及未来走向大体一致，都体现了青海社会经济事业在西部大开发、"一带一路"国家战略大背景下，积极参与国际合作，利用本土资源及人文传统，发展优势产业，在藏毯、清真服饰等行业培育竞争优势，出口创汇。

表 4.1 西部省区 2015 年 1—8 月海关进出口总额

单位：亿元

| 地　区 | 1—8 月 | 比上年同期增长（%） | 位　次 |
|---|---|---|---|
| 内蒙古 | 537.10 | 4.6 | 5 |
| 广西 | 1 715.68 | 13.6 | 3 |
| 重庆 | 3 335.24 | −15.9 | 7 |
| 四川 | 2 214.82 | −22.8 | 9 |
| 贵州 | 413.18 | 26.6 | 2 |
| 云南 | 905.12 | −17.5 | 8 |
| 西藏 | 40.00 | −41.7 | 12 |
| 陕西 | 1 217.81 | 12.1 | 4 |
| 甘肃 | 315.18 | −13.7 | 6 |
| 青海 | 83.29 | 75.1 | 1 |
| 宁夏 | 157.66 | −25.4 | 10 |
| 新疆 | 670.51 | −27.0 | 11 |

表 4.2　西部省区 2015 年 1—8 月海关出口总额

单位：亿元

| 地区 | 1—8 月 | 比上年同期增长 (%) | 位次 |
|---|---|---|---|
| 内蒙古 | 238.20 | 20.6 | 3 |
| 广西 | 994.86 | 13.1 | 4 |
| 重庆 | 2 496.26 | −3.0 | 7 |
| 四川 | 1 492.89 | −19.5 | 9 |
| 贵州 | 360.84 | 31.2 | 2 |
| 云南 | 656.22 | 6.4 | 6 |
| 西藏 | 29.26 | −55.9 | 12 |
| 陕西 | 582.49 | 11.7 | 5 |
| 甘肃 | 222.01 | −5.5 | 8 |
| 青海 | 69.91 | 219.9 | 1 |
| 宁夏 | 131.38 | −26.2 | 10 |
| 新疆 | 579.14 | −26.9 | 11 |

## 二、青海对外贸易的发展趋势

从以上数据看，青海对外贸易发展具有以下几个趋势：

第一，新中国成立以来，对外贸易曾长期徘徊于低水平发展，近几年有了较快发展。

新中国成立之初，青海外贸依赖于对外出口商品收购业务，无独立的外贸经营权，国民经济的对外贸易依存度低下。1980 年以来，虽然获得了外贸自营权，但对外贸易发展速度十分缓慢。20 世纪 90 年代后半期，青海对外贸易总额不断下滑，由 1994 年的 3.3 亿美元下降至 1998 年的 1.8 亿美元。随着西部大开发战略的实施，青海对外贸易快速增长，增长率居西部省区之首。

第二，改革开放以来，青海利用外资总额总体上持增长态势，但对外贸易依存度下降。

利用外资总额是衡量对外贸易的一个重要指标，1985年青海实际利用外资总额仅为108.3万美元，2012年，这个数据增长至20 578.0万美元，增长速度较快。但是，据学者研究，青海对外出口商品技术含量低、总体规模小、出口企业抵御风险能力弱[1]；从对外贸易依赖度看，青海对外贸易相当于地区生产总值的比重并没有显著上升，除2004年和2006年高于14%外，2006年后持续走低，2010年青海外贸依赖度跌至2.8%，2012年回升至3.8%。[2]可见，对外贸易对青海经济的拉动作用极其微弱。

第三，从横向比较看，青海对外贸易总额远低于重庆、新疆等西部省区，甚至低于宁夏的外贸总额，但发展速度较快。

从青海外贸总额在西部省区中的排名看，青海外贸易总额偏低，对国民经济的贡献率也低于西部其他省区。但是，近年来，青海外贸易的发展迅速较快，说明青海贸易发展的前景良好。与此同时，我们也应看到，从全国对外贸易看，青海外贸占全国的比重可谓微乎其微，2013年，仅占全国的0.02%。[3]

第四，从出口产品结构看，青海外贸的产品结构曾发生过大的变化。

新中国成立之初，青海对外出口的商品主要是农牧土特品。1998年以来，外贸出口商品收购量中，工业品类比重达80%以上，其中一半为五金矿产品。我国加入世贸组织后，青海出口商品结构

---

[1] 高兴霞：《青海外贸竞争力分析及对策研究》，《青海社会科学》，2010年第2期。
[2] 马莉莉、任保平主编：《丝绸之路经济带发展报告2014》，中国经济出版社2014年版，第271—272页。
[3] 马莉莉、任保平主编：《丝绸之路经济带发展报告2014》，中国经济出版社2014年版，第272页。

发生大的变化，特色产品出口开始增加，2013年，青海省已基本实现由出口高耗能产品占绝对比重向出口具有青海特色的资源优势产品转变，其中三绒制品、藏毯、穆斯林民族服饰以及镁合金、化成箔等骨干商品出口渐成规模。目前，青海省已形成以资源加工型为主的骨干商品，以藏毯、民族服饰、三绒纺织、高原生物制品为主的特色产品和以新能源、新材料为主的优势产品组成的出口产业构架。从2015的相关统计数据看，出口商品中，具有青海特色的农牧业产品及工业产品的比重进一步上升。

最后，从对外贸易的合作伙伴国看，青海进出口贸易的对象主要为日本、美国、印尼、澳大利亚、巴基斯坦等国。从对外贸易增

表4.3 2015年主要商品进出口额及增长速度

单位：亿元

| 指标名称 | 绝对数（亿元） | 比上年增长（%） |
| --- | --- | --- |
| 出口 | 101.76 | 46.8 |
| 铁合金 | 6.08 | −52.2 |
| 硅铁 | 5.86 | −53.2 |
| ＃纺织纱线、织物及制品 | 10.18 | 0.3 |
| ＃地毯 | 2.84 | 5.2 |
| 塑料制品 | 4.18 | 81.7 |
| 家具及其零件 | 3 665 | 269.1 |
| 鞋类 | 3.54 | 90.3 |
| 服装及衣着附件 | 8.02 | 60.4 |
| 进口 | 18.11 | −50.0 |
| ＃煤及褐煤 | 7.06 | −58.5 |
| 氧化铝 | 4.49 | −39.2 |

速看,与某一国的贸易在特定年份突然增加或迅速减少,都说明青海对外贸易中有单笔贸易替代长期交易的现象,说明对外贸易对象不确定,也不稳定。此外,向西开放过程中,具有较大规模外贸合作的国家仅有巴基斯坦。这一方面说明青海向西开放的水平、程度较低,另一方面也说明青海在未来丝绸之路经济带建设过程中,与中亚、西亚国家开展对外贸易的前景广阔。

表4.4 2015年对主要国家进出口额及增长速度

| 指标名称 | 绝对数(亿元) | 比上年增长(%) |
| --- | --- | --- |
| 出口 | 101.76 | 46.8 |
| 美国 | 10.32 | 98.8 |
| 韩国 | 7.85 | 185.5 |
| 日本 | 5.57 | -32.7 |
| 巴基斯坦 | 5.31 | -4.2 |
| 印尼 | 3.17 | 151.6 |
| 进口 | 18.11 | -50.0 |
| 印尼 | 5.45 | -55.0 |
| 澳大利亚 | 5.44 | -47.2 |
| 挪威 | 1.87 | 790.5 |
| 德国 | 1.14 | -68.7 |
| 巴基斯坦 | 1.08 | 315.4 |

## 三、新丝绸之路与青海对外贸易发展

通过分析青海对外贸易现状及未来发展趋势,我们认为青海发展对外贸易可谓任重道远,一方面,青海外贸整体发展水平要求决策者与经营者以百倍的努力,在较短时间内赶上全国对外贸易发展的步伐,摘掉外贸落后省份的帽子;另一方面,也对如何以较好的方式发展外贸提出了要求。

我们认为，结合"一带一路"国家战略，致力于向西开放，是青海发展对外贸易的必由之路。

首先，从前几章分析来看，青海具有向西开放的诸项优势。从地理位置上看，青海向东开放的地理条件较弱，这也是改革开放以来青海未能全面参与对外贸易出口的主要因素。但是，如果从向西开放角度看，青海既可以通过新疆等邻近省份直接参与国际贸易分工，也可以作为中国东部地区与中亚、西亚等地区商贸交易的中继站，从而在向西开放的国家大战略中，寻找到合适定位，积极参与"一带一路"国家战略，融入向西开放的外贸体系当中去。一般来说，对外贸易发展依托于当地的优势资源。在我国沿海地区为核心的对外贸易分工中，青海之所以未能扮演重要角色，一个很重要的原因，是青海的人文条件与环太平洋国家、地区间的共性因素较少，无法把自身的人文优势转化为经贸资源。在向西开放的战略中，青海的多民族文化资源与中亚、西亚、南亚之间形成天然的连接，在人心相通方面，具有先天的优势，如果能把这种优势转化为经济发展的动力，那么，青海的对外贸易势必会找到突破口。

其次，从国际贸易分工角度看，重点开发依托本省人文及资源优势的产业链，并利用新丝绸之路，加强对外贸易，这是青海发展外贸的明智选择。

青海发展依托沿海地区的对外贸易，不仅在地理区位、交通条件方面没有优势，在对外出口产品选择与培育方面也缺乏竞争优势。除依赖自然资源优势形成的一些矿产品出口贸易外，受制于人力资源、科技水平等，青海在短期内无法形成高技术含量的出口型产业链，也无法在依托沿海地区的出口贸易中占得先机。

青海虽然在高科技产业方面无法与东部地区竞争，但如果有效地利用本省的人文及自然优势资源，发展特色产业，并依托这些产业，发展对外贸易，那么，青海也能创出一条独具特色的外贸发展之路。如前所述，青海依托古代丝绸之路，把当地的特产运往中原地区，参与当时的贸易分工，从中透露出古人依托既有资源发展经济的智慧。

近代以来，羊毛等牧业产品出口也是青海对外贸易的最大亮点。据统计，民国初年，青海地区出产的羊毛至少占全国出口量的40%，输出量大致为250万—2 000万斤。①从1913至1922年的出口数据看，依托羊毛的出口，是当时青海对外贸易的一大亮点。由此可见，今天，利用特色农牧产品资源，发展青海对外贸易也是近代青海外贸的主要特点。

随着对国际贸易的发展及社会的进步，现已无法单纯依靠农牧产品维持对外出口优势，想要在国际贸易分工中占得一席之地，既要积极参与国际分工合作，也要致力于产品深加工，增加产品的附

表4.5　1913年—1922羊毛输出地别表

单位：海关担

| 年代 | 1913 | 1918 | 1919 | 1920 | 1921 | 1922 | 总量 | 所占比重 |
|---|---|---|---|---|---|---|---|---|
| 天津 | 221 513 | 276 911 | 279 374 | 81 801 | 403 643 | 433 863 | 1 697 105 | 83.34% |
| 大连 | 104 | 12 526 | 26 075 | 9 975 | 5 285 | 23 263 | 77 228 | 3.80% |
| 胶州 | 3 099 | 4 782 | 1 730 | 3 452 | 2 991 | 2 894 | 18 948 | 0.93% |
| 重庆 | 31 985 | 14 970 | 21 526 | 12 875 | 4 335 | 24 874 | 110 565 | 5.44% |
| 汉口 | 755 | 10 365 | 2 791 | 1 508 | 980 | 1 176 | 17 575 | 0.86% |
| 上海 | 10 570 | 9 863 | 4 198 | 3 783 | 30 974 | 24 361 | 83 749 | 4.12% |
| 其他 | 3 029 | 7 728 | 9 358 | 2 016 | 1 400 | 7 225 | 30 756 | 1.51% |
| 总计 | 271 055 | 337 145 | 345 052 | 115 410 | 449 608 | 517 656 | 2 035 926 | 100% |

①胡铁球：《近代青海羊毛对外输出量考述》，《青海社会科学》，2007年第2期。表4.5也引自此文。

加值,从而打造一个基于本地资源优势的产业链,而在增加产品附加值方面,青海独特的人文资源可以发挥重要作用。如青海的穆斯林群众具有独特的服饰文化,且与中亚、西亚伊斯兰国家居民的服饰具有一定共性,那么,青海的毛纺织品、衣帽服饰等产品可以突出这些民族文化特色,参与向西出口;青海具有浓郁的藏传佛教文化,一些宗教用品既可依托本省资源优势,也可借助青海宗教文化资源,以南亚地区为外销对象,借文化共性出口创汇。此外,清真食品、藏毯等外贸产业也可以依循这一发展思路。

比如,青海的清真食品在食料选取、加工方式、出口对象等方面,以利用本地资源——附加清真标识——出口中亚、西亚为发展模式,完全可以成为对外出口的一大支柱产业。

以青海循化辣椒产业为例,可以较清晰地建构循化辣椒产业对外出口的产业链条。青海循化辣椒为地方名产,由于这种辣椒果形长(最长达33厘米),似线状,因此得名"循化线辣椒",属茄科,1年生直立草本,高40-60厘米,枝顶双生或簇生,花单生于叶腋或枝腋,花白色,成熟后为红、橙、紫红色,味辣,果皮和胎座间有空腔,内有扁形种子。花果期在7-10月,东部地区均有栽培。品种有柿子椒,也叫甜椒或灯笼椒,株高叶茂,果大如梨,色赤或黄,辛淡味甜;又有长椒,亦称长角辣子,植株细健,叶窄花小,果长而弯,端尖如角;其中最有名的当属循椒,质量优良,肉厚味馥,色红艳丽。果为重要蔬菜和调味品,含辣椒碱、辣椒红素等,能促消化,增食欲,内服可驱虫、发汗,外敷治冻疮、风湿、镇痛、散毒。

"循化红"线辣椒作为循化县的特色农产品,以其独特的品质,受到消费者喜爱,随着"循化红"线辣椒的知名度不断提高,为众多的消费者所熟知,早在1995年荣获中国农产品博览会金奖和全国优质农产品展销会银奖。2001年6月,循化县注册了"循化红"商标,这在青海省属于第一个特色农产品注册商标,同时为促进线辣椒产业的大力发展,组建成立了"金椒""仙红"及"天香"三家青海省省级农业产业化龙头企业,形成"公司+基地+农户"原材料采购渠道模式,为当地经济注入一股新的活力。2003年6月,国家出入境商品检验检疫局颁发了"循化红"线辣椒"原产地标记证书",这为"循化红"实现"走出去"战略注入了活力,2012年,循化县种植线椒2.5万亩,其中集中培育了500亩以上的规模种植点3个,300亩以上的5个,100亩以上的9个,规模种植面积达到5 000亩以上,比上年增加3 919亩,线椒产量达1 250万公斤,比上年增加400万公斤。总产量达3 250万公斤,实现产值2.6亿元,仅此一项可使近1万户农民户均收入近2万元,线辣椒成为撒拉族群众名副其实的增收致富椒。①

近几年,线辣椒产业已成为循化支柱型产业,但主要销售在国内,未能较大规模参与出口创汇。循化是重要的辣椒产地,也是撒拉族聚居区,其族源与中亚国家关系密切,饮食习惯也有很多相同之处,这为循化农产品出口奠定了必要的资源基础和人文条件,目前要做的是,须依托"青海国际清真食品及民族用品展"(下称"清食展")积极寻求向西出口通道,把这一产业发展成出口创汇的重要食品产业。"清食展"创办于2007年,是青藏高原规模较大的国际展览会,现已跻身国际八大清真食品展会之列,2016年5月19日,"清食展"在青海西宁启幕,来自丝绸之路沿线的伊朗、土耳其、土库曼斯坦、阿富汗等39个国家和地区,以及中国28个省(区、市)政府代表和

---

① 张效科:《青海省循化县特色农产品营销策略研究——以循化辣椒为例》,青海民族大学硕士论文,2013年,未刊。

客商参展。经过数年发展,"清食展"已具有一定的知名度,成为青海招商引资的一大窗口,不过,借"清食展"培育优势出口产业的思路尚不明晰,也无有效的实践效果,而如若把循化辣椒作为龙头产业进行培育,依托新丝绸之路,扩大这一产业向西出口规模,那么,这一产业势必会迎来新的发展机遇。

总之,结合新丝绸之路经济带建设,积极培育依托本省资源优势的出口型产业,扩大向西出口规模,应当是青海对外贸易发展的必由之路。

## 第二节 藏毯出口案例解析

藏毯源于2 000多年前青藏高原的民族工艺，以羊毛为原料，经植物染色，手工捻线，精心编织而成，它柔软、耐用、美观、大方，又有浓厚的民族特色，对生活在高寒地区的人们隔潮御寒、保温取暖有重要作用，是牧区生活所不可缺少的用品。中国的藏毯是在藏族传统艺术的基础上，吸收、融合了汉族、印度和尼泊尔宗教的艺术精华，形成具有自己独特的藏族艺术风格的工艺美术品，有地毯、炕毯、坐毯等多个品种。传统藏毯的艺术风格，带有浓厚的宗教色彩，如佛八宝、暗八仙、国王七宝等，还有自由式、龙凤式及随品种形式不同的构图形式，色彩表现方面十分丰富，颜色艳丽、纯度高、对比强，色彩构图穿插灵活，与藏族建筑的装饰风格一脉相承。这些特点，为藏毯在国际藏毯业中崭露头角打下了良好的基础。

上世纪中期，在青海省都兰县诺木洪的古墓群中出土了一种叫作"毛席"的残片及毛带、毛绳、毛线等其他工具、饰品。从这些"毛席"的纺织工艺、染色技巧看，当时已达到十分娴熟、稳定的水平。专家考证认为，其为2000年前的藏毯雏形，①青海省因此被认为是"藏毯的故乡"。青海藏毯作为青藏高原民族传统手工艺品，有着悠久的历史。青海藏毯有炕毯、艺术挂毯等品种，是以得天独厚的西宁大白毛（世界知名的优良地毯用毛,纤维长、光泽足、弹性好，柔软耐用的质地，古朴、粗犷、大方的构图。经人踩踏后，毛丛立即弹起恢复原状，不会形成塌陷。手感松散，色泽和弹性具有很强的持久性，使用年代越久，光泽越明亮，不会给人以陈旧感）为原料，在藏族传统艺术的基础上，吸收了多国宗教艺人的艺术精华，独特的藏族手工艺术风格成为世界地毯业的奇葩。青海藏毯制作精良，被誉为"像锦缎一样的软浮雕"，人们称赞它"与其说是商品，不如说是艺术品和收藏品"。进入新世纪以来，藏毯业便在起源地和最佳原料地的西藏自治区和青海省两省区异军突起并展露了强劲的发展势头。

目前藏毯产业被列入青海重点支持的特色产业之一，是依托本地特色优势资源和区域文化发展起来的产业，做大做强藏毯产业，对于发展畜牧业生产、推进农业产业化经营、有效解决农村牧区剩余劳动力就业、增加财政收入、出口创汇等方面都起到了积极的促进作用。本节中，我们拟以藏毯产业为例，分析这一产业发展现状、面临的问题等,探索这一产业依托"一带一路"国家战略发展的前景、方式等问题。

---

① 青海地方志编纂委员会编：《青海省志·民族志》，青海人民出版社2009年版。

## 一、青海藏毯产业发展现状

第一，青海藏毯产业进入了前所未有的繁荣发展阶段，逐步形成藏毯企业群。

进入新世纪以来，为推动藏毯产业的快速发展，青海省委、省政府采取了诸多有力措施，以战略眼光将具有民族特色的藏毯产业作为未来青海省发展的重点，通过藏毯国际展览会平台的影响逐步延伸。尤其是2003年，省政府把藏毯列入全省主要产业之一，制定扶持措施加快发展。具有2 000多年悠久历史的藏毯，现在已从牧区作坊、农家小院走向世界的舞台，步入了产业化发展的道路。有了政府的大力支持，藏毯业便在起源地和最佳原料地的青海省异军突起并展露了强劲的发展势头。

目前，青海藏毯产业以南川工业园区为中心，基本形成了集原材料供应、生产加工、市场销售于一体的产业化生产格局。青海藏毯生产量占全国藏毯生产量的91%，产业生产链辐射全省2市6州24县的近30余家藏毯毛绒纺织企业，据中国藏毯协会统计，经过十几年发展，青海的藏毯品种已发展到15个系列84个品种、1 000多个花色图案。[①]涌现出了藏羊集团等国内藏毯生产龙头企业，和"藏羊""藏之梦""青海湖""圣源"等具有较高知名度的藏毯商标。青海藏毯产业已经初步形成了以青海藏羊地毯(集团)有限公司、青海海湖藏毯有限公司、大自然地毯纱有限公司、青海雪舟三绒集团等为龙头，青海源荣进出口公司、青海圣源地毯公司和青海美亚生态发展有限公司等中小企业共同发展的藏毯企业群。青海藏毯产业初

---

① 马玉宏、石晶：《青海：借助藏毯编织锦绣丝绸之路》，《经济日报》，2015年6月30日，第10版。

步显现出区域性产业集聚趋势，在国际藏毯业界产生了重要影响。

第二，藏毯企业发展势头强劲，产能规模不断扩大。

青海积极推动产业深度融入"一带一路"战略，藏毯生产销售提质升级，产业链条逐渐形成，青海正逐步成为世界手工地毯的集散地。2011年12月，商务部正式命名南川工业园区为全国外贸转型升级专业性示范基地——"青海藏毯产业基地"。作为提升特色产业发展水平的载体，短短数年，南川工业园区以"集聚省内优势企业——招商引资完善产业链——扩大产业规模"三步走战略，迅速崛起了产品上下游互补，产业链完整的藏毯企业群，构建并完善了地毯生产及配套产业和毛绒纺产业两大体系，初步形成了青海藏毯产业集群。集群发展极大地释放着集聚效应。目前园区已入驻藏毯绒纺企业15家，其中国家级龙头企业3家，省级5家，建立国内营销网店800多个，国际销售网点6个，产品畅销美、欧、日等40多个国家和地区，年销售收入70多亿元，较园区成立之初增长7倍，园区藏毯绒纺产业形成了原辅料供应、生产加工、市场销售、人才培养为一体的产业化生产格局。目前，园区拥有电脑横机226台、地毯织机114台（套），涉及威尔顿、阿克明斯特和簇绒织机等全系产品，产业规模、产品产量实现年均增长353%，产业发展速度堪称全国第一。生产产品也从主打手工地毯，发展到手工、威尔顿等全系；由初期单一45道藏毯扩展到300道；研发生产手工和机织藏毯产品30多类近千个品种，品类数全国第一。全省8.3万农牧户受益藏毯产业，年增收4.6亿元，同时带动2万余人就业。①

---

① 林玟均：《南川：青海藏毯产业集群美丽绽放》，《青海日报》，2015年6月26日，特刊。

随着青海藏毯企业数量的增多和企业规模的不断扩大,依托项目建设,重点产品产能规模不断扩大,产品产量也不断增加,据青海省经济和信息化委员会统计,目前,全省各类地毯产能由700万平方米提升到3 000万平方米,各类地毯从510万平方米增加到2 253万平方米。青海省藏毯企业加大产品研发力度,实现了藏毯产能从无到有,目前已达到55万条。[①]同时,青海藏毯产业已经形成了年产机织藏毯315万平方米、针织衫80万件、地毯纱9500吨、牦牛无毛绒1 000吨、山羊无毛绒1 700吨和洗净毛10 000吨的生产能力。从总体来看,产业链条初步形成。

总之,"十二五"以来,青海省藏毯企业通过技改等一系列举措扩大生产规模,取得了较好成绩。据青海省经济和信息化委员会统计,"十二五"以来,青海省藏毯产量占全国藏毯总产量的90%以上,可以看出,青海"世界藏毯之都"已初具规模。

第三,青海藏毯企业积极开拓国际市场,出口竞争力逐步增强。

近几年来,青海省藏毯产业高歌猛进,已跃居世界领先地位,以此为依托,自2004年举办首届中国(青海)藏毯国际展览会以来,经过多年精心培育,展会从无到有、由小变大、从普通的产业产品展示展销会演变成国际专业品牌展览会,走过了一条不断创新发展思路、不断革新发展模式、不断更新发展内涵的发展之路,已发展成为我国具有较高国际知名度、影响力的国际性专业展会,与"青海绿色发展投资贸易洽谈会""中国(青海)国际清真食品及用品展览会"并称的我省三大重要经贸活动之一。截至2016年,已成功地举办了13年

---

[①] 芈峤、宋明慧:《青海省藏毯产量占全国九成》,《青海日报》,2015年12月27日,第1版。

表 4.6　历届青海藏毯国际展览会详细情况

| 年份 | 会展开幕时间 | 参展国家、地区 | 展位（个） | 参展代表（人） | 成交额（万美元） | 全年创汇（万美元） |
|---|---|---|---|---|---|---|
| 2004 | 7月9日 | 40 | 300 | 1 500 多 | 800 | 1 500 |
| 2005 | 6月25日 | 25 | 320 | 1 500 多 | 1 589 | 2 252 |
| 2006 | 3月31日 | 34 | 380 | 1 700 多 | 3 960 | 2 735 |
| 2007 | 3月25日 | 34 | 380 | 3 000 多 | 4 380 | 3 275 |
| 2008 | 5月28日 | 41 | 570 | 2 000 多 | 4 820 | 3 645 |
| 2009 | 6月20日 | 47 | 727 | 3 000 多 | | 2 525 |
| 2010 | 6月20日 | 47 | 857 | 4 000 多 | 5 860 | 3 753 |
| 2011 | 6月20日 | 34 | 800 | 4 500 多 | 7 100 | 7 705 |
| 2012 | 6月21日 | 36 | 790 | 5 000 多 | 8 300 | 4 835 |
| 2013 | 6月20日 | 31 | 800 | 5 300 多 | 10 170 | |
| 2014 | 8月7日 | 11 | 885 | 6 000 多 | 12 200 | 4 391 |
| 2015 | 6月25日 | 13 | 957 | 6 000 多 | 7 900 | |
| 2016 | 6月2日 | 22 | | 6 000 多 | 8 300 | |

注：上述数据均为网上历届青海藏毯国际展览会公开报道资料数据。

中国（青海）藏毯国际展览会，在国内外市场产生了很大反响。如今，中国（青海）藏毯国际展览会、青海藏毯正吸引着世界越来越多的目光。

目前，藏毯的国际、国内需求量很大，市场前景十分广阔，中国藏毯在国际上基本处于卖方市场。青海是中国最大手工藏毯生产出口基地，每年出口创汇都在 3 000 万美元左右，并且呈连年增长趋势，为青海打造"世界藏毯之都"奠定了坚实的基础。据青海省经济和信息化委员会统计,青海藏毯产量占全国藏毯生产90%以上,出口额占全国手工地毯的30%,每年产值达40亿元,占青海轻纺业的40%。出口至美国、日本等22个国家和地区,出口额占全国手工地毯出口总值的30%,位居全国首位。

## 二、青海藏毯出口的SWOT分析

### (一)优势分析

1. 原材料优势。青海是我国五大牧区之一,有着丰富的畜产品资源,可年产羊毛2万吨左右,藏毯原料主要采用生活在海拔3 000米以上的青海藏羊羊毛,即"西宁大白毛"。"西宁大白毛"早在19世纪后期就被国际地毯行业公认为编织地毯的最佳原料。青海是生产"西宁大白毛"的主要产地,与西藏羊毛同属藏系绵羊毛。藏系绵羊生长在海拔2 500—4 000米高寒地区,其毛瓣粗细均匀,底绒厚而致密,被国际地毯行业公认为编织地毯的最佳原料。据说,用"西宁大白毛"编织而成的藏毯,不仅具有坚韧耐磨、质地柔软、毯面洁净、不易虫蛀的特点,而且使用年代越久,光泽越清亮。青海是这种原料的主要产地,据不完全统计目前青海省每年可向市场供应"西宁大白毛"8 000至10 000吨,此外每年还可生产羊毛20 000吨,牛毛绒3 000吨,山羊绒600至700吨。[①]

2. 劳动力资源优势。藏毯业属劳动密集型产业,青海劳动力价格低,绝对优势明显,有利于市场竞争。近几年国家实施天然草地

---

①资料来源:青海省商务厅。

休牧育草和退耕还林等重大生态建设项目,农村牧区剩余劳动力又有所增长,急需开拓新的就业领域。城市因国企改革,也有部分下岗职工急需安置。藏毯行业是劳动密集型产业,藏毯产业的发展正好可以有效地缓解这一矛盾。据有关资料显示,藏毯每增加出口创汇 100 万美元,需要从业人员 1 600 人(含织毯、后整理、管理、购销人员),发展藏毯产业已成为帮助农牧民脱贫增收的有效形式之一,同时农牧区大量剩余劳动力为藏毯产业的发展提供了源源不断的产业工人,这将成为青藏高原藏毯产业发展的又一资源优势。

3. 地缘文化优势。青海藏毯具有悠久的、传统的发展历史。地处青藏高原的青海是藏毯的故乡,而且藏族人口众多,具有丰富的藏文化背景。藏毯作为青藏高原民族传统手工艺品,其历史可以追溯到 2 000 多年前。青海的民族文化底蕴深厚,能够为不断提升藏毯的文化附加值和艺术水平提供不竭的源泉。藏毯是藏民族传统的工艺品,其图案设计和色彩源于藏传佛教文化,藏传佛教圣地塔尔寺闻名于世,能够为不断提升藏毯的文化附加值和艺术水平提供不竭的源泉。藏毯因其自然、古朴、粗犷的民族风格,迎合了现代人崇尚自然、返璞归真的心理要求,很受国外市场欢迎。

4. 工业化生产基础优势。藏毯的生产已从传统的手工作坊形式发展为公司企业化生产经营形式,实现了洗毛、纺纱、织毯等工序的专业化分工及产、供、销一体化。同时,一批专业技术骨干人员为青海省藏毯进一步发展提供了有力的保障。青海藏毯产业已经形成了年产机织藏毯 315 万平方米、针织衫 80 万件、地毯纱 9 500 吨、牦牛无毛绒 1 000 吨、山羊无毛绒 1 700 吨和洗净毛 10 000 吨的生产能力,产业链条初步形成。2012 年青海藏毯、绒纺产业产值达 40 亿元,出口达 1.3 亿美元。其中,地毯出口由 2004 年的 1 824

万美元增长到 2012 年的 4 835 万美元，年均递增 13%。①青海地毯企业生产的手工和机织藏毯有 20 多个系列，共上千个品种，销售至 40 多个国家和地区。在欧洲、美国、日本已经有了稳定的销售市场，并相继开拓了俄罗斯、中亚和南亚市场。②

5. 政策优势。青海省的藏毯产业之所以能够得到迅猛发展，除了不可复制的客观优势外，还在于青海省委、省政府明晰的发展藏毯产业的战略。目前藏毯产业被列入青海重点支持的特色产业之一，青海省就发展藏毯产业做出了规划蓝图，提出以藏毯产品为核心，以藏毯产业为主导，培养国际性集团化藏毯企业，整合要素资源，扩展产业链，使相关产业协同发展的产业整合发展思路，并致力将省会西宁打造成集藏毯原辅材料中心、研发中心、展览中心和交易中心为一体的"世界藏毯之都"，实现专业化、品牌化、国际化。在政府的大力支持和推动下，已连续十三年举办青海藏毯国际展览会，这极大地提高藏毯的知名度和出口竞争力，为青海藏毯走向世界奠定了基础。

青海省政府支持藏毯产业发展的主要措施如下：2003 年青海省政府把藏毯业列入青海重点发展产业，确定了藏毯业今后 7 年的发展的目标，并成立了以省政府副省长为组长的藏毯产业发展协调领导小组。2004 年，青海省政府批准下发执行《促进青海省藏毯产业发展若干政策措施的意见》，为藏毯产业的发展提供了更多的政策支持。2005 年 2 月青海省政府召开藏毯产业发展协调领导小组第三次专题会议，确定了"十一五"时期藏毯业发展的总体思路、发展目

---

① 刘启文：《青海藏毯展：彰显"世界藏毯之都"巨大活力》，《中国产经新闻报》，2013 年 8 月 7 日，第 B4 版。
②《青海藏毯：指尖上的传奇》，《人民日报》，2013 年 6 月 23 日，第 2 版。

标、工作任务,并将藏毯产业作为优势、特色、朝阳产业之一,纳入青海省"十一五"发展规划,进行重点扶持。2009年,青海省根据国家纺织产业调整和振兴规划制定的《青海省纺织业调整和振兴实施意见》(青政〔2009〕26号)进一步对加快藏毯业的规模化发展进行了明确。2011年,青海省人民政府办公厅发布《关于印发青海省对外贸易发展指导意见的通知》,指出要"依托青海省藏毯产业国家级外贸转型升级示范基地,做大做强藏毯产业,壮大特色纺织、民族用品等具有区域特色、就业容量大的产品扩大出口"。2016年,青海省政府颁布的《青海省国民经济和社会发展第十三个五年规划纲要》中指出,要加快藏毯一体化发展,建成集藏毯研发、加工、展销、原辅材料交易和售后清洗、修补为一体的国际性藏毯之都。这些政策措施,为青海藏毯的产业化发展铺平了道路,而藏毯产业的长足发展带来了很好的经济效益和社会效益,对青海的经济社会发展起到了积极促进的作用。

**(二)劣势分析**

1.藏毯企业产品定位不准,缺乏竞争力。

随着生活水平的改善、欣赏水平的提高,再加上市场竞争的加剧,人们对藏毯产品的品质提出了更高的要求,但青海藏毯企业生产的多为中低档产品的传统藏毯,已经不能满足人们对高档藏毯产品的现实需求。目前青海藏毯企业多为生产同类型的产品,但差异化不大,同时竞争比较激烈,国内同行少数企业依照生产同类产品低价竞销的现象十分普遍,这也导致青海藏毯企业的利润普遍较低。同时开发出的具有高附加值的高档手工毯很少,无法满足高端客户个性化的需求,导致在高端产品市场所占的份额比重低,缺乏竞争力。

另外,多数藏毯企业由于缺乏准确的市场定位和长远发展规划，没有及时根据市场变化调整产品结构，加之研发相对滞后等原因，没有形成自己的特色产品，导致企业与国外产品相比竞争力较弱。当前紧迫的任务是，藏毯必须创新，优化藏毯产品结构，特别是要加大高档产品的研发力度，要拓展产品用途，实现产品的差别化，探索开发高附加值的产品。

2.产业规模小，集群程度不高。

青海藏毯产业与西藏藏毯产业相比，近年来在政府的推动下，发展迅速，专业化程度较高，优势比较明显，产业规模也相对较大，就全国而言，青海藏毯每年产量和出口额所占的比重很高，据青海省经济和信息化委员会于2015年统计的资料显示："十二五"以来，我省藏毯产量占全国藏毯总产量的90%以上，出口额占全国手工地毯出口总值的30%，位居全国首位。但如果我们着眼全球，会发现青海藏毯在全球手工业地毯中的份额仍然很低，2010年藏毯出口达到1亿美元时（实际2010年出口创汇3 753万美元），也只占到全球手工地毯2004年出口总值的1/32，青海省的藏毯生产规模人均还不足0.1平方米，就全球来讲，还不能满足全球市场需求的1%。[①]这表明青海藏毯的出口份额在全球手工地毯中的比重很小，打造"世界藏毯之都"道路依然任重而道远。

截至2014年，青海省年产藏毯占全国藏毯生产总量的91%，成为全国最大的手工藏毯生产和羊毛机织地毯出口基地。目前，青海藏毯产业已形成集生产、加工、销售及原辅料供应为一体的产业化生产格局和以南川工业园区为中心，辐射全省2市6州24县30多家藏毯绒纺企业的产业集聚式发展模式。但是从实质上来说，虽然

---

① 平志强、王丽娜:《青海藏毯产业发展报告》，《国际农产品贸易》，2012年第121期。

这些藏毯企业在政府扶持下在地理上实现了"集聚",但企业之间并未形成相互协作共同发展的网格体系,尚不具备集聚区域创新能力,产业价值链并未形成,集聚区内部企业间的精细化分工协作尚未真正建立,基于竞争性合作的信用机制体系也未建立,没有形成相互依存、相互协作的产业集群。由于没有形成紧密的分工协作机制,导致产业集聚的集聚效应没有充分发挥出来,这必然会影响青海藏毯企业整体的技术创新能力和国际竞争力。

3. 企业内部人才匮乏,自主创新能力较弱。

随着青海各地区藏毯加工车间和半成品生产能力的快速扩大,在藏毯企业中,普遍存在藏毯设计、纺织管理人员和技师缺乏的情况,已经影响到藏毯产业的进一步发展。从青海省藏毯企业人员结构看,初级毯工较多,中、高级织毯技术工少,纺织、染色、图案设计、纺织机械等专业技术人员稀缺;高素质的中高层管理人才、营销人员十分缺乏。据调查统计,藏毯从业人员大多为当地的农牧民,学历层次普遍较低,因此新产品的研发、企业管理方面的创新性很低,严重影响了藏毯产业的产业升级和整体的竞争力,企业的自主创新能力亟须提高。在藏毯生产中图案设计、染色和织毯技术是其核心技术,目前青海藏毯企业缺乏相关的专业技术人员,尤其图案设计人员大多是从国外聘请而来,这不仅加大了企业生产的成本,而且因为国外专家对国内藏毯产业的"水土不服",很难获得较好的投入产出比。藏毯企业在迅速扩大国内外市场时,缺乏必要的公司管理人才和国内外有经验的营销人员,这也在一定程度上限制着藏毯市场的进一步拓展。

而与国外相比,青海藏毯人才缺乏是产业发展面临的一个瓶颈。举例来说,伊朗是波斯地毯的主要生产国,波斯地毯在世界上享有盛誉。波斯地毯之所以有如此的魅力，这和伊朗对地毯产业及相关人才培养的重视密不可分。据悉，伊朗国内现有7所专门从事地毯研究和教学的高等院校，所有的高中都开设了地毯编织课程，这就保证了在全国260多万地毯从业人员中，既有大批从事研究、设计、营销的高端人才，也有一支技术精湛的技工队伍。可见，人才匮乏，自主创新能力较弱是制约青海藏毯发展一个重要因素。

4.产业链条不均衡，专业化分工协作不密切。

藏毯的生产经营过程涉及原料采购、产品设计、产品制造、仓储运输、订单处理、批发经营以及终端零售7个环节。原材料采购、产品设计、产品制造称为藏毯产业的产业链前端，在这些环节，由于当前藏毯产业的技术含量低、进入门槛不高、竞争激烈，只能获得非常低的利润。据调查，目前藏毯企业普遍都采用订单式生产，并且这些订单不是来源于最终客户，而是一些销售终端的订货，其实就是来样加工（替人代工），完全失去了对终端的控制力，因此产业链的前端只获得了极少的利润。只有青海的部分龙头企业这几年在国内外建立起了直销店面，稍微改变了被中间商控制的局面。仓储运输、订单处理、批发经营以及终端零售称为产业的终端。在产业链的终端环节，由于要求的知识程度较高（如报关），需要的能力较强（如营销能力），进入的门槛较高（如终端大卖场），使得这一环节获得了产业链创造的大部分利润。但是政府和企业对当前这种状况投资偏好不同，形成一种产业链前端投资大，低附加值产品多，相应利润也低；产业链终端投资少，相应建设不足，利润被中间商占有。生产企业的低利润相应造成进一步投资规模的缩小，在研发，人才培养方面的捉襟见肘，形成生产企业在产业链上一直处于弱势群体的恶性循环。

虽然在政府和企业的共同努力下，青海藏毯产业发展迅速，形成了较为完整的产业链条，但藏毯产业链发展出现不均衡的问题，这主要表现在两个方面：一是政府和企业注重产业链条的上游部分，上游产品生产发展速度快；而对产业下游的销售重视程度不够，对下游销售末端市场扶持力度不强，致使出现"上游粗，下游细"产业链条精细不均衡的问题。同时，从企业间内部的合作来看，政府和行业协会搭建的平台较为缺乏，藏毯企业横向之间的交流相对较少，每个企业形成"大而全、小而全"全能型生产，把分梳、纺纱、染色、织毯、洗毯、剪平毯等各道工序一条龙完成，没有形成企业之间紧密合作、互通有无的产业链，整个行业呈现出"散"的格局。这种自成一体的产业格局不利于藏毯产业精细化分工和规模化发展，进而影响到藏毯产业整体竞争力的提高。

5.组织管理不完善。

组织管理不完善体现在以下几个方面：首先，除了个别龙头企业外，藏毯行业企业的内部组织普遍非常简单，很多企业的分工处于原始的分工状态，生产作业计划简单，组织结构不健全，经营管理不规范，仍然处于粗放式管理、生产阶段。藏毯龙头企业虽然制定了公司规章制度、建立了组织框架，但是距离现代企业的经营管理模式仍然存在很大的差距。

其次，技术培训等支撑体系滞后，对藏毯半成品生产者的组织化程度低。企业对藏毯产业工人的培训一般采取"边上岗边学习"的方式，一旦能独立承担工作，企业就停止对编织人员的进一步培训。因此编织人员一直从事枯燥的编织工作，技术进步的瓶颈很难突破，形成从业人员的大量流失。藏毯半成品生产在农牧区的加工点作为家庭的一项副业，农民因生产习惯影响仅在农闲时上机织毯，每年农忙时藏毯纺织业劳动力流失严重,造成人数、生产时间、生产数量上的不稳定,出现企业因为不能按期交货出现赔偿的现象。上岗织毯工年度内能坚持10个月以上生产的约占30%,绝大多数织毯工每年织毯时间不足7个月。因此,加强对织毯农民的组织工作,引导其专职从事藏毯生产,实现真正意义上向产业工人转变,是藏毯产业发展的关键环节之一,也是农村劳动力转移中遇到的新课题。

再次,藏毯企业的销售平台不健全,除了青海藏羊地毯(集团)公司等少数龙头企业尝试建立属于企业自身的销售终端外,大部分藏毯生产企业都是被动等待订单的方式实现销售。大多数藏毯企业销售方式单一,90%的产品销售是通过订单合同方式进行,网络营销、无纸化交易、邮售等现代营销方式应用较少。

### (三)机遇分析

1. 国内外市场需求巨大。

藏毯产品在国内外市场上持续增长的市场需求,给藏毯产业的发展带来了难得的机遇。目前藏毯的主要市场在发达国家,其中最主要的是在欧美发达国家,藏毯成为中产阶层为核心的居民的生活装饰品。同时,藏毯产业也有着巨大的国内市场需求。近年,随着国内市场的消费理念的逐渐转变和消费水平的不断提高,国内消费者对产品品质的追求成为一种趋势。具有双重属性(实用性和艺术性)的藏毯产品成了消费者建筑装潢的首选对象,藏毯行业开始将目光转向了持续升温的国内市场。国内旅游酒店业和房地产业以及会展旅游业发展迅速,包括藏毯在内的地毯市场以20%以上的速度持续增长。估计未来几年,中国地毯增势依然强劲。特别近年多次举办世界性的大型活动,以及各大城市CBD(中央商务区)的建设将给商用地毯市场的持续增长带来强有力的支持,伴随着国内市场的逐步成熟,中国地毯业将进入历史上发展最快的时期。在国内政府扩大内需的政策环境中,随着国内消费品位和消费能力的提高,依托近年建设行业的快速发展,藏毯产业的国内需求不亚于国际市场的需求,庞大的国内藏毯产品市场需求将成为藏毯业发展的又一引擎。

2.藏毯产业发展环境良好。

为推动藏毯产业的快速发展,将其培养成为本地区的重点特色优势产业,青海省政府制定了一系列的扶持政策,采取了相关推动产业整体发展的措施,取得了相应的效益,为藏毯产业的发展带来了又一机遇。青海省委、省政府于2003年把藏毯业列入全省主要产业之一,并提出"以藏毯产品为核心,以藏毯产业为主导,培育国际性集团化藏毯企业"的整合思路,随后又做出"把西宁建设成为世界藏毯之都"的重大决策。2004年,青海省政府批准下发执行《促进青海省藏毯产业发展若干政策措施的意见》,从政策层面加以大力扶持,并且在政府的大力推动下,2004年举办首届青海藏毯国际展览会,截至目前,共举办了13届,这些举措为青海藏毯企业迈出国门,走向世界提供了更多的便利。政府为了把藏毯产业做大做强,专门成立藏毯领导协调发展小组,并由副省长亲自挂帅,这些原因直接促进了藏毯产业的发展。省政府一方面就藏毯产业制定了规划,致力于将省会西宁打造集藏毯原辅料中心、研发中心、展览中心和交易中心为一体的"世界藏毯之都",实现专业化、品牌化、国际化;另一方面在政策导向、环境改善、产销模式的构建上狠下功夫。

2013年9月,习近平主席在出访中亚四国期间阐释了共同建设"丝绸之路经济带"的战略构想,释放出中国进一步向西开放、建设经济大走廊的强烈政策信号,这对提升青海对外经贸合作水平带来了前所未有的历史机遇,将有利于进一步加强青海与周边国家民族商品的贸易联系，逐步扩大藏毯、特色纺织等特色产品对中亚国家的出口。

总而言之，青海省为藏毯产业的发展提供了良好的政策环境，藏毯企业应该紧紧抓住这一机遇，实现自身又好又快发展。

### （四）威胁分析

1.国际市场上面临的威胁。

首先，国际贸易政策变化对青海藏毯出口造成一定威胁。藏毯产业的企业经营者坦言，虽然国际市场需求较大，历来是藏毯产业的主要销售市场，但同时伴随着国际贸易的不稳定性与政策的多变性，对藏毯产业的出口创汇时刻带来威胁。2006年4月就在欧美针对中国纺织品出口的"特保设限风暴"席卷之时，我国政府又决定自当年6月1日起大幅度提高74种纺织品出口关税税率，平均加税幅度高达4倍，这在一定程度上影响了藏毯企业的利润。

其次，受金融危机影响，国外市场需要萎缩。2007年开始，金融危机席卷藏毯的主要出口市场美国、欧洲以及日本等国，市场需求很大程度上受到影响，包括藏毯企业在内的将近80%的家纺企业开始改变市场战略，主攻国内市场。

第三，国际市场上，竞争对手强劲。国外市场需求萎缩只是藏毯产业所面临的一个方面的威胁，更重要的是中国的藏毯出口第一大国尼泊尔竞争这一块蛋糕。尼泊尔的藏毯产品，既保留了藏毯原有的粗放、古朴、自然的独特韵味，又在图案设计、染色方面迎合了西方人的审美观念，因此受到国际市场的青睐，尼泊尔藏毯发展最高峰时年出口达1.6亿美元。面对强大的对手，国内的藏毯企业还得承受人民币的升值压力，藏毯企业每年的出口额度大致在几千万美元，人民币汇率却从2006年至今急剧上升，给企业带来了巨大的压力，同时企业本身为劳动密集型产业，企业的利润大大降低。

最后，藏毯原材料价格上涨。近年来，由于藏毯的原材料价格上涨，以羊绒为例，目前的原料收购价为74 000元/吨（人民币，下同），而出口报价为76 000元/吨，行业整体市场低迷，国外客商报价过低，造成藏毯生产等企业无法接单，国际市场需求低迷直接影响了青海藏毯的外贸出口。自2014年以来，青海省西宁市各企业的用工成本上涨20%，使藏毯出口提价力度赶不上成本上涨的幅度。加之目前人民币升值因素也影响到了青海省1/3的出口利润。据统计，2014年青海藏毯出口4 391万美元，同比下降32.6%，下降幅度偏大。

2. 国内市场面临的威胁。

首先，国内劳动力成本上升。作为劳动密集型产业，藏毯产品生产经营的原料采购、产品设计、产品制造、仓储运输、订单处理、批发经营以及终端零售7个环节中大多需要密集的劳动力，劳动力的成本无疑成为藏毯企业最大的生产成本，虽然青海实施退耕还林、退牧还草、休牧育草工程，许多农牧民从土地、牧场劳作中解放出来，为藏毯企业提供了丰富的劳动力，但是随着我国劳动合同法的颁布及其他政策的出台，劳动力的最低工资不断提高，相应的劳动力成本不断上升，藏毯企业的利润空间逐渐缩小，给藏毯企业的生存发展带来了很大的威胁。

其次，畜牧业规模萎缩。我国退耕还林、退牧还草、休牧育草以及安居工程的实施意味着很大一部分农牧民将会缩小养殖规模，或是彻底放弃养殖业，从事其他的生活方式。畜牧业规模的萎缩必然给藏毯产业带来影响，即藏毯的主要原料——羊毛的供给将逐渐减少，与藏毯产业快速发展而形成巨大原材料需求矛盾，供给的减少意味着羊毛价格必然上涨，进一步增加了藏毯企业的生产成本。因此，藏毯龙头企业需及时转向高端藏毯市场，以提高藏毯产品的附加值，而无法及时转型的藏毯企业将面临巨大的资金压力。

## 三、提高藏毯产业出口竞争力对策

### （一）促进专业化分工协作，发挥产业集群的优势

产业集群是提升区域经济，特别是中小企业市场竞争力的重要产业组织形式，按照发达地区走过的路径来看产业集群是同一产业链的集聚，而不是简单的企业集聚，产业集群的本质就是要形成生产链和产业链，通过企业之间专业化分工和协作，促进产业间链条和产业网络体系的构建，逐步发挥出产业集群的集聚优势和集聚效应，从而带动整个藏毯产业的良好发展。

藏毯产业是青海省重点培育的特色产业，经过多年的发展，目前已经初具规模，但青海藏毯产业尚处在产业集聚的初级阶段，企业之间缺乏分工协作，产业链过于单一，集聚效应不明显。因此从本质上来说，青海藏毯企业是体现为地理意义上的集聚而非集群，所以必须建立相应的助推机制，加快青海藏毯企业由集聚到集群，从而提高整体竞争力就显得尤为重要。

青海藏毯要发挥产业集群优势，实现产业化发展，需要发挥青海藏羊地毯(集团)有限公司、海湖藏毯有限公司、大自然地毯纱有限公司等藏毯龙头企业的带头作用，结合扶贫开发工作，引导企业与农牧民建立统一供应原辅材料和收购半成品、统一开拓市场、统一管理、加工车间分散的"三统一、一分散"的生产模式。按成本最

低原则进一步细分藏毯生产环节，提高产业附加值，以重大项目为载体促进生产要素的集聚，促进专业化分工协作，建设若干个重要的产业基地，做大产业群，实现藏毯产业的升级。随着以生产、加工、销售为主的藏毯产业体系形成以后，向和藏毯产业相关的生态、旅游、文化、服务、科技等产业体系升级，从而形成组织运营体系，实施以上游带动中下游，以中下游促进上游的双向推动战略，带动青海农牧业的快速发展，以此为依托，提升藏毯产业竞争力，扩大出口创汇。

## （二）加大科技创新，培育藏毯自主出口品牌

青海藏毯是藏族优秀文化传承的载体，民族文化气息浓郁，具有独特的竞争优势。因此，强化藏毯产品的文化特色是藏毯走向世界的核心竞争力。这就需要青海藏毯企业树立品牌意识，改变过去重藏毯出口数量，忽视出口质量的经营策略，坚持技术引进和自主研究开发并举，不断提高藏毯生产技术水平，在质量上下功夫，不断提高藏毯产业产品的附加值和出口品牌的信誉度。通过培育知名的出口品牌，可以使藏毯企业在国际竞争获得更高的利益。因此，青海藏毯企业应从以下几个方面做好工作：

一是狠抓手工毯内外质量，充分发挥品牌效应，逐步提升产品卖价，增加织毯工人收益，同时确保名牌工艺美术品的专有技术，西宁大白毛和藏文化的地域特征必须有其受到保护的实际载体；二是研发具有本企业特色的适销产品，突出自主创新，生产具有本企业文化特色的系列产品，不断拓展国内外工艺品市场；三是走农牧区半成品加工车间稳定发展和企业有机结合的路径，产、供、销有机衔接，制定与经济利益挂钩的有效措施，激励和调动各环节的积极性，使其发挥最大的效益，尤其是在当前形势下，企业更要提升社会责任感，须饮水思源，切实支持开创产业发展的基石——村、

镇"加工点";四是抓住国内市场潜力巨大的契机,调整产品结构,加快营销模式的改变和经营机制的变革,在确保国外市场份额的基础上,内外结合拉动产业发展。

青海藏毯只要坚持符合工艺品成长规律的道路,避免重蹈覆辙,坚持走自主品牌发展之路,那么经过长期努力,"世界手工地毯品牌"和"把青海建成国际性藏毯生产集散地"、"世界藏毯之都"的藏毯产业发展目标就一定能实现。但青海的手工藏毯要走高端市场,还需要做好五个方面的工作:一是藏毯的工艺图案设计必须要实行专业化;二是要聘请高级的设计师和策划师,指导图案、配色和工艺,不断改进藏毯工艺;三是要持续开拓自主创新的工艺产品;四是必须开展持续性的绿色环保天然染料产品的研究,青海境内及周边地区有丰富的天然染料植物、矿物物种等,经科研攻关研发后可制成环保染料,实施毛纱等原料的天然染料染色。国际市场上手工制作的新型绿色环保地毯和挂毯,可提升产品的附加值,在未来的市场竞争中把握先机,获得主动;五是政府各部门要给予长期持续的扶持,多部门联合把青海藏毯做精、做专、做强。

### (三)加强国内外企业协作,加快销售网络建设

保持集群网络的开放性,加强国内外企业的密切沟通与真诚协作,真正做到互惠互利共同发展,是促进集群发展的有效途径。青海目前有30余家藏毯毛绒纺织企业,大多坐落于南川工业园区,需要加强相互之间的合作,引导其发挥集聚效应。集群企业只有科学分工、合理配置资源,形成生产环节紧密联系,生产能力相互匹配,才能实现企业效益最大化,促进产业一体化、品牌化和国际化。

藏毯产业首先要充分利用好青海藏毯国际展览会的契机,加大与尼泊尔、伊朗、巴基斯坦、印度等国的手工地毯企业和德国、美国、

新加坡等国的机织毯企业间的合作，积极开展技术工艺、图案设计、品牌宣传等全方位的交流合作，加强研发、培训、设计、营销等多个领域的合作，做好引进技术的消化吸收和再创新工作，提高自主创新能力；其次要加强市场开拓力度，在市场营销策略上继续巩固扩大欧、美、日传统重点市场，积极开拓北欧、大洋洲、西亚、中亚和中东等新市场。同时，加快国内销售网络体系建设，不断扩大内需市场。青海藏毯产业链中市场开发是一个薄弱环节。藏毯具有数千年的生产历史，但真正走向市场也只有几十年，因此，拓宽销售网络，提高市场占有率决定着产业发展的命运。

### （四）充分发挥藏毯学校的功能，加强专业人才培养

青海手工藏毯在文化传统上、编织历史上、原材料供应上，都具备其他地区无法匹敌的优势，但由于我们发掘得较晚，走进市场的时间不长，在藏毯的设计、染色、编织、营销方面，特别是藏毯的附加值和品位上，与传统地毯生产大国还有一定的差距。造成这些差距的原因有很多，但归根结底人才的培养至关重要。

我们的藏毯行业，高端人才奇缺，科研力量相对薄弱，绝大多数一线工人只参加过企业组织的短期培训，很难全面、准确地掌握手工藏毯编织的艺术真谛，也就很难将艺术性、文化性融入产品中，将手工藏毯提升到更高的品位，所以在青海省设立藏毯学校十分必要。建议利用南川工业园区已设立的藏毯学校与国内外对口专业学校进行联合办学，采取"引进来"与"走出去"相结合的人才培养模式，为企业培养急需的专业技术人员和中层管理人员，实行定向代培，由政府资助和企业资助相结合，培训期为2—3年，解决全省藏毯企业中高级织毯技师、纺织、染色、图案设计、纺织机械等专业技术人员奇缺和机织毯企业操作机织生产线的熟练工人严重不足的现状。

## （五）建立健全行业协会等相关中介服务机构建设

在藏毯产业发展中，需要藏毯行业协会、藏毯研发中心、会展业、市场咨询服务中心、产品检测中心、藏毯人才市场、藏毯培训机构、投融资中心等诸多机构发挥各自功能，为藏毯企业提供各项专业化服务十分必要。比如 2006 年由青海和西藏两省区联合发起成立的中国藏毯协会为例，自成立以来为促进我国藏毯产业的发展发挥了十分重要的作用。该协会为藏毯产业发展提供信息平台，为藏毯产业发展提供各种服务，具有一定的功能性和权威性。协会承担起藏毯产品质量鉴定与监督，专业技术人员技能鉴定和职称评定，组织专业培训、制定行业发展规章制度和行业原辅材料、产品、工具等标准，完善行业内各类质量标准，建立健全企业产品从原材料到成品的一整套质量抽查制度，协调行业内企业生产与销售，统一价格避免恶性竞争，提供各种行业信息和国际国内市场行情，协助企业融资及扶贫机制的管理，协调各级政府部门促进企业发展等多种功能。所以为了促进藏毯产业的可持续发展，政府应加强引导，提倡通过行业协会等中介服务机构，在企业之间加强各种形式的技术信息交流和物质联系，促进互信互惠企业关系的形成，同时也要加强中介服务机构对藏毯产业服务功能的建设，只有这样，才能有助于青海藏毯企业及时获取国内外市场信息、利用多种渠道得到所需要的技术和资金，保证企业相关技术及专业培训的有效开展，从而提高藏毯产业的整体竞争力。[1]

---

[1] 陈雪梅：《提升青海藏毯产业竞争力的对策探讨》，《青海民族大学学报》（社会科学版），2010 年第 3 期。

# 伍 展现高原魅力:丝绸之路经济带建设与青海旅游业开发

## 第一节 青海旅游业现状分析

### 一、旅游资源的分析与评价

#### (一)自然环境

青海的地质构造由昆南断裂分为南北两部分,其地貌大致可分为三个部分:北部为祁连山—阿尔金山区、中部为柴达木—共和盆地区,南部为青南山原区。河湟地区、柴达木盆地外缘为海拔4 000—6 000米的高山,青南地区平均海拔超过4 200米,青海东部河谷地带平均海拔也超过2 000米。这样的地质条件决定了青海整体为高原地区,高山、河谷、盆地、大河、大江、大湖共同构成多元景观结构,绝大多数自然及人文景观处于高海拔地区。

表 5.1 青海主要旅游景点海拔高程

| 旅游景点名称 | 海拔高程(米) | 地理位置 |
|---|---|---|
| 东关清真大寺 | 2 230 | 西宁市 |
| 塔尔寺 | 2 680 | 湟中县 |
| 青海湖 | 3 190 | 共和、刚察县交界处 |
| 瞿坛寺 | 2 458 | 乐都县 |
| 坎布拉国家森林公园 | 2 630 | 尖扎县 |
| 十世班禅故居 | 2 530 | 循化县 |
| 孟达天池 | 2 506 | 循化县 |
| 隆宝滩黑颈鹤自然保护区 | 4 352 | 玉树县 |
| 长江源头 | 6 564 | 格尔木市管辖区 |
| 察尔汗盐湖 | 2 670 | 格尔木市 |
| 鸟岛 | 3 228 | 青海湖 |
| 互助北山国家森林公园 | 2 290 | 互助县 |
| 黄河源头 | 4 780 | 曲麻莱县 |
| 阿尼玛卿山 | 6 282 | 玛沁县 |
| 金银滩草原风光 | 3 150 | 海晏县 |
| 布克达坂峰（昆仑山最高点） | 6 860 | 新疆与玉树交界处 |
| 昆仑山口 | 4 771 | 格尔木市与曲麻莱、治多县交界处 |
| 北禅寺 | 2 330 | 西宁市 |
| 青海省博物馆 | 2 270 | 西宁市 |
| 老爷山 | 2 928 | 大通县 |
| 互助北山国家森林公园 | 2 740（场部 2 290） | 互助县 |
| 街子清真大寺 | 1 940 | 循化县 |
| 文都寺 | 2 540 | 循化县 |
| 夏宗寺 | 2 795 | 平安县 |
| 夏琼寺 | 2 900 | 化隆县 |
| 佑宁寺 | 2 640 | 互助县 |
| 日月山 | 3 520 | 湟源县 |
| 倒淌河 | 3 280 | 青海湖旅游区 |
| 龙羊峡 | 2 480 | 龙羊峡工委 |
| 青海湖度假村 | 3 190 | 青海湖旅游区 |
| 玉皇阁 | 2 219 | 贵德县 |
| 茶卡盐湖 | 3 061 | 乌兰县 |
| 原子城 | 3 010 | 海晏县 |
| 李家峡 | 2 060 | 李家峡工委 |
| 南宗寺 | 2 320 | 尖扎县 |
| 隆务寺 | 2 480 | 尖扎县 |
| 麦秀林场 | 2 910 | 同仁县 |
| 吐蕃墓葬 | 3 225 | 都兰县 |
| 都兰国际机场 | 4 930 | 都兰县 |
| 可可西里无人区 | 4 750—5 863 | 格尔木市 |
| 万丈盐桥 | 2 670 | 格尔木市 |
| 巴颜喀拉山 | 5 267 | 玛多、称多县交接处 |
| 文成公主庙 | 4 250 | 玉树县 |
| 西王母瑶池 | 4 470 | 格尔木市 |
| 结古寺 | 3 780 | 玉树县 |
| 骆驼泉撒拉族风情 | 1 920 | 循化县 |
| 凤凰山公园 | 2 420 | 西宁市 |
| 金塔寺 | 2 253 | 西宁市 |
| 苏家堡城 | 2 560 | 大通县 |

续表：

| | | |
|---|---|---|
| 南佛山 | 3 265 | 湟中县 |
| 哈城 | 3 150 | 湟源县 |
| 城隍庙 | 2 666 | 湟源县 |
| 七里寺药水泉 | 2 465 | 民和县 |
| 官亭古文化遗址 | 2 150 | 民和县 |
| 白马寺 | 2 105 | 互助县 |
| 五峰寺 | 2 860 | 互助县 |
| 却藏寺 | 3 023 | 互助县 |
| 西海度假村 | 2 155 | 平安县 |
| 古雷寺 | 2 630 | 循化县 |
| 二郎剑 | 3 190 | 青海湖旅游区 |
| 三块石 | 3 211 | 青海湖旅游区 |
| 海心山 | 3 266 | 青海湖旅游区 |
| 三角城 | 3 215 | 青海湖旅游区 |
| 沙岛 | 3 252—3 195 | 青海湖旅游区 |
| 祁连山原始森林 | 3 020 | 祁连县 |
| 祁连山鹿场 | 2 870 | 祁连县 |
| 仙米寺 | 2 990 | 门源县 |
| 珠固寺 | 2 590 | 门源县 |
| 热贡艺术馆 | 2 520 | 同仁县 |
| 二郎洞 | 3 580 | 天峻县 |
| 石油城 | 2 940 | 茫崖行委 |
| 扎陵湖 | 4 610 | 玛多县 |
| 鄂陵湖 | 4 309 | 玛多县 |
| 襄谦猕猴自然保护区 | 3 974 | 襄谦县 |
| 晒经台 | 4 120 | 玉树县 |
| 敦科尔寺 | 3 170 | 湟源县 |
| 魔鬼城 | 2 980 | 德令哈市 |
| 柳湾墓地 | 2 060 | 乐都县 |

青海属于高原大陆性气候，气温低、昼夜温差大、降雨少、日照长、太阳辐射强。冬季严寒而漫长，夏季凉爽而短促，年平均气温 −3.7℃～6℃。各地区气候有明显差异，东部湟水谷地，年平均气温在 2℃—9℃，无霜期为 100—200 天，年降雨量为 250—550 毫米，主要集中于 7—9 月。柴达木盆地年平均温度 2℃—5℃，年降雨量近 200 毫米，光照长达 3 000 小时以上。东北部高山区和青南高原温度低，除祁连山、阿尔金山和江河源头以西的山地外，年降雨量一般在 100—500 毫米。青海地处中纬度地带，太阳辐射强度大，光照时间长，年总辐射量每平方厘米可达 690.8—753.6 千焦耳，直接辐射量占辐射量的 60% 以上，年绝对值超过 418.68 千焦耳。

青海省气象灾害较多，主要为干旱、冰雹、霜冻、雪灾和大风。

地势高、气温低的气候条件决定了青海地区平均气压较低，空气含氧量随空气密度的减少而降低，高海拔地区的空气含氧量仅为海平面的一半左右。

表 5.2 青藏高原高度、气压、空气密度、含氧量、水沸点与海平面对照参数[①]

| 海拔<br>(m) | 气压<br>(mb) | 空气密度<br>(g/m³) | 含氧量<br>(g/m³) | 相当于海平面<br>(%) | 沸点<br>(℃) |
| --- | --- | --- | --- | --- | --- |
| 7 000 | 420 | 573 | 133 | 47 | 77 |
| 6 000 | 481 | 644 | 149 | 52 | 80 |
| 5 000 | 549 | 719 | 166 | 59 | 80 |
| 4 000 | 624 | 802 | 186 | 65 | 87 |
| 3 000 | 707 | 892 | 206 | 73 | 90 |
| 0 | 1 013.2 | 1 292 | 260 | 100 | 100 |

青海为三江之源，全省积水面积 500 平方公里以上的河流达 270 多条，水资源十分丰富。多石峡、拉加峡、龙羊峡、公伯峡、李家峡等处于黄河干流的大峡谷，既有利于开发水电资源，也是重要的旅游资源。青海为多湖泊的高原省区，各类湖泊多达 435 个，全国最大的咸水湖青海湖面积超过 4 568 平方公里，是国内外知名

---

[①]郭来喜主编：《青海省旅游业发展与布局总体规划 2001-2020 年》，青海人民出版社 2003 年版，第 8 页。

的旅游景点。青海省草地资源面积广大，类型多，分布广，为多样性生物提供了栖息地。主要林区有坎布拉国家森林公园、孟达林区、互助北山林区、麦秀林场、祁连山原始森林、玛可河林区等。全省林地面积265万公顷，活立木总蓄积量3728多万立方米。其中，有林地面积44.2万公顷，占全省总面积的0.61%；疏林地25万公顷，占0.3%；灌木林地172.7万公顷，占2.4%。

旅游业依托于特定地区的自然环境，自然环境的特点往往决定了旅游业的发展趋势及其特色。青海的自然环境决定了旅游业所依托的生态环境丰富多样，依托特殊、多元、丰富的生态资源，开发相关旅游产品，既可以有效促进经济发展，[①]也可扩大青海的知名度，增加当地居民的收入，提高生态资源的关注度等，可谓一举多得。青海夏季凉爽，冬季寒冷漫长，这样的气候条件决定了旅游业具有鲜明的季节性特点。每当夏季来临，特别是6至8月份，入境游客暴增，交通、酒店、景点的接待压力十分巨大，适合避暑消夏的气候特点也为西宁赢得"夏都""凉爽城市"的美誉。但是，进入秋季，特别是每年11月至次年3月份，入境游客数量大幅度下降，旅游景点门可罗雀，有些景点甚至关闭，待夏季再开张迎客。高海拔、低气压、强辐射的气候条件也在很大程度上制约着青海旅游的发展，青海的很多著名景点海拔在3000米以上，扎陵湖、鄂陵湖等景点海拔在4000米以上，这些景点的气压及空气含氧量也较低，面对这样的自然条件，很多旅客只能望而却步，虽然高海拔地区的自然风光十分独特、优美，但很难形成大规模的旅游市场。强烈的紫外线辐射，"六月飞雪"的气候条件，也制约着高海拔地区旅游业的发展，这些因

---

①叶修武：《青海发展生态旅游的经济学思考》，《现代经济信息》，2015年第3期。

素都使得青海目前的旅游市场主要集中在东部河湟地区和环湖地区。此外，青海多样、丰富、独特的自然资源为旅游业的发展有很大的促进作用。青海的牧业旅游、高原生态旅游所依托的自然环境丰富多样，一些珍贵生物，如藏羚羊、黑颈鹤、野牦牛、野骆驼等可供游客观赏，冬虫夏草、枸杞、雪莲等名贵药材是入境游客争相购买的特产，可可西里、隆宝滩、孟达天池等国家级自然保护区，拥有独具特色的生物多样性环境，为特色生态旅游提供了绝佳的环境。

总之，青海的自然环境决定了青海旅游业的基本特点，这一自然环境既有利于形成独特的旅游市场，也在一定程度上限制着旅游业的发展。

### （二）人文资源

青海旅游业可依托的人文资源也十分丰富、多元。青海是多民族省份，各民族长期共存、共融的格局，造就了人文景观的多样性和丰富性。

首先，青海有丰富的宗教人文景观。青海是藏传佛教的重要分布区，这一宗教在青海拥有广泛的信仰基础，影响力巨大。藏族、蒙古族、土族、部分汉族等构成的信仰群体，大大小小数千座藏传佛教寺院构成的宗教场所，慕名而来的香客，构成了今天青海宗教旅游市场上的一大特色景观。

青海有塔尔寺、瞿昙寺、广惠寺、白马寺、隆务寺、拉莫德千寺、拉加寺、白玉寺、结古寺等数百座藏传佛教寺院，大多为格鲁派寺院，也有萨迦派、宁玛派寺庙，这些寺院不仅是当地信众供礼神佛之地，也是重要的旅游景点。在现有开发基础上，将传统藏传佛教资源纳入青海旅游产业的整体发展之中，注重藏传佛教与现代文明、生态保护、旅游文化节等有机结合起来，势必会有效地促进青海旅游业的发展。①

世居青海的回族、撒拉族信仰伊斯兰教,青海也是重要的穆斯林文化分布区。西宁清真大寺已是游客心目中西宁市的标志性建筑之一,回族的饮食、服饰等也对游客形成较大的吸引力。

青海汉族群体普遍信仰汉传佛教、道教,西宁周边的法幢寺、南禅寺、土楼观等也是香客云集之地。

其次,青海有多彩的民族风情,是旅游业得以发展的重要人文依托。青海东部地区汉族群体中保留了很多来自中原的文化因素,如平弦、道情、秦腔等弹唱艺术,四合院民居,皮影戏,酒文化等都对游客形成一定的文化吸引力。少数民族的民族风情,如藏族的歌舞、服饰、藏戏等,土族的安昭舞,蒙古族的赛马会,撒拉族的歌舞,特别是各民族都十分喜爱的青海"花儿",体现了青海民俗文化丰富、活泼、多彩的一面,每年农历六月举行的"花儿会"成为重要的旅游项目。

此外,青海乐都彩陶博物馆,民和喇家、齐家文化遗址博物馆,青海省博物馆等为主的历史文物观赏,以玉雕、唐卡、藏绣等为主的工艺美术产品等人文资源,也是青海旅游业发展的重要依托。

总之,宗教文化可以有效地提升旅游目的地的人文底蕴,使入境旅客在欣赏大美青海的自然景观的同时,也可领略到魅力独特的宗教文化。丰富多彩的民族风情是旅游景点吸引游客的法宝,也是展示青海文化独特魅力的重要窗口。

---

①李永华:《试论藏传佛教文化中的青海旅游文化因素》,《青海民族研究》,2013年第3期。

## 二、近年来青海旅游业的井喷式发展

改革开放初期至本世纪前十年,由于青海经济社会发展滞后,开放程度低,交通设施落后,致使旅游业发展相当缓慢。加之青海旅游业长期笼罩在周边省区的阴影之中,形象不突出,未形成独立的标识系统,旅游业对全省GDP的贡献值也远低于周边省份。[①]近十年来,随着西部大开发战略的实施,青海经济发展提速,交通状况得到极大改善,政府把发展旅游业作为发展第三产业的重要突破口,加大旅游资源开发,围绕特色旅游、生态旅游、健康旅游和文化旅游四个重点,借助青海特有的自然风光、民族文化提升旅游业的品质与实力,特别是"大美青海"这一文化品牌的成功实施,为青海省旅游业带来了新的发展契机,旅游业逐步成长为全省经济新的增长点,在促进产业结构调整、推动区域经济发展、增加就业、带动脱贫致富等方面取得了明显成效,发挥了积极作用。

根据国家旅游局《青海旅游年鉴(2007—2010)》及2011年以来的《青海统计年鉴》,2009年,青海全省GDP为1 081.27亿元,其中旅游业总收入60.15亿元人民币,相当于全省GDP的5.56%。这一年,共接待入境游客3.61万人次,实现旅游外汇收入0.15亿美元,分别比上年增长20.87%和52%,接待国内旅游人数1 105万人人次,收入59.1亿元,分别比上年增长22.51%和26.5%。

2011年,青海大力实施"一圈三线"的旅游发展布局,进一步提升旅游文化软实力,加之我国旅游业进入发展黄金期,有效地带动了民族地区的旅游业发展。到2011年年末,青海省星级饭店达

---

① 郭来喜主编:《青海省旅游业发展与布局总体规划2001—2020年》,青海人民出版社2003年版,第18页

123个,床位数达2.1万张,旅行社217个,5A级景区1处,4A级景区17处,3A级景区48处。全年接待国内外游客1 412.4万人次,比上年增长15.2%,入境游客5.17万人次,增长10.5%。旅游总收入92.3亿元,增长30.0%,其中外汇收入2 658.5万美元,增长30.0%。

2013年,全省共有5A级景区2处、4A级景区17处、3A级景区55处;旅行社245家,旅行社从业人员2 456人;星级饭店164个,比2000年增加137个。2013年,接待国内外游客1 780.4万人次,比1995年的136.53万人次增长12.0倍;旅游总收入159亿元,比1995年的3.87亿元增长40.1倍。

2014年,接待国内外游客2 005.58万人次,比上年增长12.6%。其中,国内游客2 000.43万人次,增长12.6%;入境游客5.15万人次,增长10.7%。旅游总收入201.9亿元,增长27.3%。其中,国内旅游收入200.31亿元,增长27.3%;旅游外汇收入2 574.35万美元,增长32.6%。

2015年,青海省旅游业发展又实现了一次跨越式发展,最为突出的亮点在于冬春季节旅游业的显著发展。随着兰新高铁的开通,青海多家旅行社从年初起就推出"乘高铁游丝绸之路"。同时,青海多地开发当地特色资源吸引游客,带动了淡季旅游市场。仅2015年春节期间,旅游市场总收入达4.66亿元,同比增长19%,实现了"开门红"。此外,今年是藏历木羊年,环青海湖地区推出了转湖祈福旅游吸引了众多游客。①

2015年9月19日,《西海都市报》以《前八个月我省旅游收入

---

① 《青海上半年吸引国内外游客820多万人次》,引自新华网2015年7月19日,http://news.xinhuanet.com/local/2015-07/19/c_1115970568.htm

近两百亿元》为题,报到了青海省当年前 8 个月的旅游业发展情况。2015 年 1 至 8 月,青海省接待国内外游客 1 822.24 万人次,同比增长 13.67%;实现旅游收入 198.4 亿元,同比增长 22.96%。其中,7 月、8 月作为旅游旺季,旅游收入、接待人次都创新高。7 月接待游客 484.64 万人次,同比增长 11.9%;实现旅游收入 55.52 亿元,同比增长 24.88%。8 月,接待游客 512.64 万人次,同比增长 15.40%;实现旅游收入 59.24 亿元,同比增长 27.6%。其中,青海湖、塔尔寺依然是最大赢家。8 月当月,青海湖景区接待游客达 57.18 万人次,同比增长 22.8%,实现旅游收入 8 008 万元,同比增长 20.73%;塔尔寺景区接待游客 46.85 万人次,同比增长 36.2%,实现旅游收入 9 557.2 万元,同比增长 44.7%。[①]当年前 8 个月的旅游总收入接近上年全年的旅游收入,其发展速度完全可以用"井喷"二字概括。

2015 年,消夏旅游仍是青海省旅游业的重中之重。在各地酷暑难耐之际,在青海迎来一年中最美的季节,"大美青海""清凉夏都"的旅游品牌效应带动游客纷至沓来,省内各地出现一房难求、一车难求、一餐难求等现象。

目前,青海省已基本形成各具特色的 5 大片区风景名胜区:1. 以瞿昙寺、佑宁寺古建筑群、寺院宗教文化,高原森林植被、河谷瀑布、土藏民俗风情为典型资源的互助北山,乐都药草台等东部片区省级风景名胜区。2. 以清清黄河、丹霞地貌景观、高原森林植被为典型资源的黄南坎布拉、贵德黄河、贵南直亥、泽库和日等南部片区的中小型省级风景名胜区。3. 以雅丹地貌、柏树林、戈壁景观、牧场及野生动植物、都兰热水古墓、蒙古族风情为典型资源的昆仑野牛谷、

---

①杨健:《前八个月青海省旅游收入近两百亿元》,引自青海广播电视网 2015 年 9 月 19 日,http://www.qhbtv.com/shouyetoutiao/2015-09-19/271571.html

德令哈柏树山、柴达木魔鬼城、乌兰金子海等西部中大型风景名胜区。4. 以高原湖泊、河流湿地、草原草甸、石林及退役军事基地等为典型资源的青海湖、海西哈拉湖、海晏金银滩、天峻山等环湖风景名胜区。5. 以花海、林海、雪海、草海为典型资源的大通老爷山（鹞子沟、宝库峡）、门源百里花海、"天境祁连"北部片区省级风景名胜区。[1]

总之，近十年来，旅游业井喷式发展，促进了我省经济的快速增长，带动了全省餐饮、零售业等的发展，旅游业的兴起也促进了就业，使部分群众脱贫致富，绿色经济的社会效应日益突显。

## 三、制约青海旅游市场发展因素分析

据 2011 年左右的研究成果，当时青海旅游业存在客源市场占有率低、高海拔制约游客数量、基础设施薄弱、旅游商品开发不足、旅游人才缺乏等问题。仅仅数年的发展，改变了"旅游资源大省，旅游开发小省，旅游经济弱省"[2]的局面，上述劣势很大程度上得以缓解，但仍存在一些显而易见的问题。

第一，青海旅游资源开发主要以生态资源为主，人文资源开发力度不够。

大美青海以独特的自然风光吸引着国内外游客，游客偏好于参观青海的山川河流，这是一种客观现象。以入境旅客对青海旅游资

---

[1] 盛建设:《我省已基本形成各具特色的 5 大片风景名胜区》，引自青海新闻网 2015 年 9 月 14 日，http://www.qhnews.com/newscenter/system/2015/09/14/011819496.shtml
[2] 王昱:《青海旅游资源及其开发》，《青海社会科学》，2002 年第 2 期。

源的偏好调查来看，这种现象颇为突出。

表 5.3　2002—2003 年入境旅游者对青海旅游资源的偏好情况

| 年份 | 山水风光 | 文物古迹 | 民族风情 | 文化艺术 | 饮食烹调 | 医疗保健 | 旅游购物 | 海滩 | 节庆活动 | 其他 |
|---|---|---|---|---|---|---|---|---|---|---|
| 2002 | 77.60 | 30.80 | 51.00 | 24.00 | 9.20 | 2.40 | 6.80 | 1.20 | 17.60 | 14.00 |
| 2004 | 62.30 | 29.30 | 55.70 | 38.30 | 33.20 | 27.90 | 24.80 | 5.50 | 5.80 | 13.10 |
| 2005 | 59.30 | 27.10 | 41.10 | 40.50 | 27.90 | 30.70 | 28.20 | 4.00 | 8.20 | 11.00 |
| 2006 | 51.70 | 26.20 | 40.50 | 38.90 | 31.60 | 35.90 | 36.00 | 3.00 | 13.50 | 14.70 |
| 2007 | 64.00 | 28.80 | 56.80 | 23.20 | 26.80 | 8.00 | 11.20 | 4.80 | 11.20 | 16.80 |
| 2009 | 69.00 | 28.00 | 60.80 | 26.80 | 20.40 | 5.20 | 22.00 | 0.40 | 10.80 | 11.20 |

游客的偏好对旅游业发展具有导向性作用，因此，展示青海自然风光，并以此吸引游客是必然的选择。但是，众所周知，青海地区的生态环境十分脆弱，一些地方为吸引游客种植油菜花，在旅游旺季吸引游客前来观赏，以此获取收入，但一到冬季，耕地地表裸露，遇到大风天气，黄沙漫天，一些地区沙化面积因此逐年增加，生态环境也不断恶化。

由于偏重于利用自然资源，致使文化旅游资源内涵挖掘不够，形式也往往过于单一。比如，在青海藏区，当地居民的传统民居饮食、婚丧嫁娶、节庆活动等都是宝贵的文化旅游资源，但游客往往只能观看一些民族歌舞表演、骑牦牛、骑马等，这都不能让游客获得深刻的旅游体验，宗教寺院、草原风光等旅游资源停留在观光层面。①在人文资源较为丰富的海西地区，自驾游客涌入茶卡盐湖景区后，只

---

① 白锦秀、边世平:《少数民族地区民族文化旅游产业化开发研究》，《开发研究》，2014 年第 5 期。

能欣赏一下青海的"天空之镜"便匆匆离开，当地德都蒙古风情、茶卡为中继站的丝绸之路历史文化因素完全没能进入游客的视野。目前，青海人文景点开发存在着品牌建设不足、开发浅尝辄止、规划不合理等问题，无法展现青海文化资源的丰富性和多样性。①

第二，突发事件制约着青海旅游业的发展。

青海地处西部，与西藏、新疆等敏感地区相邻，过去发生在新疆、西藏等地的恐怖活动、分裂国家活动，对青海的形象造成了较为严重影响，特别是对依赖于客流量的旅游业而言，受西藏、新疆的干扰，游客对青海产生的负面看法，影响来青旅游游客数量。②

就入境旅游来说，受政治环境影响的情况尤其突出。有学者根据1996年至2011年青海省入境旅游人数统计资料分析，青海入境旅游市场主要分为外国人和港澳台同胞两大部分，市场构成以外国人为主体，占累计接待量的56.5%，港澳同胞占总量的18.9%，台湾同胞占24.6%。港澳台游客数量波动较大，呈"增－降－增"的演化趋势，2002年达到统计期内最大值，其中港澳游客为9 066人次，台湾游客为15 356人次，此后，港澳游客数量逐年下降，2008年和2009年，台湾游客数量均低于港澳游客，说明危机事件对台湾游客来青旅游影响较大。2010年后，台湾游客数量又逐渐增加。③由此可见，危机事件对青海入境旅游产生决定性影响。

2014年我省旅游业快速发展，全年接待旅游总人数首次突破

---

① 张小红、何启儒：《青海旅游开发中人文景点建设若干问题的思考》，《长春理工大学学报》，2012年第3期。
② 丁佳、边世平：《环青海湖地区文化旅游资源竞争力评价分析》，《青海师范大学学报》（自然科学版），2015年第1期。
③ 陈蓉等：《近十五年来青海入境旅游市场消费研究》，《青海师范大学学报》（哲学社会科学版），2014年第2期。

2 000万人次,同比增长12.7%;旅游总收入首次突破200亿元大关,同比也实现较大幅度增长。2014年以来,青海省旅游市场一直呈现出较为积极的增长态势。为满足持续增长的旅游需求,我省不断加大旅游配套服务设施建设,丰富旅游产品,积极开拓省外及境外客源市场,拓展旅游新线路新业态。其中突出的是,全省自驾车旅游火爆,入境游游客量增长。2014年前11个月,我省入境游客累计达48 824人次,同比增长6.9%。自驾游总量达到65.5万辆,同比增长约18%。

第三,在西部旅游市场格局中,青海的中转站地位仍未得以改善,遮蔽效应明显。

近年来的旅游宣传与介绍虽然大幅度提高了青海的知名度,但外界对青海仍有很多误解。游客与青海人文环境之间仍存在一定的心理差距,这使得虽同样处在青藏高原,但许多人仍然认为去青藏高原旅游就是去西藏旅游。西藏在人们心目中是高原风光、民族文化的富集地,这不仅忽视了青海的存在,而且往往把青海当作是一个过渡地带。游客来青海要么为了暂时适应一下高原气候条件,或者匆匆参观完一些景点,马上前往西藏,留青旅游的时间很短。就入境游客来说,平均停留时间低于全国平均水平,2007年、2010年、2012年、2014年四年,平均停留时间分别为2.32天、2.73天、3.36天、3.67天,[①]虽然有所增长,但停留时间总体上较短。

青海的区位地理条件及自然、人文环境与周边省区有一定的相似,青海独享的资源条件相对缺乏,这就导致青海与周边省份在旅游业上具有互补性的同时,形成较强的竞争关系,西藏的民族风情、

---

① 陈蓉等:《近十五年来青海入境旅游市场消费研究》,《青海师范大学学报》(哲学社会科学版),2014年第2期。

宁夏的伊斯兰文化、甘肃的丝绸之路文化、新疆的草原戈壁风光等都与青海有相似之处，开发的一些景点及旅游项目也与青海有一定雷同，这都对青海旅游形成明显的遮蔽作用。

对比青海与周边四省的旅游竞争力综合得分可知，青海省在三个指标的排名中均在中下等，在显性竞争力、隐性竞争力和环境支持力上均处于弱势地位，所以最终导致综合竞争力排名很低。[1]

表 5.4　青海省及周边四省旅游竞争力综合得分结果及位次

|  | 青海 | 陕西 | 甘肃 | 宁夏 | 西藏 |
| --- | --- | --- | --- | --- | --- |
| 旅游综合竞争力 A | 0.164749 | 0.282664 | 0.186192 | 0.191974 | 0.161616 |
| 位次 | 4 | 1 | 3 | 2 | 5 |
| 显性竞争力 B1 | 0.080504 | 0.151878 | 0.110305 | 0.080368 | 0.085220 |
| 位次 | 4 | 1 | 2 | 5 | 3 |
| 隐形竞争力 | 0.032631 | 0.043088 | 0.023302 | 0.045675 | 0.024366 |
| 位次 | 3 | 2 | 5 | 1 | 4 |
| 环境支持力 B2 | 0.051614 | 0.087698 | 0.052585 | 0.065931 | 0.052030 |
| 位次 | 5 | 1 | 3 | 2 | 4 |

第四，5A 级知名风景区数量不够多，基础设施有待改进。

青海仅有青海湖、塔尔寺 2 家 5A 级景区。5A 级景区是世界级精品旅游风景区的标志，截至 2015 年 7 月，中国国家旅游局共确定了 200 家国家 5A 级旅游风景区，相比较而言，青海省的 5A 级风景

---

[1] 顾亚龙、陈雪梅：《青海旅游产业竞争力提升研究》，《青海师范大学学报》（自然科学版），2015 年第 1 期。

区无论数量还是规模,都不占优势,这一方面限制了旅游的进一步发展,也无法让我省一些优秀自然及人文景观释放更大、更多的产业能量。

近年来,青海的交通旅游设施得以大幅度改善,但仍存在一定的问题。一方面,基础设施发展不平衡,青海东部及环湖地区的基础设施相对较为完善,黄南、海南及玉树、果洛地区仍需改善、优化基础设施。一些知名景区设施较好,待开发或新开发景区的基础设施严重制约着旅游业的发展,如2015年迅速成为旅游热点的茶卡盐湖周边旅游配套设施不足,严重制约了这一景区的全面开发。另一方面,旅游基础设施仍较粗放,细节之处仍待完善。每到旺季,酒店乱涨价现象较为突出,一些酒店存在欺客、服务恶劣等现象,政府的监督、引导不够,景区厕所等基本设施要么不完善,要么管理存在问题。

此外,旅游人才缺乏、旅游市场季节性过强、集群效应不明显等问题,也是制约青海旅游业发展的重要因素。

针对以上问题,青海省政府也采取了一些措施,完善旅游规划,科学发展青海旅游业。针对5A级景区数量较少的情况,青海省于2015年年底完成金银滩—原子城5A级景区创建方案,启动西宁博物馆群、祁连风光等5A级旅游景区创建工作;2016年年底前完成互助土族故乡园5A级旅游景区创建,启动茶卡盐湖5A级景区创建。"十三五"期间青海省将再打造金银滩—原子城在内的5个5A级景区,以促旅游提档升级。

对青海旅游旺季所显现出景区道路拥堵、景区停车位紧张以及游客如厕难等诸多问题,青海官方将围绕"一圈三线三廊道三板块"的工作要求,按照"十三五"旅游业发展规划,加快国省干线路网升级改造，打通主干线与旅游区的连接线，改造、提升500座旅游厕所，2017年累计建成1 000座旅游厕所。

"十三五"期间，青海省还将加快青海湖景区基础设施建设、茶卡盐湖景区提档升级、坎布拉景区市场秩序整治以及开通贵德至坎布拉水上旅游航线。此外，还将建成启用西宁市游客集散中心并完善青海各地旅游服务功能，推动旅游业与信息咨询、文化创意、会展博览等互动发展，创建一批高水准文化演艺节目、加快智慧旅游建设等。

目前，青海省已确定"把旅游业培育成为国民经济的战略性支柱产业和人民群众更加满意的现代服务业"的发展定位，力争到2020年，接待国内外游客达到4 000万人次，旅游综合收入达到500亿元（人民币），旅游业直接从业人数达到16万人，间接从业人数超过80万人。[1]

---

[1]《青海"十三五"计划再打造5个5A级景区》，引自中国新闻网2015年9月11日，http://www.chinanews.com/df/2015/09-11/7519041.shtml

## 第二节 丝绸之路经济带建设背景下的青海旅游开发

### 一、新丝绸之路与青海旅游业的跨越式发展

针对目前青海旅游业发展的现状及未来态势，学者们提出政府主导战略、联合发展战略、特色发展战略等战略方案。①在加快文化旅游方面，也有学者提出了加快建立文化部门和旅游部门协作配合的工作机制，实施民族文化创意战略，提高文化旅游的引领力，加强区域合作，实施品牌引领战略等对策。②

旅游业是国民经济的重要组成，旅游业发展战略的制定应当符合国民经济发展的总体需要，也应当符合国家经济发展战略。在"一带一路"战略的发展框架内，要恰当地制定、安排旅游业的发展规划，首先

---

① 王辉、张辉:《青海旅游发展战略选择》,《合作经济与科技》,2011年3月号上。
② 张生寅:《加快青海文化旅游产业发展的几点思考》,《青海社会科学》,2011年第3期。

应当使其符合"一带一路"国家战略的需要。丝绸之路经济带建设是我国向西开放的战略布局，其目的在于通过"五通"工程，建立与中亚、西亚及欧洲的陆路连通机制，从而深化我国西部地区的改革开放程度。因此，丝绸之路经济带建设战略具有开放性、国际化的特点。反观青海的旅游业，开放性、国际化是这一产业较为脆弱的部分。从2014的青海旅游业相关数据看，入境游客对青海旅游业的贡献值较低，旅游外汇收入仅为2 574.35万美元，只占当年国内旅游收入的0.5%左右。从旅客构成看，42%左右的入境游客是台湾同胞及港澳同胞，来自中亚、西亚及欧洲游客占比十分低下，大多数欧洲游客是从东部入境，利用丝绸之路国际通道入境的游客少之又少。

针对这一情况，青海旅游管理部门应进一步加大宣传，向境外游客介绍大美青海，使他们对青海丰富多元的民族文化旅游资源及青海的大好河山有更多的了解，消除周边省区对我省旅游资源的遮蔽效应，使青海成为较重要的入境游客目的地。同时，青海旅游行业应当加大修炼"内功"的力度，在人才培养、基础设施等方面为迎接大规模入境游客做好准备。比如，通过加大旅游人才培养、培训力度，建立一支能够承接大量入境游客需要的旅游人才队伍，使入境游客能得到有效的旅游服务，提高涉外酒店的服务水平和接待能力等。

加快青海旅游开放力度的同时，应当借助青海道原有的国际通道功能，加快建设青海与丝绸之路沿线国家间的旅游合作机制，如与俄罗斯、哈萨克斯坦、吉尔吉斯、印度、巴基斯坦等国省份或城市签订友好协议，建立利用丝绸之路大通道入境青海的各种机制，使这些国家居民能相对方便地进入青海旅游。同时，还可借助青海与丝绸之路沿线国家在文化上的亲缘关系，在旅游线路设计、接待方式等方面做一些有益探索，使入境游客能更多地感受到文化上的亲近关系，以加强旅游业的持续性。

总之，当下的弱点可能是未来的机遇，青海旅游业的未来之路是要加大开放力度，大力发展国际旅游业，而丝绸之路经济带建设恰好为这一产业提供了难得的机遇，因此，结合丝绸之路经济带建设布局未来旅游产业是青海旅游业必须践行的战略选择。

其次，针对境内旅游业市场竞争，提高旅游竞争力，把丝绸之路青海道旅游品牌打出去，提高青海旅游业的品牌辨识度，摆脱旅游中转站的尴尬处境，使青海旅游业与周边省区竞争过程中，占据优势地位。

如我们在第一节中分析的那样，与周边省区相比较，青海旅游业在产业规模、品牌效应等方面均不占优势，特别是青藏地区旅游圈中，青海往往沦为游客前往西藏的一个中转站，青海丰富的人文资源、壮美的自然资源皆未真正得到游客的认知，旅游品牌的辨识度较弱，这在很大程度上限制了旅游业的进一步发展。

结合丝绸之路经济带建设来布局青海的旅游业，就应当加大对青海道的宣传力度，使游客对青海道的连通功能有清晰准确的认识和判断，同时对青海道沿线的居民构成，受青海道影响而形成的民族分布格局等问题有较直观、鲜活的认识，不再把青海的穆斯林文化与宁夏、甘肃混为一谈，也不再忽视青海藏文化的丰富性，也能认识到青海汉族居民文化与中原内地的亲密关系以及自身的一些特殊性。

结合丝绸之路经济带建设来布局青海的旅游业，还应当加大旅游线路开发，为游客提供更为丰富且独具特色的旅游产品。比如，结合国家旅游局编制的《青藏铁路沿线地区旅游发展总体规划》，把青藏铁路沿线的塔尔寺旅游区、青海湖旅游区、昆仑山旅游区、可可西里旅游区、三江源旅游区打造成为基于青藏铁路综合交通旅游轴的旅游线路，使游客感受到青海旅游资源的丰富性和旅游基础设施的利便、快捷，愿意在青海延长旅游时间。

游客把青海当作中转站的原因，除主观因素外，也有一些客观原因。因为青海的旅游产品多集中在青海东部及环湖地区，旅客参观完这些景点后，想要进一步在青海旅游，就存在着旅游线路少，可选择程度低的问题，这就要求青海旅游管理部门加大旅游投入，设计更为丰富多元的旅游线路，以满足游客的不同需求，特别是应当加大海西、海南、果洛、玉树地区的旅游线路开发。具体来说，就要把青海道的一些支线纳入到旅游线路中去，使古人使用今人忽视的一些交通通道成为新的线路，沿线的旅游资源成为新的旅游目的地。比如，西宁到格尔木的公路是当前自驾游的一个热点，沿线的日月山、青海湖、茶卡、都兰等地是游客相对熟悉且愿意前往的景点，实际上，除了这条通道外，从西宁出发，经青海湖北岸的海晏，向西北至德令哈，再向西至大柴旦、小柴旦等地，折向西南至格尔木的线路，沿途也有很多自然名胜和人文景点，如果更好地加以开发利用，特别是结合枸杞采摘、岩画欣赏、蒙古风情、盐湖旅游、石油城参观等元素，打造一条新的自驾游线路的话，那么那些到格尔木之后要进藏的游客可能会留下来参观、参与上述旅游项目，从而达到利用丝绸之路青海道一条重要的支线来深入开发柴达木旅游资源的目标，实现柴达木地区旅游业的跨越式发展。

青海旅游产品的单一也限制了旅游业的进一步发展。以青海湖景区为例，这一著名的旅游景点原有旅游产品较为单一，旅游形象模糊等问题，①其他旅游景点也存在着类似的问题。结合丝绸之路经济带来开发青海的旅游产品，就要把丝绸之路青海道沿线的民族宗教、民俗、商贸等因素渗透到旅游产品中。最近，以达玉部落为代表的藏文化与自行车骑行相结合的旅游项目倍受游客喜爱，从业者也得到了很大的回报，使青海湖成为国内外知名的骑行爱好者的大本营。这一旅游产品开发之所以成功，与青海湖在青海道发展史上的功能与作用有一定关系，环湖地区是青海道各个干线相互联系的重要区域，环绕青海湖的丝道本身就是古人进行商贸往来的通道，如今，人们在海拔3 200米左右的环湖地区骑行，既可以强身健体，也能体会到古人利用环湖交通网络相互交往过程中的艰难与不易，加之转湖与藏民族宗教信仰有关，达玉部落也有意识地将藏文化因素融入骑行活动中，这就能让游客更多地体会到体验式旅游的意义。青海湖骑行文化产品的成功开发，具有一定的借鉴意义，如果以重走青海道为主题，开发一些涉及全省大大小小旅游景点的产品的话，那么，青海旅游产品过于单一，体验式旅游开发不足的问题就可以迎刃而解，旅游业的跨越式发展指日可待。

最后，结合丝绸之路经济带建设来布局青海的旅游业，就应当加大青海道沿线旅游资源开发力度，把一些原来十分重要但现在已没落的丝道开发出来，以强化青海旅游业布局的完整性和合理性。

历史上，从青海境内黄河以南至四川等地的丝道统称为河南道，这一丝道在吐谷浑时代十分兴盛，曾经起到过联结东晋、宋、齐、梁、陈南朝政权与中亚、西亚间相互沟通的功能。借助这一通道，吐谷浑也曾经成为商业贸易十分兴盛的草原帝国。吐谷浑灭亡后，青海

---

①张小红：《青海湖景区旅游资源开发对策研究》，《中国经贸导刊》，2012年6月中。

地区的政治中心又移至湟水流域，青海黄南、海南等地的政治、经济及文化影响力逐步没落，河南道沿线的一些人文景点、自然风光也深藏闺中，未能得以有效开发。比如，从青海湖南下到共和曲沟、尕毛羊曲，经贵南塔秀、森式或同德草原至黄南泽库、河南等地，南下到四川阿坝等地的丝道，沿线有很多开发价值很高的景点，如共和曲沟的温泉、兴海黄河峡谷、贵南吐谷浑遗存、同德宗日原始文化、河南蒙古风情等。这条丝道因交通、经济、气候等因素限制，至今未能得到开发，沿线各县政府及旅游规划部门的宣传、开发力度十分薄弱，使得这些旅游资源没能转化为当地国民经济发展的支撑产业。如果结合丝绸之路经济带建设，把原有青海道的各个支线统筹起来，去设计、开发旅游产品，那么，河南道的这条支线就能得到重视，也能在短期内得到开发，从而使这一区域的旅游业得以跨越式发展。

综上所述，"一带一路"国家战略为青海旅游业的跨越式发展提供了新的机遇，结合丝绸之路经济带建设打造青海旅游业，不仅可以加大开放力度，促进国际化水平，也可以开发出更为丰富多元的旅游产品，把一些原来重要而现在却默默无闻的线路开发出来，促进青海旅游业的合理布局和全面发展，从而总体上达到青海旅游业跨越式发展的战略目标。

## 二、新思维下的具体措施

在新丝绸之路视域下，进一步发展青海旅游业，须从以下几个方面着手。

首先，要加强丝绸之路青海道沿线城镇基础设施建设，加大这些地区旅游资源的开发力度，培养旅游人才，使旅游业真正成为青海道沿线城镇经济的支柱产业。

陈金林先生根据"点—轴"理论分析了青海道（主要是湟中道、羌中道）沿线旅游资源空间分布及开发格局，对西宁、格尔木两个旅游增长极和青藏铁路（西格段）旅游交通轴的地位、作用、开发价值等做了研究。该文所列青海道旅游开发"点—轴"系统如下表：

表 5.5　丝绸之路青海道旅游开发"点—轴"系统[①]

| 类别 | 发展轴线 | 经过的增长点 | |
|---|---|---|---|
| | | 核心增长极 | 次级增长极 |
| 主轴线 | 青藏铁路（西宁－格尔木段）交通旅游轴线 | 西宁、格尔木 | 湟中、湟源、海晏、刚察、天峻、乌兰、德令哈、大柴旦、都兰 |
| 辅助轴线 | 宁张公路沿线 | 西宁 | 大通、门源、祁连 |
| | 兰青公路沿线 | 西宁 | 民和、乐都、平安 |
| | 临平公路沿线 | | 循化、化隆、平安 |
| | 共和—茶卡—格尔木公路沿线 | 格尔木 | 共和、都兰 |
| | 敦格公路沿线 | 格尔木 | 大柴旦 |

---

[①] 陈金林:《丝绸之路青海道旅游开发空间结构分析》,《攀登》,2015 年第 4 期。

也有学者根据丝绸之路青海道沿线城市等级的不完全研究，青海道（主要是湟中道、羌中道）沿线城市的旅游支撑能力可分为以下几个等级：

表 5.6　旅游中心城镇等级划分 ①

| 分类 | 节点城镇 |
| --- | --- |
| 一 | 西宁 |
| 二 | 湟中、湟源、大通 |
| 三 | 互助、民和、门源、德令哈、循化 |
| 四 | 海晏、平安、化隆、刚察、乐都、乌兰、祁连 |

从上表看，西宁市的旅游支撑能力最强，处于第一等级；西宁周边的湟中、湟源、大通也具有较强的支撑能力，处于第二等级；近年来成为旅游热点城镇的德令哈、门源等也有一定的支撑能力，处于第三等级；处于第四等级的城镇，其旅游支撑能力相对较弱，限制了当地旅游业的发展。

实际上，就整个青海道来说，处于第三、第四等级的城镇占了所有沿线城镇的大多数，这些城镇的旅游基础设施薄弱，旅游人才匮乏，旅游收入占国民经济总收入的比重较低，如河南道沿线的循化、化隆、同仁、尖扎、泽库、大武等城镇就存在上述问题。

在新丝绸之路视域下合理安排青海的旅游业，就要加大第三、第四等级中心城镇建设，加快、加大当地的基础设施投入，科学规划当地旅游资源开发，培养旅游人才队伍，使这些城镇的旅游支撑能力大幅度提高，从而达到青海旅游业的合理、全面发展。

---

①李婷、李玲琴:《丝绸之路青海段旅游中心城镇等级体级构建研究》,《学园》,2013 年第 26 期。

具体而言，针对青海道东部干线湟中道沿线旅游设施相对完善、旅游资源开发相对成熟的有利条件，进一步建设以西宁为中心，以民和、大通、湟源、互助为第二等级中心城镇的旅游网络，提升乐都、平安等城镇的旅游基础设施水平，着力挖掘湟中道沿线的旅游资源，打造精品旅游线路，整体上提高湟中道沿线的旅游发展水平。比如，除塔尔寺5A级旅游景区外，湟中道沿线还有瞿昙寺、佑宁寺、广惠寺等重要的藏传佛教寺院，这些寺院无论是建筑规模还是影响力方面，都不下于塔尔寺，围绕这些寺院进行旅游开发，就要加大交通基础设施建设，使得游客能较方便地到达这些旅游目的地，同时结合这些寺院周边民族风情等因素，打造以宗教人文资源为主的旅游项目。佑宁寺所在互助县有土乡风情园、互助北山森林公园、青稞酒文化等景点及人文资源，如果结合这些资源，那么游客到访佑宁寺的内容就能丰富起来。广惠寺靠近大通县鹞子沟森林公园，可结合森林观光游来开发广惠寺宗教人文资源，使当地人文旅游资源丰富饱满起来，也可使游客感受到塔尔寺没有的一些旅游感观，从而吸引更多游客前往大通旅游。此外，湟中道沿线有民和喇家、齐家文化遗址，有乐都柳湾彩陶博物馆，有青海省博物馆等陈列史前遗迹及考古发现的人文景点，如果打造出一条湟中道沿线人文景观旅游线路，就可以把这些景点串联起来，使游客相对方便、快捷地感受青海的史前文化，从而开发出湟中道沿线的特色旅游资源。还有，西宁经大通至门源的高铁途经古代湟中道重要支线宁（西宁）张（张掖）路，目前，坐着高铁看门源油菜花已成为热门旅游线路，如果趁势打造门源周边山地、草原旅游线路，不仅可以进一步利用好便利的交通条件，也可以让游客留在门源，参与一些体验式的旅游项目，如骑行、藏家风情体验等。

羌中道沿线的茶卡盐湖、都兰热水大墓、格尔木昆仑玉、德令哈德都蒙古风情等旅游项目也是当前热门的旅游景点，羌中道的两条支线也是自驾游爱好者愿意光顾的旅游线路，但是，羌中道沿线还未建设起支撑整个丝绸之路旅游的中心城镇，这与格尔木地理位置较偏，德令哈与羌中道南支线距离较远等都有一定关系。现在，茶卡盐湖旅游成为新的热点，与之距离较近都兰县的吐谷浑考古遗存、荒漠绿洲及农垦文化等也受到重视，如果以这些景点为核心，打造一个新的旅游中心城镇，不仅可以加大当地的旅游资源开发，也可以以这些城镇为支撑，带动整个海西地区的旅游业发展，同时也为湟中道与羌中道的连接提供方便，可谓一举三得。

　　青海黄河以南的旅游中心城镇建设目前也取得了一定的效果，贵德、同仁、结古等城镇的旅游支撑能力显著提高，成为游客熟知的旅游目的地。不过，和湟中道相比，青海黄河以南的丝道支线较多，城镇间因地理、行政等因素，未能形成有机的联结，这都限制了河南道沿线的旅游开发。结合新丝绸之路开发河南道沿线的旅游资源，就要在黄河流域建设一个中心旅游城镇，利用现代交通网络，使这一城镇与周边城镇之间形成有效、快捷的联结，同时打造这一城镇向南的交通网络，把整个青南草原与之联结起来。目前，可以选择的城镇包括同仁、贵德、化隆等。针对果洛、玉树地区与西宁距离较远等情况，可利用好航空资源开发当地旅游业，打造针对入境旅客的精品线路，追求少而精的旅游产品开发，使支撑条件相对较弱的区域也能纳入到旅游开发的整体规划之中。同时，打通河南道与甘肃、四川、西藏之间的陆路、航空联系，使之重新发挥连通西南与西北的国际通道功能，并借此发展沿线旅游业。

　　其次，在青海道各干线相互联系的前提条件下，大力发展区域内的旅游业，以县域范围为基础，规划旅游线路，并开发沿线旅游资源。

针对青海省旅游主要集中在东部地区、环湖及门源、祁连一带，其他地区在旅游旺季游客罕至，旅游资源闲置的状况，有必要规划丝绸之路青海道沿线的县域旅游资源，使青海旅游线路多元化，也使更多的区域参与到旅游业发展的大潮中，共同享受旅游业开发带来的实惠。

比如，学者们通过对黄南同仁的旅游资源综合评价，对同仁县旅游资源进行了分级，其中，处于五级的有：热贡艺术、隆务寺；处于四级的有：吾屯上（下）寺、郭麻日寺（堡）、麦秀国家森林公园；处于三级的有：瓜什则草原、曲库乎丹霞地貌、於菟、六月会等；处于二级的有：铁城山。在此基础上，学者们规划出以县城为重点的旅游线路：“热贡宗教文化体验游”：县城（隆务寺、老街区）—吾屯村（寺）—年都乎村（寺）—郭麻日寺（塔）。"多元文化观光体验游"：隆务寺—热贡文化馆—圆通寺—清真寺—隆务老街。"县域重点观光旅游线路"：县城—曲库乎—（麦秀）蝴蝶滩—游客中心—温泉；县城—双朋西（丹霞地貌）—更敦群培故居—瓜什则（草原）。"观光＋休闲度假游线路"：县城—麦秀森林公园；县城—双朋西（丹霞地貌）；县城—瓜什则草原。"观光＋特种旅游体验游线路"：县城—双朋西（丹霞地貌）—瓜什则（草原）。"边关文化体验游线路"：县城—铁城山遗址。[①]

---

[①] 陈蓉等：《基于资源评价的县域旅游系统规划——以青海同仁县为例》，《青海师范大学学报》（哲学社会科学版），2012年第6期。

上述关于同仁县的县域旅游资源评级及线路设计，对青海省县域旅游资源，特别是目前仍未成为旅游热点县域来说有很强的示范作用。历史上，丝绸之路既有国际通道的功能，也有区域内通道的作用，我们既要从宏观上利用好丝绸之路这一交通网络的现实功能，同时也不能忽视区域内的交互功能，既要抓住热点，也要从微观上思考复兴青海道对县域旅游业的作用。

第三，在新丝绸之路视域下，建设新的人文旅游景点，也可以成为加快青海旅游业发展的一项具体措施。我们认为，当务之急是要建设丝绸之路青海道博物馆，同时在各干线中心城镇或重点景区建设丝绸之路青海道各干线陈列馆。

西宁是青海省会，是游客进入青海的首选目的地，西宁市区旅游资源多以人文资源为主，但无论数量、规模都与甘肃兰州、四川成都等周边省份省会城市的人文资源无法等量齐观。结合当前的丝绸之路经济带建设，青海省应当抓住这一有利时机，尽快启动丝绸之路青海道博物馆建设工程，使之与东关清真大寺、藏文化博物馆等一起，成为西宁市区重要的人文景点，从而为游客提供更为丰富、多元的旅游资源，延长游客逗留西宁的时间，为西宁当地旅游业发展提供新的增长点。

具体来说，应当以城西海湖新区或城东经济开发区为选址点，建设一座现代化的博物馆，博物馆以青海道的交通网络和发展历程为线索，把与青海的史前文化、早期羌族历史、汉代以来中原汉族屯垦河湟、魏晋时期的南凉、吐谷浑等开发青海道的历史，隋唐以来青海道沿线的民族分布、交通网络、军事活动等有关的文物展示出来，利用现代动漫技术还原中西商人在丝绸之路青海道沿线运送玉石、丝绸、茶叶等的商贸活动，让游客参与藏绣、唐卡等的制作过程，借此展示丝绸之路青海道沿线丰富的人文资源。同时，在丝绸之路博物馆附近配套商业设施，使游客的参观体验与商业消费能有机结合起来，带动西宁的商业发展。

在羌中道和河南道及唐蕃古道的中心旅游城镇，比如贵德、同仁、结古、都兰等地，各选择一个城镇建设青海道干线陈列馆，让游客感知青海道干线的历史文化信息，并以此为宣传口，使中外游客能够更多地了解青海，了解青海道。

比如，可以以都兰县为中心建立一座羌中道陈列馆，这一陈列馆不以文博实物为重点，而是以文字、图片为中心，结合一些复制的陈列品，向游客展示羌中道的历史进程和交通网络。利用羌中道沿线的民族分布、出土文物、史料等元素，结合现代电子技术，制作出内容丰富的陈列展板，让游客徜徉于羌中道的历史长河中，把格尔木河流域及大柴旦、小柴旦发现的距今3万年的旧石器遗迹，都兰香日德等地出土的青铜器物，白兰羌的历史文化，吐谷浑及吐蕃时期的都兰热水大墓文物图片，德都蒙古历史文化、风土人情等实物，以及明、清、民国时期中原汉族在海西的屯垦文化，现代海西的盐业开发、石油开发等实物、图片等，按照历史顺序陈列出来，以生动活泼的文字，图文并茂的展示方式呈现出来，使参观游客不仅对羌中道获得深入认识，也可借此了解海西地区的历史文化、民族风情、地理物产、交通条件等，使之产生进一步旅游体验的热情，从而达到介绍羌中道、宣传海西、促进旅游的多重目的。

此外，在同仁、结古等地建设类似的展览馆，也可起到相应的作用，从而响应国家战略，丰富当地人文资源，加强智慧旅游的内涵。

最后，针对丝绸之路青海道的交通网络功能，大力发展自驾游，也是促进青海旅游业的有效手段。

青海道的交通连通功能，使得青海与周边省区乃至中亚、西亚之间的交往有了便利的交通保障，特别是近几年，随着人们生活水平条件的提升，参与旅游除方式的自主化，以及交通条件的日益改善，自驾游日益成为游客自发参与的重要旅游项目。

据学者研究，青海的自驾游人群集中性明显，旅游资源丰富，发展潜力巨大。青海自驾车旅游市场主要由年富力强、受教育程度高、收入较丰厚的人士组成，青海丰富的旅游资源，便利的交通条件，使得自驾车旅游市场的发展前景相当明朗。自驾游爱好者大多有回归自然旅行情结，民俗风情旅游活动是自驾游爱好者较为偏好的项目类型，因此，驾车旅游者旅游目的地主要倾向于自然风景优美和独特的民俗风情地区，这跟青海省有着优美的自然风光和浓郁的民俗风情正相吻合，充分说明了青海自驾车旅游发展优势明显。紧邻客源市场是青海省自驾车旅游在空间上的显著特征。从青海省自驾车旅游者选择旅游目的地、出游时间安排和出游时间长度可以明显看出，自驾车旅游目的地多是紧邻客源市场，自驾车客源市场出行的空间范围以近中程为主，这跟自驾车旅游受交通状况、出游时间、消费水平和汽车技术标准等诸多因素的影响有关，大多数自驾车旅游者均以短途和中途的自驾车旅游为主，并且多是选择公路条件较好的地区。如果旅游地有着良好的基础配套设施和完善的相关服务，那么将会对自驾车旅游者产生极大的吸引力。此外，汽车租赁业、旅行社汽车俱乐部在青海自驾车旅游发展中的地位日益重要。目前，自驾游游客主要出行工具往往是自备的，选择租赁汽车或参加汽车俱乐部的游客数量并不多，自驾车旅游者选择汽车俱乐部或是旅行社组织的出游方式所占比重也不大，但是由于旅行社和汽车俱乐部在自驾车旅游的组织与安排方面有着丰富的经验，因此，在青海省自驾车旅游发展的地位将日趋重要。①

青海的自驾游也存在一定问题，主要是自驾游爱好者的旅游时间及目的地过于集中，绝大多数集中于6—8月份自驾前往青海湖、祁连山等地，这不仅给当地的交通、餐饮带来很大的压力，也给很多自驾游爱好者带来不便。针对上述情况，应当以"重走青海道""重走唐蕃古道"为主题，组织自驾游爱好者有序地进入青海道各干线旅游，除热点线路外，通过大力宣传、提供旅游保障等措施，让一些旅客选择西宁—化隆—尖扎—同仁的自驾路线，或西宁—共和—兴海—同德的自驾路线，也可选择西宁—乌兰—都兰—格尔木及西宁—德令哈—大柴旦—敦煌等的路线，此外，开发西宁经海南、黄南前往果洛、玉树等的线路也有很大的市场潜力。"重走青海道""重走唐蕃古道"的自驾游线路设计与市场调控，不仅可以让自驾游游客的旅游线路丰富起来，也可以解决旅游旺季出现的一些难以解决的问题，同时也很好地利用了青海道的交通网络和沿线丰富的自然、人文旅游资源。

在此基础上，也可以与周边省区及国家合作，打造跨区域、跨国境的自驾游项目，比如，以旅行社或汽车大本营为主体，青海向北可与甘肃省合作，开发西宁至张掖、西宁至敦煌的自驾游项目，向西与新疆合作，开发西宁至若羌等地的自驾游项目，向南与甘肃、四川、西藏合作开发西宁经循化至甘南草原，西宁经同仁、果洛至四川阿坝，西宁经玉树至四川甘孜或西藏拉萨等的跨区域自驾游项目。未来，也可开发跨国境的旅游项目，使经青海至蒙古、哈萨克斯坦、尼泊尔等国成为可能，从而打造出国际化的自驾游路线，开发相关市场。

---

① 张翠丽：《青海自驾游旅游需求市场的调查分析及评价》，《学理论》，2011年第26期。

# 陆 建造绿色屏障：丝绸之路经济带建设与青海生态保护

## 第一节 青海生态保护现状研究

### 一、青海生态系统的地位、特点与作用

#### （一）青海生态系统的地位

青海生态系统具有无可替代的战略地位和生态环境价值，在我国乃至全球生态系统中处于独特而重要的地位。

具体来说，青海生态环境价值显著、地位重要。青海位处青藏高原，境内湖泊众多，河流密集，雪山冰川广布，被誉为"中华水塔""亚洲水塔""地球之肾"。我国地表水总径流量2 700亿立方米，其中三分之二来自于高原和山地，来自青藏高原的约1 000亿立方米，占总径流量的37%，源区每年向下游供水600多亿立方米。青海三江源地区水源涵养对青藏高原、我国东部地区乃至东南亚地区有至关重要的作用。因此，青海的水资源系统在全球具有十分显著的生态地位。

青海野生动植物资源丰富，资源居全国前列。已发现经济植物1 000余种，药用植物680余种，著名中药50多种。主要有雪莲、冬虫夏草、甘草、秦艽、大黄、贝母、当归、麻黄等。食用野生植物有蘑菇、蕨菜、发菜、地衣、枸杞等。全省内仅陆栖脊椎动物就达270多种，占全国的12.5%，其中经济兽类有110种，占全国的25%；各种鸟类294种，占全国的16.5%；珍贵的稀有动物有棕熊、雪豹、野牦牛、野骆驼、野驴、藏羚羊、白唇鹿、黑颈鹤、天鹅、雪鸡、岩羊等；珍贵的皮毛兽有水獭、旱獭、赤狐、猞猁、石貂、兔狲、香鼬等。青海草地及森林资源对减少水土流失，抵御荒漠化向东部扩张具有十分重要的意义。

基于青海的生态地位与国家中长期发展战略，青海省制定并出台了"生态立省"的发展战略，相继实施了天然林保护、退耕还林、退牧还草、防沙治沙、黑土滩治理等一系列生态环境保护工程。据青海省政府报告，截至2014年年末，全省自然保护区11个，面积2 177万公顷，其中，国家级自然保护区7个，面积2 074万公顷。森林面积441.23万公顷，森林覆盖率6.1%。湿地面积814.36万公顷，其中自然湿地面积800.1万公顷。国家重点公益林管护面积496.09万公顷，天然林保护面积367.8万公顷。全年全民义务植树1 500万株。当年治理水土流失面积2.555万公顷。

### （二）青海生态系统的特点

特殊的地理位置、复杂的地质地貌以及高寒、干燥的高原大陆性气候，决定了青海的生态环境具有敏感、脆弱的基本特点。在全球气候变暖的大趋势影响下，青海的原始生态系统结构发生了很大变化，其生态调节功能、循环功能以及生态承载功能均呈现自然下降的趋势，青藏高原下垫面的物理属性较差，多数土壤、植被尚处于年轻的发育阶段,土壤厚度只有20—30厘米左右,一旦被破坏,很容易造成水土流失,并极难自然恢复。青海"三江源"地区既是世界高海拔地区生物多样性最集中的地区,又是我国生态系统最脆弱和最原始的地区之一。近年来,草场退化、沙化加剧、鼠虫害猖獗,水土流失日趋严重,使许多珍奇野生动植物失去繁衍栖息地,处于濒危的物种已占地区物种总数的15%—20%,高于世界10%—15%的平均水平。

这种敏感、脆弱的生态环境使得青海地区社会发展的环境支持能力十分薄弱,自然环境的缓冲能力、抗逆能力、自净能力相对较弱。据刘同德先生研究,青海的水土流失压力指数、土壤侵蚀压力指数和森林压力指数均高于西藏,但因人口总量小、经济发展水平低,废水、废气、固体废弃物排放、二氧化碳排放等方面的环境压力指数低于北京、上海等发达地区。从以生态灾害和生态退化对环境支持系统的影响程度看,青海的生态水平在全国位列第24,与西藏排名第8位之间有很大差距。从自然自净能力、抗灾害水平等为指标的自然抗逆水平看,青海在全国排序中位列30位,抗逆水平很低。①

青海生态系统的上述特点决定了青海经济社会与生态环境之间的协调性弱,社会发展的难度大。青海多山、高寒、缺氧的总体自然地理特征,限制了人类宜居环境的构造与发展;受不稳定季风及旱、雪、雹、霜等灾害影响,人类迁居青海高原的规模与程度远不及平原地区;敏感、脆弱的生态系统经不起传统经济发展方式引起的资源消耗和环境污染。这些生态特点的共同作用下,使青海省成为一个面积大省、人口小省,生态大省、经济小省。

---

① 刘同德:《青藏高原区域可持续发展研究》,中国经济出版社2010年版,第220—224页。

### (三)青海生态系统的作用

特定区域的生态系统是当地自然地理条件、气候、生产方式、人类活动等因素共同作用的结果,一旦形成稳定的生态系统,会对不同范围内的气候、生态等产生影响。青海生态系统作为青藏高原生态系统的重要组成部分,对我国乃至全球气候系统的稳定有深刻影响,在维护生态平衡、生物多样性保护等方面发挥着重要作用,青海生态的屏障功能也日益受到人们关注。[1]

就对我国生态系统的影响方面来说,青海是我国重要的水资源供给区,青海水生态体系的稳定与否关乎全国的水资源平衡,如果三江源地区的生态持续恶化,那么会直接影响黄河、长江等大江大河的水流量,会导致全国性的水资源失衡,正因为这些河流既是维持青海水资源平衡的重要因素,更是我国水资源平衡的关键所在,因此,三江源地区乃至整个青海的生态系统在全国范围内具有显著的地位与作用。

青海是全国和东南亚地区重要的生态屏障,北半球气候变化的启动区和调节区。青海独特的地理环境和气候特征,造就了全球高海拔地区独一无二的大面积湿地生态系统。青海给我国东部地区提供了天然御寒屏障,阻挡了来自中亚地区的沙尘暴,也防止了荒漠化的向东发展,其基础性生态效益直接维系着我国的生态安全。特别是青海北部草原、山脉、湖泊的生态屏障作用十分突出。由青海湖、祁连山脉、海北草原等组成的生态屏障,阻挡了柴达木盆地、河西走廊荒漠化的东向、南向发展,对青海东部农业区形成保护屏障,

---

[1] 曹文虎、李勇主编:《青海省实施生态立省战略研究》,青海人民出版社2009年版,第6—9页。

使这一集中了青海三分之二人口的区域及其生态系统得以维系发展。进而言之，这一生态保护屏障对整个西北乃至西南地区也具有十分重要的意义，正是受它的保护，沙尘暴、冷空气侵袭我国中原地区的强度大为减少。

生态系统的作用不光局限于生态领域，在人类与自然的关系中，生态系统是保证人类可持续发展的重要基础。20世纪70年代以来，学术界把区域系统的重要因素分为自然资源和人类发展两大类，由资源（Resources）、环境（Environment）、人（Population）、发展（Development）四个因素构成的PRED系统用来解释特定区域内人口、资源、环境和经济发展之间的相互作用、相互依存、相互影响的关系。它是一个具有高度复杂性、不确定性、多层次性的复杂开放系统，因而可以相对有效地解释自然生态系统与人类经济活动的内在关系。在这一体系中，社会经济发展被视为一个有机的多元复合体，生态系统的作用与地位也得以较适宜地体现。不过，据刘同德先生研究，这一系统对于社会条件相对单一的地区具有较强的解释力度，但对于青藏高原等多民族聚居、社会条件相对复杂的地区来讲，它往往不能解答自然生态与社会经济发展的内在关系问题，因而需要修正。在刘同德先生看来，青藏高原的世居民族藏族及其传统文化与自然环境相适的模式，超出了人口这一因素在PRED系统的承载力，藏民族生态伦理思想强调万物皆有生存的权利，追求人与自然的和谐相处，珍视人与自然协调共存的状态。在藏族的生态伦理观中，人只是适应自然环境的一个结果，而不是"主宰"自然的主人。结合上述观念，刘同德先生提出了青藏地区区域协调发展的SRED结构模式。①在这一模式中，社会系统的诸因素都是理解人类与自然关系的必要要素，社会发展是自然、资源、环境等共同影响的结果，资源、环境系统是 SRED 协调的物质基础与前提，因为自然环境为人类提供了不可取代的生命支持功能，也是吸纳和循环人类活动废弃物的储库和净化库。

表 6.1　经济系统与其他系统之间的关系

```
                    社会系统
                  ↑↓
               支撑  保障
                  ↓↑
    支撑            经济系统           污染物
  资源系统 ←→              ←→ 环境系统
         保障                 支撑
                           保障
```

在 SRED 系统中，结合社会系统解释、理解生态系统的地位与作用，它的支撑、保障功能，人与自然相互依存的关系等都得以尊重、展现。在这一系统的提示下去反观青海生态系统的作用，更能明确地认识到青海生态系统的作用与意义。

首先，青海生态系统是当地居民赖以生存的物质基础，这一相对脆弱的生态系统也仰赖人类的保护而得以维系。

青海的自然生态系统提供了当地居民相对丰富、多元的物质条件，特别是对于游牧民族来说，广袤的草原、原生畜类、冬夏交替的气候条件、温暖的河谷地带等，共同促生了悠久的游牧传统。在游牧业为主的生活方式中，牧民适应了高寒的气候条件，他们逐水

① 刘同德：《青藏高原区域可持续发展研究》，中国经济出版社 2010 年版，第 44 页。

草而居，形成轮牧习惯，每年气候条件最为适宜放牧的季节，往往把牛羊赶到海拔较高的牧场，冬春季节则在海拔较低的地区放牧，因而形成"冬窝子""夏窝子"的牧业俗语。轮牧习惯实际上就是人类长期与自然和谐相处的一个结果，它有效地避免了过度放牧导致草场沙化的危险，同时又尽可能地利用更多的草场，为人类经济发展提供保障。

高寒、脆弱的生态系统需要人类的呵护，更需要人类与之建立互敬互惠的关系。在藏族、蒙古族、土族等青海世居民族的生态伦理观念中，自然领域的湖泊、高山、生物等都和人类一样是有生命的存在体，在他们的生态观念中，神山圣湖的神圣话语体系和仪式实践具有重要的文化功能和社会功能，经由神话和仪式实践，人类与神灵、信仰和自然景观之间建立了互敬互惠的内在相关性和情感联系，这是科学主义主导的生态观念无法完全取代的。①藏传佛教中的万物有灵、因果报应等佛教理念与信仰民众千百年来的生存经验相结合，形成了有别于其他地区的生态伦理观念，这一生态观念中，自然万物不是人类保护的对象，而是与人类和平共处的存在体，人类得益于自然万物的支撑、保障，自然万物也应得到人类的敬仰、反馈。

其次，从SRED系统看，青海生态系统的作用不仅仅局限于对经济发展的支撑作用，而是达到人与自然的和谐共处，从而使人得到全面发展。

经济增长是资源开发、市场推广、消费等因素共同构成的一种社会活动，如果单方面强调经济发展的效益，那么，生态系统势必

---

① 黄悦：《地方神话传统与当代生态文明——以青海湖地区为例》，《青海社会科学》，2013年第6期。

会沦为经济年复一年增长的"助推器",而要想让这个"助推器"跟得上经济发展的步伐,势必会牺牲生态平衡以求经济效益。受青藏高原世居民族生态伦理观念影响而形成的 SRED 系统中,经济发展不再是最终目标,如何使经济发展与社会公平、环境舒适、道德文明得以全面、有序的协调发展,才是更为核心的目标。在这一思维下,青海生态系统的各种要素既对人类构成支撑作用,也起到了制约作用,形成彼此共生、相互共存的关系。

总之,SRED 系统虽然是现代学术研究的成果,但它的产生背景却与青藏高原世居民族长期以来形成的生态观念息息相关,如果我们以这一系统的相关要素为根据,去反思青海生态的作用,那么就会发现,这一生态体系不仅仅具有"中华水塔"、生态屏障等的作用。在与人类和谐相处的漫长历史过程中,青海地区独特而脆弱的生态系统之所以得以维系,这与当地土著民族的生态伦理观念息息相关,在他们的生态视域中,青海生态系统的作用不单单从有益于人类或支撑人类经济发展的角度解读,更需要用互惠互敬的眼光去看待。

## 二、青海生态保护成果及存在问题解析

改革开放以来,全国进入经济高速发展时期,国民经济水平不断提升,人民生活水平得到显著提高,2014 年,我国 GDP 总量位占全球第二。在追求经济效益的过程中,我国也付出了沉重的生态环境代价,大气污染、生态恶化成为全国的普遍现象。国家提出科学发展观以来,生态环境日益受到重视,建设环境友好型社会逐步成为全社会的共识,国家出台的各项措施也为生态保护提供了法制

依据和政策保障。针对青海沙化、干旱现象日趋严重，三江源水草涵养功能急剧下降等状况，青海省也制定了一系列旨在恢复生态系统，保护生态环境的政策措施。在这些政策措施的共同作用下，青海的生态保护工程取得了显著的生态效益和社会效益。

2002年12月6日，国务院第66次常务会议通过了《退耕还林条例》，规定从2003年1月20日实施，这一条例从保护和改善生态环境出发，将易造成水土流失的坡耕地有计划、有步骤地停止耕种，按照适地适树的原则，因地制宜植树造林，恢复森林植被，在不适宜造林的地区，实施退耕还草，恢复植被。退耕还林是我国实施西部大开发战略的重要政策之一，它按照生物群落可以演替，人类活动可影响生物群演替的科学规划，有计划地实施生态保护，同时，通过生成补偿机制，使得退耕农户在生活有了保障的前提下，主动、积极地参与生态保护工程。该条例实施13年来，有效地保护、改善了西部地区的生态环境，成为一项行之有效的民心工程。

为建设生态文明，我国推出自然资源资产产权制度，以明晰自然资源产权，通过合理定价反映自然资源的真实成本，使市场同样在生态环境资源的配置中起决定作用。2013年，十八届三中全会首次提出要健全自然资源资产产权制度和用途管理制度，并重申划定生态保护线，实行资源有偿使用制度和生态补偿机制。生态补偿机制是以保护生态环境、促进人与自然和谐为目的，根据生态系统服务价值、生态保护成本、发展机会成本，综合运用行政和市场手段，调整生态环境保护和建设相关各方之间利益关系的环境经济政策。主要针对区域性生态保护和环境污染防治领域，是一项具有经济激励作用、与"污染者付费"原则并存、基于"受益者付费和破坏者付费"原则的环境经济政策。

2015年10月，中共中央、国务院印发《生态文明体制改革总体方案》，方案分为十个部分，共56条，明确生态文明体制改革的指导思想是，坚持节约资源和保护环境基本国策，坚持节约优先、保护优先、自然恢复为主方针，立足我国社会主义初级阶段的基本国情和新的阶段性特征，以建设美丽中国为目标，以正确处理人与自然关系为核心，以解决生态环境领域突出问题为导向，保障国家生态安全，改善环境质量，提高资源利用效率，推动形成人与自然和谐发展的现代化建设新格局。生态文明体制改革的原则是，坚持正确改革方向，坚持自然资源资产的公有性质，坚持城乡环境治理体系统一，坚持激励和约束并举，坚持主动作为和国际合作相结合，坚持鼓励试点先行和整体协调推进相结合。方案设定了我国生态文明体制改革的目标，即到2020年，构建起由自然资源资产产权制度、国土空间开发保护制度、空间规划体系、资源总量管理和全面节约制度、资源有偿使用和生态补偿制度、环境治理体系、环境治理和生态保护市场体系、生态文明绩效评价考核和责任追究制度等八项制度构成的产权清晰、多元参与、激励约束并重、系统完整的生态文明制度体系，推进生态文明领域国家治理体系和治理能力现代化，努力走向社会主义生态文明新时代。

作为生态大省，青海生态保护的制度设计与方案实施往往走在全国前列。早在2011年，青海省实施了草原生态保护补助奖励机制政策，并逐步探索建立了三江源生态补偿长效机制。为恢复和保护青海高原生态环境，维护国家生态安全，"十一五"以来的10年间，国家先后启动实施了三江源生态保护和建设工程一期、青海湖流域生态环境保护与综合治理项目、祁连山生态保护与综合治理项目和三江源生态保护和建设工程二期等一系列重大生态工程。根据2014

年3月正式实施的《青海省主体功能区规划》，青海省国土面积的近九成被列入限制开发区和禁止开发区。其中，三江源草原草甸湿地生态功能区等被划入限制开发区域，约占全省面积的58%，而禁止开发区域约占32%。

2014年6月出台的《青海省生态文明制度建设总体方案》提出，以三江源国家生态保护综合试验区为重要平台，先行先试，青海力争用5年多时间，在生态文明重点领域改革取得突破性进展，基本建立系统比较完备、可供复制推广的生态文明制度体系。此后，《青海省国家和省级重点生态功能区限制和禁止类产业目录》《青海省国家重点生态功能区市县限制和禁止发展产业清单》等先后出台。

2015年，青海省委、省政府又出台《贯彻落实〈中共中央国务院关于加快推进生态文明建设的意见〉的实施意见》，提出到2020年全省资源节约型和环境友好型社会建设取得重大进展，主体功能区布局基本形成，基本建成生态文明先行区和循环经济发展先行区。

截至目前，青海确立了自然资源产权制度、生态补偿制度、资源有偿使用制度、国家公园制度和生态文明考核评价制度等"六项制度"。为了调动群众参与生态保护的积极性，已经落实针对牧区群众的生态保护补偿政策11项。这些政策、法规、措施等既是有效进行生态保护的制度保障，同时也是生态保护成果的具体体现。

近十几年来，生态保护工程的推进和实施，有效地改善了青海的生态环境。在东部农业区，易造成水土流失的坡耕地基本退耕还林，不仅有效地缓解了水土流失，也减少了沙尘源，极大地改善了当地的生态环境；在青海牧区，大片被开垦的草地被恢复，减少牲畜、合理放牧、定居生活等的观念也日益得到牧民的认同，生态补偿机制有效地解决了当地百姓的生产生活问题。2010年至2015年，青海省的各项生态指标均得到一定的改善。

青海省生态保护成效十分典型地体现在三江源生态保护工程方面。三江源区是青海南部的高原主体，昆仑山及其支脉可可西里山、巴颜喀拉山、阿尼玛卿山、唐古拉山等众多雪山的冰雪融化后，汇流成哺育中华民族的长江、黄河和澜沧江等大江大河。每年，三条大江为下游供水约40亿立方米，是我国最重要的水源地。历史上，三江源区曾是水草丰美、湖泊星罗棋布、野生动物种群繁多的高原草原草甸区，被称为生态"处女地"。近些年来，随着全球气候变暖，冰川、雪山逐年萎缩，直接影响高原湖泊和湿地的水源补给，众多的湖泊、湿地面积缩小甚至干涸，沼泽地消失，泥炭地干燥并裸露，沼泽低湿草甸植被向中旱生高原植被演变，生态环境已十分脆弱。加之人口的增加和无节制放牧、开矿等生产经营活动，又大大加速了该地区生态环境恶化的进度。十年前，三江源地区草地大规模退化、沙化，使该地区草地生产力和对土地的保护功能下降，优质牧草逐渐被毒、杂草所取代，一些草地危害动物如鼠类乘虚而入，导致草地载畜量减少，野生动物栖息环境质量减退，栖息地破碎化，生物多样性降低。随着源区植被与湿地生态系统的破坏，水源涵养能力急剧减退，导致三江中下游广大地区旱涝灾害频繁，工农业生产受到严重制约，并已直接威胁到了长江、黄河流域乃至东南亚诸国的生态安全。

针对上述情况，早在2000年，三江源保护区建设就已被提上日程。在2005年7月18日，国务院批准"青海三江源自然保护区总体规划的生态保护和建设"，该保护区正式挂牌运行。2013年12月18日，国务院常务会议决定扩大三江源保护区。三江源国家级自然保护区是在三江源区范围内由相对完整的6个区域组成的自然保护区网络。保护区总面积从 15.2 万平方公里，扩大至 39.5 万平方公里，以高原湿地生态系统、高寒草甸及野生动植物等为主要保护对象，占青海省总面积的 21%，占三江源地区总面积的 42%，跨青海省 16 县 1 乡，涉及果洛藏族自治州玛多、玛沁、甘德、久治、班玛、达日 6 县；玉树藏族自治州称多、杂多、治多、曲麻莱、囊谦、玉树 6 县，海南藏族自治州的兴海、同德 2 县，黄南藏族自治州的泽库和河南 2 县，和海西藏族蒙古族自治州的格尔木市管辖的唐古拉山乡共 16 县 1 乡，行政区划上共由 69 个不完整的乡镇组成。保护区核心区面积 31 218 平方公里，占自然保护区总面积的 20.5%，缓冲区面积 39 242 平方公里，占自然保护区总面积的 25.8%，实验区面积 81 882 平方公里，占自然保护区总面积的 53.7%。

从 2006 年起，青海省取消了对三江源地区的 GDP 考核，不再提工业化口号，将考核主要集中在生态建设和移民安置方面；2014 年，总投资 160.6 亿元的三江源国家生态保护综合试验区建设暨三江源生态保护和建设二期工程启动，青海省委、省政府密集出台生态领域改革制度和措施，着眼于解决生态保护与建设中存在的突出矛盾和问题，将青海生态保护纳入了制度化、规范化、科学化的轨道。

十年的保护，取得了显著成效，三江源草地面积净增加 123.70 平方公里，水体与湿地面积净增加 279.85 平方公里，荒漠生态系统面积净减少 492.61 平方公里。与此同时，藏羚羊、藏野驴、岩羊、野牦牛等野生动物种群增加显著，植物种群和水生生物多样性也得到有效保护。

青海生态保护虽然取得了显著成绩，但也存在一些问题。首先，生态保护工程实施不平衡。目前,三江源国家级自然保护区有着政策、资金的有效支持，取得了较好的成果，但是，与三江源在自然地理、生物环境等方面具有相似性的一些区域并没有得到有效的生态保护，生态环境仍在持续恶化。比如，未纳入三江源保护区的青海海南州共和、贵南二县沙化程度十分严重，贵南穆格塘、共和塔拉台等地的沙化现象虽然得到一定扼制，但因缺乏更为有效的政策及资金支持，沙地治理速度缓慢，一些地方的沙化现象仍在漫延，沙进人退的现象也在持续。此外，青海海东地区的生态压力也较大，西宁及周边地区是允许工业开发的区域，因此，一些大的工业区也集中在这些地区，工业污染问题也随之产生，如何有效治理也是当前面临的重要问题。总之，在丝绸之路经济带建设视域下，生态保护也应当统筹考虑，不能偏重一个区域而忽略其他地区，这样的话就无法形成统一协调的生态保护机制，也无法建立整体意义上的环境友好型社会。

此外，青海生态保护的顶层设计及保护理念存在一定问题。在具体实施生态保护过程中，一些职能部门往往会引进省外及国外人才参与顶层设计及保护计划等，试图利用他们先进的保护理念推进工作。这一思路、想法总体上是可行的，但是，由于一些专家、学者长期从事我国内地及国外地区的生态保护工程，对青海省省情、生态特点等了解得不够深入，加之既有的固定模式作用下，往往把他们掌握的一些理念、方法照搬到青海来。比如，在三江源保护工程中，有专家提倡生态保护的社会效应，主张通过牧民间频繁交往达到生态知识的互渗与社会交往程度提升，从而达到生态与社会效应的平衡。这一观点忽略了一些重要的事实，那就是在三江源地区人类交往的社会成本十分高昂，人类频繁地交往也是形成生态破坏的一个因素。在青海世居民族互敬互惠的生态观中，自然生态的伦理价值来源于传统生产、生活方式的有序开展以及人类对自身活动的有效节制等方面，因此，他们并不片面地追求人类聚居或频繁集会所达到的社会效应。如果外地专家的上述想法得到顶层设计者的认可并加以实施，无疑会增加牧民的生活成本，牧民对这些额外成本的追偿又会影响到其牧业生产的数量，而这恰恰是导致当地生态退化的一大因素。也正因为如此，如何做好生态保护的顶层设计，因地制宜地实施保护方案是当务之急。

## 第二节 新丝绸之路视域中的青海生态文明发展

### 一、丝绸之路经济带建设对青海生态保护的促进作用分析

借助新丝绸之路向西开放过程中，丝绸之路经济带沿线国家、地区的资源开发对生态系统带来较大挑战。比如，哈萨克斯坦石油天然气工业约占其GDP的四分之一，中国的能源需求正在刺激着当地石油工业的迅速发展，而当资源开发超过环境的自洁能力及生态系统的可承受能力时，生态环境破坏在所难免，而丝绸之路经济带上的国家都不可能"独善其身"，不受影响。①所以，丝绸之路经济带沿线的生态安全具有"牵一发而动全身"的特点。丝绸之路经济带沿线

---

① 任保平、马莉莉、师博主编：《丝绸之路经济带与新阶段西部大开发》，中国经济出版社2015年版，第88页。

生态文明建设不平衡的状态也并非完全是坏事，正是这种不平衡使得各合作方之间具有了相互借鉴、学习的空间与可能。因此，对于生态保护来说，丝绸之路经济带建设是把"双刃剑"，我们要善于利用有利要素，制定合理方案，在新丝绸之路视域下促进青海的生态文明建设。

第一，新丝绸之路经济带建设的思路可优化青海生态文明建设的总体设计，实现行为转变，使青海生态建设与国际接轨。

目前，无论是政府层面，还是学术界，对丝绸之路经济带建设中可能出现的参与方盲目竞争资源、低层次勘探开采能源，以及廉价商品换取能源的传统经济合作方式持谨慎、批评态度，并逐步达成可持续发展为共识的行为目标。共同保护区域生态、促进生态文明建设的发展思路，对青海的生态文明建设具有政策上的引领和观念上的促进作用。

具体来说，丝绸之路经济带建设虽然是以经济开放为目标的国家战略，但参与的国家、地区没有必要付出生态环境的代价。青海作为沿线重要的参与省份，其生态地位颇为重要，绝大部分国土为禁止或限止开发区域，而无论是国家层面，还是经济带的国际合作层面，都不要求或不鼓励地方以生态环境为代价参与地区及国际合作。因此，在丝绸之路经济带建设大背景下的西部大开发更注重人与自然的和谐共处，主张在生态保护的前提下科学发展经济。青海既应当抓住新阶段的西部大开发战略机遇，也应当切实转变行为模式，在承接东部产业转移、资源开发、能源合作等方面坚守生态红线，不以牺牲生态为代价追求短期经济效益。

丝绸之路经济带建设的国际化趋势对青海生态文明建设也有一定的促进作用。新丝绸之路是一条国际贸易通道,也是国际交流通道,借助这条国际化的大通道，青海生态文明的视野可以展现得更为开阔，既可以参与沿线国家、地区的生态建设，也可以学习、借鉴沿线国家、地区的生态保护经验，从而有效促进青海生态文明建设。

实施多年的生态保护工程，为青海带来了相对完善的制度保障和较先进的保护理念、技术及方法。借助丝绸之路经济带建设，我们可以把这些制度建设、保护理念及技术方法等打包成生态文明建设的"资源包"，来参与区域内或国际化的生态保护工程，比如，可参与生态系统与青海十分类似的西藏的生态保护工程，用柴达木循环经济中的生态保护技术、方法参与中亚国家经济开发区建设等。

丝绸之路经济带沿线的生态环境总体上较为脆弱，一些国家在生态环境治理方面也取得了十分宝贵的经验，借助新丝绸之路国际化大通道的复兴，青海可以走出去，学习、借鉴相关经验，比如，学习西亚国家以色列治理沙化土地、节水灌溉方面的经验，可以有效促进青海生态文明建设。

第二，借助丝绸之路经济带建设，可以让青海生态文明建设更上一层楼。

丝绸之路经济带建设势必会加大我国西部地区的公路、铁路等基础设施建设力度，从青海东部地区过环湖地区经柴达木盆地到新疆的公路、铁路建设是"五通"建设的重点之一，而柴达木地区的生态治理恰恰是当前青海生态建设的一个薄弱点。如若能够较好地利用沿线公路、铁路建设的契机，就应当把交通沿线的生态治理和绿化工程统筹考虑进去，使公路、铁路建设不再是单纯的交通建设投资，同时也应当做好生态建设、绿化工程等方面的预算，争取更多的国家投资资金，使有条件的沿线地区能够推进生态治理、绿化工程。

公路、铁路建设在一定程度上会带来生态破坏，特别是高原草甸地区，一旦形成小规模的裸露地表，数年后，该地表就会成为土地沙化的源头，一点点蚕食周边的草地，从而危及当地的生态环境。目前正在推进的一些交通工程已十分注重沿线环保问题，共玉（共和至玉树）高速等大型交通项目的生态保护已取得引人注目的成绩。但是，原先修建的一些公路、铁路没有生态保护方面的资金预算，也没有实施具体的保护措施，这些"欠账"就得借助新丝绸之路建设来进行补偿，特别是经过青海牧区前往四川、西藏等地的交通沿线，需要投入资金、人力进行治理。

如果丝绸之路青海道沿线的公路、铁路等基础设施能够带动沿线的生态治理、绿化工程、草地修复等，那么青海生态文明建设的力度势必会加大，生态保护不仅是一个广义的概念，势必会成为一个注重细节、均衡发展的大工程。

第三，新丝绸之路经济带建设可强化青海在全国乃至国际上的生态地位，更加凸显青海生态系统的作用，拓宽人们了解、认识青海的渠道，让更多的生态保护机构、人士等参与到青海生态文明建设中来。

丝绸之路经济带是一条互通之路，既有经济、政治互通的内涵，也有人心相通的价值；借助这条通道，既可以在区域内加强交流、融通，也可在国际上获得更多知名度，这对青海生态文明建设也有一定的促进作用。

由于历史的、现实的各种因素，青海生态系统的地位与作用没有得到人们应有的重视。一方面，青海生态系统被笼统地纳入到青藏高原生态系统之中，它的丰富、多元特征被青藏高原总体生态特征所遮蔽；另一方面，青海由于人口稀少，经济发展水平低，GDP

总量占全国比重也很低，这就导致知名度不够，其生态效应也受到忽视。此外，青海对外交流的水平相对较低，国际环保机构、人士等缺乏了解青海生态的渠道。种种原因使得青海生态保护往往借助不了更多的外在因素，同时又在区域被遮蔽或忽略。

丝绸之路经济带建设引起的区域内各省区之间的相互协作、互相竞争的格局，促使着青海必须深入挖掘青海生态系统的多元性、丰富性，使人们了解、重视三江源地区的生态保护工程外，对青海北部的荒漠化治理、环湖地区的草场植被恢复、祁连山脉防护林工程、青海东部地区的生态治理等都有一定的认识，从而把原来遮蔽掉的生态因素推广出来，既让顶层设计层面重视青海总体的生态保护，也让青海生态文明建设的独特性、特殊性等因素展现出来。

借助丝绸之路经济带建设的东风，青海道的连通作用会愈加得到重视，这就会让更多的环保机构、人士全面、深入认识青海生态系统的价值与意义，让他们有更多的机会、更便利的条件参与到青海生态文明建设中来，并以此来促进青海的生态文明建设。

总之，在新丝绸之路视域下，青海生态文明建设面临新挑战和机遇，如果我们能够较好地把握时机，转变生态保护的行为模式，加大交通沿线地区生态保护的投资力度，借助"五通"工程加强交流合作，必然会对生态文明建设带来很多有利条件、机会。

## 二、多维视角下的青海生态文明建设

根据新丝绸之路视域下青海生态文明建设的总体构想，我们拟从协同保护、碳汇交易、生态旅游等角度思考和设计推进青海生态文明建设的具体方案。

首先,丝绸之路经济带建设背景下,青海生态保护工作应当走协同保护的路子,在从治理主体角度,协调、理顺好政府、企业和公众的关系,在强调治理主体多元化的同时,建立完善的利益相关方协同机制;区域范围内,把城市生态文明、乡镇生态建设、三江源生态保护、柴达木生态建设等融为一体,以协同保护的理念和方法,使青海省生态系统得以全面保护;在跨区域范围,建立各级政府之间、不同区域之间、国际国内之间的协同保护机制。

协同保护是国家生态治理体系和治理能力现代化的重要体现,它一方面可以避免"边治理边破坏"的粗放式生态建设的弊端,另一方面也可以促进生态治理理念与方法国际化,从而在理念层面和制度层面与丝绸之路经济带建设相配合,进而使生态保护工作走向新的台阶。我们认为,协同保护本身应当置放在多维视域之下,它不仅仅是不同保护主体间的协同,也是不同层次的区域、政府间的协同。

在协同保护体系中,不同主体间的合作与分工是生态保护工作得以全面推进,生态保护与社会效益得以协调发展的重要方式。以前,政府单中心的保护路径使生态保护的社会成本十分高昂,由于没有调动企业、公众参与保护的积极性和主动性,生态保护成为政府的"独角戏",政府大规模的生态保护投入与企业、公众为自身利益破坏生态之间形成巨大反差,由此导致的生态破坏往往又会加重政府负担。政府单边主义也使得企业、公众的生态保护理念、热情得不到尊重,社会资源找不到进入生态保护体系的合理路径,从而抑制了生态保护工作中的协同体制建设。近年来,无论是国家层面及顶层制度设计,还是在地方社会,政府、企业、公众协同保护的理念开始得以提倡,政府意识到生态保护不能由政府大包大揽,企业、公众的生态保护意志也得到充分尊重。在这样的背景下,协同保护作为一种新的生态保护理念,已在青海省生态保护工作中发挥过一定作用。据青海新闻网报到,三江源生态保护进入"资源整合协同保护"阶段,政府加快建设以水权为中心的生态协同保护制度,鼓励、扶持绿色产业发展,促进生态移民增收致富。目前,由政府推出生态保护项目、提供实施资金,由企业设计生态保护方案、参与政府招标,由社会公众组成的生态保护组织参与保护的三方协同保护理念、方法已在具体保护工作中得以实施和推广。

作为一种制度设计,协同保护也并非尽善尽美。从社会学制度主义的视角分析,区域生态环境协同治理的实施过程,是其强制性规章制度的建立、管理运行机制的规范,以及地方政府、企业和社会公众对协同治理的认同这三个层面的因素共存且互相影响的过程。然而,政府单中心的路径依赖、不同治理主体间复杂的利益关系,以及各治理主体在认知、行为上的偏差都会导致协同保护的制度惰性。因此,有必要进一步完善法规制度、增进共容利益,培育社会资本进行制度补给,以促进协同保护的真正实施。①

除从治理主体角度理解、安排协同保护外,还应当从不同区域间的配合、协调去理解、安排协同保护工作。在青海省范围内,不同地理单元、人类空间的协同保护,也是以协作形式保护生态的重要方法。在区域范围内,不同地理单元之间生态保护的协同一致,是生态体系在整体上得以保护、发展的关键。如前所述,青海省的生态保护在区域上具有很大的差异性,这一方面是客观条件造成的,另一方面也与协同保护理念未能真正贯彻有关。目前,针对三江源

---

① 余敏江:《论区域生态环境协同治理的制度基础——基于社会学制度主义的分析视角》,《理论探讨》,2013年第2期。

保护区以外的草原生态保护及立法工作,东部农业区的生态建设,以及西宁、海东、格尔木等城镇生态建设等,都需要相应的制度保障,也需要企业、公众的积极参与。

不同人类空间因居民教育程度不同、居民生产生活方式差异等因素,对生态保护的认识也会存在差异,作为文明中心的城市居民,其环保意识、理念的建构以及对环保事业的贡献程度,往往会对周边区域产生直接影响。就青海来说,西宁、格尔木等中心城市的生态文明建设应从城市规划体系、生态经济建设、生态文化建设等方面,推进相关工作[1],尤其是在生态文化建设方面应当走在全青海的前列,在政府、企业、公众的共同努力下,组建一些从事专业生态保护的企业和社会组织,使他们在理念上具有引领生态建设前沿的意识和能力,能够承接省内外大型的生态保护工程项目,成为政府在牧区、农业区实施保护工程的承担者和具体实施者。总之,在区域协同保护中,城市应当是保护政策、保护资金、保护理念的发源地,被保护区域的生态保护效果又能对城镇生态起到反馈和促进的作用,从而构成区域内的联动效应。

多维视域下的协同保护还应当考虑到跨行政、跨区域的因素。从跨行政的角度看,不同层次政府之间的协同保护实际上是定位、分工问题。中央政府的职责主要集中在制度安排方面,如生态影响评估制度、认证制度、补偿制度等。地方政府的重点在于解决好发展与保护的关系问题,不能把环保看成是地方政府与企业的博弈,也不能把环保工作当作是各职能部门的权力体现,而是在微观层面协调处理好政策法规、经济发展、生态效应等之间的关系。

从跨区域角度看,生态协同保护不再是一个国家、一个省份、

---

[1] 马玉英:《生态文明视阈下青海生态城市建设研究》,《青海民族研究》,2013年第3期。

单一国民的事情,而应当具有更为广阔的协同保护空间。从较小的跨区域范围看,青海省的生态保护工作应当与周边省区之间形成协同保护机制,这既是生态保护客观要求的体现,也是协同保护理念进一步发展的需要。比如,在青藏高原范围内,青海省与西藏自治区、甘肃藏区、四川藏区等在生态环境的总体特征上具有很大的相似性,一些具体的生态治理工作往往有交叉性的特点,因此,如何在跨区域范围内与周边省区合作,就是考量协同保护工作是否得以实施的一个关键。在我国大力实施向西开放战略中,跨区域的生态协同保护也被提上日程,和丝绸之路经济带沿线国家合作,共同保护好新丝绸之路沿线的生态环境,相互借鉴、学习环保经验等,都是跨区域协同保护面临的具体工作。比如,共同制定、完善环保制度,适时设立"生态环境基金"等。①在跨区域协同保护工作中,保护主体不再是单一国民,也具有跨国家的性质。比如,如何在国家层面和制度设计层面与丝绸之路沿线国家合作、协调,如何和沿线国家、企业一起参与环境保护,如何使不同国家的公众及环保组织参与青海的生态保护等,都应当是协同保护必须要考虑的问题。当丝绸之路经济带建设形成一定规模时,生态环境协同保护的具体实施也会进一步国际化,届时,三江源保护工程的一些项目实施机构可能会来自尼泊尔,而柴达木循环经济及生态保护方案可以在中亚五国落地实施,只有这样才能实现真正意义上的跨区域协同保护。

其次,结合当代先进生态保护理念,发展和实施碳汇交易是促进青海生态文明建设的重要举措。

"碳汇"一词来源于《联合国气候变化框架公约》缔约国签订的《京

---

① 任保平、马莉莉、师博主编:《丝绸之路经济带与新阶段西部大开发》,中国经济出版社2015年版,第95页。

都议定书》，该议定书于2005年2月16日正式生效。"碳汇"一般是指一切从空气中清除二氧化碳的过程、活动、机制，主要是指森林、草原、湿地等生态服务系统吸收并储存二氧化碳的多少，或者说是生态服务系统吸收并储存二氧化碳的能力。现代西方经济学针对环境保护、生态补偿提出来的一个理论，指厂商污染了环境，等于占用了一定的环境资源，但并不为此支付任何费用。森林草地碳汇不论森林草地所有者或经营者是否愿意提供，只要进行森林草地保护活动，森林草地碳汇功能就自然产生，而森林草地所有者或经营者在没有制度安排下，不能获得任何报酬。"外部性"直接带来了边际社会产品与边际私人产品的不一致，而且这种不一致最终导致了社会资源配置的低效率甚至无效率。所以，可以通过政府干预手段来修正外部性，对于森林草地碳汇产生的外部性给予补贴，即生态环境的补偿。碳汇交易目前主要有两种制度安排：一种是以排放许可为交易对象的碳汇交易制度；另一种是以跨国投资为基础的碳汇项目。截至2011年1月7日，中国在联合国获得批准的清洁发展机制（CMD）项目1 162个，占全世界已注册项目的42.5%。2012年，中国提供的碳减排量占全球的三分之一，居世界第一。预计到2020年，全球碳市场交易高达2万亿美元。碳汇交易通过市场化手段，使节能减排由传统政府强制减排逐步向灵活化、市场化转变，因此对市场经济形态下的生态保护具有重要意义。

青海也积极尝试实施碳汇交易。2012年，青海首个林业碳汇项目在华东林业产权交易所挂牌上市，核定项目净碳汇量计量值为20.59万吨，交易完成后总收入可达618万元。[①]由于青海海拔高、

---

① 宋晓英《青海首个林业碳汇项目挂牌交易》，《中国绿色时报》，2013年6月17日，第1版。

干旱少雨，林地的立体条件差，致使碳汇交易难以开展。青海还没有建立起适合自身的碳汇评价体系，加之国际碳汇交易的话语权掌控在发达国家手中，这些因素都不利于青海碳汇市场的发展。但是，青海生态资源类型多样，如果把森林、草原、湿地等产生的碳汇价值都计算在内，那么青海碳汇资源的丰富性、多样性必然能够引起重视。据学者研究，当务之急应当是根据青藏高原自然资源环境与生态条件建立符合青海省情的碳汇交易体系，摸清家底，争取国家政策扶持，借以提高青海碳汇交易的市场效率。①

随着丝绸之路经济带建设的实施，沿线地区、国家各个企业参与碳汇交易的程度会逐步提高，因此，建立丝绸之路经济带碳汇交易所的可能性也在逐步增大。在新丝绸之路视域下，青海参与国际碳汇交易的市场前景十分广阔。碳汇交易的前提是提供交易的林地、草场需要被保护起来，不能用作其他经济活动，而青海90%的区域是限制或禁止开发区域，这与碳汇交易的市场原则基本是一致的。丝绸之路经济带建设也是一个建立规则、制定标准的过程。就碳汇交易来说，如果我们能够及时完成青海地区碳汇交易规则制定，把市场谈判的主动权掌握在自己手中，那么，在未来参与丝绸之路沿线企业碳汇交易过程中就能占得先机，从而使生态保护与改善民生形成良性循环。

第三，如果我们把自然生态保护视为增加自然价值、保护和发展生产力的过程，那么除了碳汇交易，促进生态旅游也是当前生态保护的重要方式。

生态旅游这一概念是国际自然保护联盟（IUCN）特别顾问谢贝

---

① 刘亚洲：《对青海发展碳汇交易的几点思考》，《青海金融》，2011年第1期。

洛斯·拉斯喀瑞于1983年提出,几十年来,它以20%的速度增长,是旅游产品中增长最快的部分。生态旅游作为一种常规旅游的形式,让游客置身于相对古朴、原始的自然区域,享受自然风光,是一种具有保护自然环境和维护当地人民生活双重责任的旅游活动,其内涵是强调对自然景观实施保护的可持续性的旅游。作为生态大省,如果仅仅保护好生态而轻视民生的话,那么当地的社会经济发展得不到保障,仅依赖当地高寒农牧产品开发也无法改善当地民生。但是,当地独特的自然环境、人文环境为生态旅游提供了绝好的发展机会,同时也为人们探索新的生态保护策略、方式提供了机遇。

自然生态环境承载力影响着青海地区的整体生态旅游环境承载力,是旅游可持续承载的基础条件和约束条件。生态旅游开发的前提就是要摸清家底,对青海全省生态旅游资源状况做出合理的考察、评估,依据这些评估结果统筹安排旅游开发。目前,以青海湖、祁连山等为主的生态旅游开发项目已经发挥着较为重要的生态和经济效益,而青海南部广大牧区的生态资源及其承载力尚在初步研究、开发当中。相关学者以青海南部高原的高海拔、旅游发展初级阶段的典型地区为研究对象,构建高寒地区生态旅游环境承载力评价指标体系,通过标准化处理、聚类分析、熵值法等方法,对该地区16个县域27项评价因子进行生态旅游环境承载力研究,结果显示:达日、杂多、甘德3县生态旅游环境承载力最小;河南、曲麻莱和治多3县较低;久治、兴海、泽库和称多4县中等;生态旅游环境承载力较高的有玛多、班玛和同德3县,而玉树、玛沁、囊谦3县生态旅游环境承载力最大。根据上述评估,学者们提出青海南部高原藏区这个生态环境脆弱、自然环境极端、旅游资源特殊的高海拔地域环境,自然生态环境承载力影响了该地区的整体生态旅游环境承载力,是旅游可持续承载的基础条件和约束条件,但可以通过积极方式提高旅游环境,改善该地区的社会、经济环境对提高生态旅游环境承载力有着极其重要的作用,通过提高社会、经济环境承载力可以逐渐扩大自然旅游资源的开发规模。①

生态旅游的推进依赖旅游产品提供者与消费者双重的环保意识。生态旅游推进者需要提供旅游的主要物件,即自然景物,而生态旅游消费者至少具有不破坏这些自然景物的自觉意识。在全球环境恶化的大背景下,人们的环保意识逐步觉醒,绿色运动和绿色消费席卷全球,生态旅游观念也因此诞生,如今,"回归大自然""绿色旅游"的概念深入人心,生态旅游过程中的产品开发行为和旅游方式也逐步形成标准化模式。作为生态旅游项目开发者,要避免在景区实施大规模的人为开发,不能大兴土木,破坏生态,所提供的旅游交通工具应当以自行车等小型出行工具为主,接待设施应当小巧,住宿也多以帐篷露营为主,尽一切可能将旅游对自然景观的影响降至最低;作为旅游者,应当增强环保意识,在享受大自然带来的身心愉悦的同时,以实际行动去爱惜自然景观,真正做到"留下的只有脚印,带走的只有照片"。

生态旅游也面临一些实际问题。比如,旅游者环保意识的强化和生态伦理观的建立,仅依靠旅游法规约束或生态旅游项目推出者的监督是远远不够的,一些旅游者停留在表面的生态观念,对生态环境造成较大威胁,这一点是推行生态旅游面临的主要难题。目前,青海生态旅游项目中最为热门的景点当属青海湖。这一全国最大咸水湖带给人们绝美的风光和美好感观享受的同时,一些人们回报给

---

① 蒋贵彦、卓玛措:《青海南部高原藏区生态旅游环境承载力研究》,《干旱区资源与环境》,2014年第4期。

它的却是随意丢弃的垃圾。据媒体报到，2015年"十一"长假结束，旅游大军走了，青海湖景区却遭遇了"垃圾之殇"。青海湖沿湖360多公里，靠近公路和水边的旅游景点尤其狼藉，乡村、县级垃圾处理场作用甚微，垃圾场外观测池恶臭的液体已经溢出，流入草场。有些游客乱扔垃圾，还辱骂劝解的环卫工。针对上述情况，青海省委、省政府领导做出批示，海南州、海北州和青海湖景区保护管理局组织人员，用两天时间清理出270余吨垃圾。①从2015年"十一"长假后引起的环湖"垃圾之殇"的网上讨论及相关单位的一些措施看，青海生态旅游参与的各方在环保方面均存在很大问题，旅游管理部门的失职、当地居民的短期行为、一些游客的不文明行为等都是造成上述问题的因素，从中折射出生态旅游与生态保护之间存在的矛盾。生态旅游与经济开发之间的关系也是面临的一大实际难题。生态旅游消费水平高于大众旅游，它对当地民生的作用依赖于旅游管理者、经营者成熟、理性的管理、经营模式，但是，面对经济利益的诱惑，无节制、超容量的开发，往往让当地付出更大的生态代价，上述青海湖地区的污染问题就是一个典型的实例。

  从上述分析看，如果仅靠旅游开发者和旅游者本身的自觉意识进行是完全不可行的，生态旅游开发的前提应当在政府强有力的监督之下才能得以实施，地方政府应当严格执行生态旅游的国家标准，严把准入关，同时加强对游客的生态伦理教育，使生态旅游真正能够让游客回归大自然，并且以生态旅游方式促进生态系统的良性运行，使经营者、旅游者、当地居民都能对当地生态环境保护做出贡献。

  总之，生态保护是一项十分重要的工作，在"生态立省"为前

---

① 《青海省委书记、省长对青海湖"垃圾围湖"作批示》，引自新京报2015年10月12日，http://news.sohu.com/20151012/n422964794.shtml

提的生态文明建设过程中,青海的生态保护显得尤为重要,它不仅可以改善自然与人类的关系,使生态环境良好地作用于人类社会发展,同时也可以为青海道的复兴提供绿色屏障。结合丝绸之路经济带建设去安排青海的生态保护工程,应当能提出更为科学、理性的环保措施,多维视域下的环保措施也能更加切实地发挥出良好的生态效益。

# 柒 纳故拓新：丝绸之路经济带建设与青海文化产业振兴

## 第一节 青海文化的内涵与产业发展现状

### 一、青海文化的内涵

青海文化是中国文化的组成部分，是一个以地理单元为标志的地方文化形态。地方文化是一种特有的精神现象，它是地方社会发展的重要支撑，也是形成国家与地方社会之间有效沟通的精神血脉。青海文化既是青海地区各族群众的精神家园，也是促进地方社会经济发展、激发青海人民创造力的动力源泉。

#### （一）青海文化的历史形态

历史是现实的基础，想要厘清青海文化的基本内涵，首先应当了解青海文化形成的历史过程及其基本形态。具体来说，民族历史文化与历史地理因素是青海文化历史形态得以建构的两大方面。

自古以来，青海地区是多民族聚居之地，大约在商周时期，羌人繁衍生息于此，过着游牧或半农半牧的生活，直到魏晋时期，羌人仍是青海地区人口占多数的民族。在漫长的发展过程中，羌人形成了相对独立的语言文化体系，并逐步与周边民族文化相融合。在青海东部地区，羌人与西迁至河湟地区的汉族相接触，逐步接受了来自中原的农耕文化；在青海南部地区乃至西藏、川西、滇西北地区，藏缅语系诸民族深受羌人影响；在青海北部地区，当地羌人则与卢水胡、小月氏等族相融合。大约在魏晋时期，匈奴、鲜卑等民族迁徙至青海地区，对当地的民族构成形成重大影响。以鲜卑民族为例，慕容鲜卑的一支曾西徙至青海东南部，与当地氐羌民族相融合，逐步发展成为以其首领之命为族号的一个民族，这就是著名的吐谷浑民族。吐谷浑曾立国于青海数百年，这个以牧业见长的少数民族地方政权曾利用丝绸之路青海道与周边国家、民族等交往通商，成为统治青海牧区的草原帝国。另一支鲜卑部族秃发部也自我国东北迁徙至河湟一带，建立南凉政权，今乐都、西宁一带皆曾为其都城。南凉以好战著称，在诸族争雄的南北朝时期，曾与西凉、北凉、吐谷浑等政权发生过战争。南凉既吸收中原的农耕文明和儒家文化，也与当地土著民族羌族相融合，南凉灭国后，其部族最终融入青海东部地区各少数民族。

大约在唐代中期，吐蕃民族的北上和东进深刻地改变了青海地区的民族结构，也使当时的青海文化发生了巨大的变化。安史之乱后，吐蕃统治了整个青海地区，吐蕃民族所信奉的藏传佛教也趁势传播至青海地区，加之吐蕃统治者对当地少数民族采取强制同化政策，使得越来越多的少数民族融入吐蕃。上述因素最终导致佛教文化成为青海地区占主导地位的文化形态，吐蕃文化也因此成为青海地区的强势文化。朗达玛灭佛后，西藏地区佛教受到重大打击，藏传佛教复兴之时，青海东部地区成为后弘期下路弘传的发源地。宋代以来，以青唐吐蕃政权为代表的吐蕃地方势力仍然对青海地区的政治、经济、文化产生过重要影响。

大约也是从唐代以来，突厥族系的沙陀人、粟特人、回鹘人等在青海地区也留下了活动印记。元代以来，回回民族、撒拉族等信仰伊斯兰教的一些民族也徙入青海。青海地区的回族、撒拉族是伊斯兰文化东进的代言者，他们以"小聚居"的居住方式，在丝绸之路沿线交通要道以经商、务农等为业，其宗教信仰的表达方式、生活习俗及生产方式也受到汉族、藏族等民族的影响。元明以来，东蒙古部落进入青海，驻牧于祁连山南麓一带，并逐步成为青海西北部地区的主体民族。

明清以来，大量汉族移民徙入青海东部地区，他们带来的儒家文化、农耕文明等又一次扎根于此，逐步成为占主导地位的文化形态。和两汉、隋唐时期汉族移民文化的历史结局不同，明清以来的汉族移民文化得益于中原王朝稳固的统治秩序和地方行政建置，最终落地生根，发展壮大，成为影响至今的主流文化形态。汉文化进入青海后，也吸收了当地少数民族的诸多文化因素，最终形成具有浓郁地方特色的汉族文化形态。①青海汉族文化形态颇为特殊，它虽以儒家文化为主体与底色，同时也深受道教文化、中原佛教文化等影响，加之地方少数民族文化的融入，使其文化面貌更加复杂多元。

如前文所述，青海的地理条件也较为特殊，它是青藏高原、黄土高原的交汇之地，也是大江大河的发源地，除东部地区外，其他地区基本为草原及荒漠地区。这些自然地理条件决定了青海地区很难形成具有原生性质且影响巨大的文化体系，地方文化的人口承载

---

① 张科：《和而不同：青海多民族文化的鼎立与互动》，《青海民族研究》，2007年第4期。

量也十分有限。青海的地理位置也决定了青海文化的一些历史属性，尽管自然条件总体上不利于社会文化发展，但是地处东亚腹地的地理优势使得它自古以来就是东西方文化交流融汇之地，源于西藏的藏传佛教自南向北迁播至此，西亚的伊斯兰文明也藉人口迁徙而扎根于此，东部地区的社会文化也可借助各个走廊传播至此。青海牧区可承载外来的游牧文化，丝绸之路青海道为商业民族提供了生息机遇，东部河谷为农耕文化的传播提供了条件。不同的文化形态皆可在青海找到其生存发展的地理条件，而地理条件反过来建构着这些文化的历史形态，并使不同文化体系之间形成密不可分的联系。

  总之，远古至今，青海地区一直为多民族杂居之地，民族间的竞争融合、此消彼长，使该地区成为著名的民族文化大走廊。随着历史的演进，逐步形成汉族、羌藏、鲜卑蒙古、突厥伊斯兰四大族系，[①]这一民族构成延续一直至今，使青海地区呈现出"五方杂处，风俗殊异"的人文风貌，从而使青海具有北方游牧文化、中亚文化、西亚文化、中原文化的多重属性，[②]青海文化也因此具有"历史悠久、类型多样、内涵丰富、品质独特"的文化特性。[③]这一过程中，青海地区"历经了民族迁移，战和更替，聚散分合，碰撞融合，构成了具有特色的西陲的社会性和历史性的文化"。[④]在特殊的地理单元内，青海各民族在政治、经济、文化诸方面始终处于共生状态，最终形

---

① 芈一之等主编：《西宁历史与文化》，辽宁民族出版社2005年版，第18—19页。
② 阿朝东：《从历史文物看青海地区多元文化的形成及发展》，《青海民族研究》，2005年第3期。
③ 王昱：《试论青海历史文化的基本特点》，《青海社会科学》，2009年第2期。
④ 芈一之等主编：《西宁历史与文化》，辽宁民族出版社2005年版，第18页。

成共聚共生的历史文化形态。①

### （二）青海文化的基本内涵

根据青海文化发生、发展的历史基础与地理因素，可从以下几方面解析其基本内涵：

首先，青海文化具有典型的多元性特点。在民族边疆地区，文化的多元性往往十分具体、形象地展现在人们面前，青海文化也是如此。古往今来，共有20多个民族生息于青海地区，他们丰富多彩的民族文化以不同的形式展现于青海的历史与现实之中，使青海这个人口小省在文化上呈现出丰富、多元的特点。

青海文化的多元性具体表现在青海地区的宗教文化、节庆文化、饮食文化、建筑民居等都具有多元丰富的特点。以节庆文化为例，汉族、土族等民族多遵循中原汉族节庆文化，春节、元宵、清明、中秋等节日深受人们重视；青海穆斯林群众的节庆活动与其宗教信仰密不可分，开斋节、古尔邦节、圣纪节是其三大节日；藏族、蒙古族的节庆也有自身浓厚传统。文化表现形式因多元而丰富的现象多不胜举，至今，在西宁等城镇，身着不同民族服装的人们或行于街市，或共处一室，时时提醒人们这是一块文化多元之地。

文化的多元性为不同文化体系间的融合、互渗、重组提供了客观条件。在青海地区，不同民族间在语言、宗教信仰、婚姻生活、饮食等方面发生过深刻而持久的互动关系，共享着一些文化因素，从而形成多民族共同的文化特征或文化因素，同时又保持着本民族独有的文化特征。①以土族为例，青海黄南州同仁县一带的土族内部使用土语，对外则使用藏语；土族的宗教信仰既有本民族的文化因素，

---

① 赵英：《青海民族文化的历史形态及其现实启示》，《西藏发展论坛》，2013年第5期。

又有道教的因子，同时又深受藏传佛教影响；土族的节庆文化既受汉族文化影响，也受到藏族、蒙古族影响。这些现象都是文化互动的结果。

第二，文化上的共生性也是青海文化的重要内涵。

青海文化的共生性有其坚实的历史基础。如前所述，青海是一个多民族地区，又是一个文化上具有次生性质的区域，这两大因素造就了不同文化体系间的共生关系。从民族关系角度讲，早期羌族处于种落多元并立的局面，没有形成政治、经济及文化上统一的国家。魏晋以来，无论是建政于青海的少数民族，还是徙入东部地区的汉族移民，政治上的局限性和文化上的次生性，都决定了青海地区不可能是单一民族的生息之地，也决定了任何一个民族都没有完全取代其他民族而成为当地唯一世居民族的可能，即使是统治青海牧区数百年的吐谷浑，其国家底层民族仍以羌人为核心。隋唐以来，青海地区的民族格局与之前的状况大致类似。这种多民族共生的历史事实，使得青海本身成为各个民族的共生空间，民族之间如何交往、如何形成利益共同体等问题，是不同时期、不同民族必须直面的重大问题，长此以往，便形成了互相依存、互相包容的共生状态。

从地方文化发展趋势看，与中原一体上的行政建置是青海文化保持共生特性的政治基础，这一基础使得不同文化体系皆能在统一的政治体系下形成有效的共生关系。青海地区的牧业经济、农业经济、半农半牧及农商兼营等的生产方式，为不同文化体系的共生关系提供了必要的经济基础。以回族、撒拉族为例，尽管其宗教信仰、生活习俗与其他民族有较大差异，但是，自从他们踏着丝绸之路进入

---

① 徐世栋、姚继荣:《青海多民族文化的互动与共享》，《青海民族大学学报》（社会科学版），2013年第1期。

青海地区的那时起，就与当地的汉族、藏族、蒙古族等保持着紧密的经济来往，一部分回族、撒拉族学习汉族农耕文化，从事农业生产，一部分人则与藏族、蒙古族等共同经商，青海牧区的皮毛、药材等生意往往离不开回族、撒拉族的参与，这种经济上的共生关系，为不同民族的共聚共生提供了相应的经济基础。

总之，青海虽然是一个人口小省，但因其文化具有多元性、共生性的内涵，因而具有不可复制性和不可替代性。[①]了解青海文化的历史形态及其内涵，有利于我们结合丝绸之路经济带建设重新思考和布局当代青海的文化产业。

## 二、青海文化产业发展现状的 SWOT 分析

所谓 SWOT 分析，是基于内外部竞争环境和竞争条件下的态势分析，就是将与研究对象密切相关的各种主要内部优势、劣势和外部的机会和威胁等，通过调查列举出来，并依照矩阵形式排列，然后用系统分析的思想，把各种因素相互匹配起来加以分析，从中得出一系列相应的结论，而结论通常带有一定的决策性。其中，S（strengths）是优势，W（weaknesses）是劣势，O（opportunities）是机会，T（threats）是威胁。按照企业竞争战略的完整概念，战略应是一个企业"能够做的"（即组织的强项和弱项）和"可能做的"（即环境的机会和威胁）之间的有机组合。

---

① 赵永祥:《关于青海文化产业跨越式发展的几个问题》,《攀登》,2013年第1期。

## （一）SW 解析

### 1. 内部优势

青海文化产业发展的内部优势主要包括两大方面，即资源优势和政策优势。资源优势主要指青海文化产业发展的历史文化基础雄厚，这一点主要体现在青海文化的多元、丰富，以及文化资源开发的深度、广度等方面。

文化产业是基于特定文化事项基础上的经济活动，它的特殊性在于这种产业的发展必须依托特定的文化现象，如若在特定区域内，支撑文化产业发展的文化现象过于单一，或文化现象的表现形式及其内涵没有纵深性，那么这一文化产业就无法长久持续下去。如前所述，青海地区的文化形态天然地具有多元性，不同民族的不同文化现象，十分具体、生动地体现着这些民族的勤劳智慧，加之高海拔地区特有的自然条件的影响，这些文化现象往往具有难以复制的独特性，而且这些文化现象不是特殊的、偶然的产物，是经历了漫长历史时期，经过时间洗炼的文化精髓，因而完全可以支撑、满足文化产业发展的需要。

在区域经济学范畴内，政策优势是指地方政府把特定产业视作落实国家发展援助、实现经济均衡发展，促进地方经济发展的主要产业，因而通过宏观调控、优惠措施等手段，确保该产业快速发展，对于这一产业而言，地方政府的上述措施即是一种政策优势。

新中国成立前，全省各族人民文化生活极度贫乏。1949 年，全省只有各类文化事业机构 4 个，其中电影放映机构 1 个，图书馆 1 个，群众文化事业机构 2 个；从业人员 41 人。没有出版机构，也没有专营的书店，图书发行量极小。新中国成立以后，青海的文化事业在党的"百花齐放、百家争鸣"的方针指引下，日益繁荣，恢复和重建了许多文艺表演团体和演出场所，建成了藏医药博物馆、青藏高原自然博物馆、河湟乡村农耕文化博物馆、青海人民出版社等文化机构，创作了《藏羚羊》《秘境青海》《青藏大铁路》《中国撒拉尔》《古道传奇》《五彩神箭》等一批富有青海特色文化元素的文艺作品，黄南州热贡文化生态保护区获批成为国家级文化生态保护区，湟源县（排灯之乡）、大通回族土族自治县（老爷山朝山会之乡）、湟中县拦隆口镇（高台之乡）、互助土族自治县丹麻镇（土族花儿会之乡）、乐都县瞿昙镇（花儿会之乡）、同仁县（热贡艺术之乡）等县、乡（镇）被文化部命名为"中国民间文化艺术之乡"，群众文化生活日益丰富。全省广播节目由1952年的1套增加到2013年的12套，电视节目从无到有，达16套，广播和电视的人口覆盖率分别为95.7%和96.9%，分别比1978年提高70.7和76.9个百分点。出版的图书由1952年的23种增加到1 051种，报纸由1975年的2种增加到28种，杂志由1978年的1种增加到53种。公共图书馆由1978年末的13个增加到49个。青海省政府制定的产业发展政策，犹如一只只"看得见的手"，对青海文化产业发展起到重要作用。2011年11月25日，青海文化改革大会在西宁召开，会议提出了建设社会主义文化名省、实现青海文化大发展大繁荣的战略目标。青海社会科学院发布的《2012年青海经济社会形势分析与预测》指出，文化名省建设将成为未来5年青海发展的主基调。"十二五"期间，青海省以"八大工程"为抓手，投资96.66亿元推进文化事业和文化产业共同发展。近年来，以环湖赛为抓手的体育文化产业，以热贡艺术为代表的藏文化产业等，都是政府主推的文化产业项目。这些政策、措施是国家大力发展文化产业的宏观经济政策在青海地区的政策延伸，而由此形成的政策优势无疑是青海文化产业发展的内部优势。

2. 内部劣势

近年来，有关青海文化发展的内部劣势问题，学者们得出一致结论，即认为"散、弱、小"是青海文化发展的主要劣势，如杨晓燕著文认为弱势区位影响着青海文化市场的发展进程，青海文化产品结构单一，核心竞争力不足，文化市场开放力度不大，缺乏科学系统的管理等因素导致了青海文化市场"小、散、乱、差"。①具体来说，"散"是指青海文化产业没有形成龙头产业、龙头企业和龙头效益，处于一盘散沙的状态；"弱"是指青海文化产业发展的基础弱，无论是文化产业的经济基础、人才基础及品牌认知程度都相对较弱；"小"是指青海文化产业的经济效益差，对国民经济的贡献力度不大。

上述看法基本是合理的。的确，与沿海省份及中原文化大省相比，青海文化产业的发展规模、程度完全可以用"散、弱、小"来概括。然而，青海本身的人口与地理深度不够，这是各种客观条件共同作用下形成的，也是人为无法改变的，因此，片面地追求规模效应是不科学的。

结合相关调查，我们认为青海文化产业的内部劣势主要有以下两个方面：一是文化产业发展的自信力不够；二是文化产业特色不够鲜明。

调查发现，无论是青海文化产业从业者还是区域内文化产业的消费者等，普遍缺乏应有的文化自信力，63%的文化产业从业者并不关心他们所从事的文化产业的话语权问题，近87%的消费者不关心文化产业背后的话语权问题，这说明青海文化产业不仅没有建立起自己的话语权，相反，对文化产业至关重要的话语权问题视而不见，

---

① 杨晓燕：《青海文化市场发展态势分析》，《新西部》，2014年第29期。

这势必造成文化产业的去文化化。自信力的缺乏，使文化话语时代的产业从业人员普遍具有文化身份认定上的焦虑感，同时也导致文化产业规划设计普遍出现盲点，有学者已经注意到，青海宗教文化产业的开发集中于自然风光、宗教建筑，没有把力量集中于宗教文化这一特色资源的开发上。[①]文化产业发展的自信力不够，使得文化产品的推广和设计缺乏观念上的自主性与主动性，从而使历史人文资源无法很好地作用于现实的文化产业开发上。

文化产业特色不突出的问题也是青海文化产业发展的一大内部劣势。以藏文化产业为例，青海的藏文化产业与西藏、甘肃、四川相比，有什么特色或自身优势，无论是学术界还是从业者，都很少有理性清晰的认知；在产业推进方面，为抓住藏文化产业的发展机遇，无论是青海东部地区还是六州牧区，都在上马藏文化产业园一类的文化产业项目，这就导致东部地区与牧区争夺藏文化产业资源，各州县的藏文化产业间也形成无序竞争，最终的结果是都没能形成自身的产业特色，从而使具有资源优势的一大产业并没有很好地发挥它的功能。此外，围绕穆斯林文化、蒙古族文化等的产业发展也有类似的问题。

受制于人口规模、经济总量及自然地理条件，青海的文化产业的确不能片面地追求经济规模，但是如果这一产业在与周边省区竞争过程中找不到自己的特色，那么它的发展自然就会受到限制，所谓的"散""乱""差"的劣势自然也就凸显出来了。

---

[①] 杨晓燕：《青海宗教文化产业发展的路径探析》，《青藏高原论坛》，2013年第4期。

## （二）OT 分析

### 1. 外部机会

青海文化产业发展的外部机会，可从以下三个方面进行总结：

第一，国际国内对青海文化产业的需要旺盛，这为青海文化产业发展提供了广阔的市场空间。

随着"大美青海"这一文化品牌知名度的提升，国际国内对青海文化产业的特色、价值多予高度评价，消费意愿指数也因此得以提升。具体来说，近年来，我国对外开放程度提高，即使是内陆省份，与国外交流交往的渠道也呈井喷式增长，原来不为国际市场看重的青海文化产业因其独特的文化品位得到重视，加之我省走出去战略的实施，一些文化产品得到前所未有的发展机遇。在国际市场上，因相同或相似的文化背景而得到认同的文化产品，越来越多地得到认可，比如，在喜马拉雅地区，藏传佛教是尼泊尔、不丹等国共同的精神信仰，与之有关的文化消费为同样有着深厚的藏传佛教传统的青海提供了产品出口的机遇，青海唐卡、藏绣等产品因此在上述国家打开销路。因相同文化背景而提供国际市场机遇的还有西亚地区，产自青海的清真文化产品也在这一地区找到了广阔的市场。

国内对青海文化产业的需要量也迅速增长。近年来，"大美青海""青海蓝""夏都""世界凉爽城市"等文化概念在神州大地快速传播，原本不为人们重视的西部偏远省份青海日益得到人们关注，与藏传佛教、伊斯兰教、高原体育、雪域风光等有关的文化产品也吸引了大批国内游客，特别是在每年的6—9月份，大量游客来到青海，成为相关文化产品的主要消费群体，这种旺盛的需要为青海文化产业的扩展、升级提供了坚实的市场保障。

第二，丝绸之路经济带建设的带动作用明显。丝绸之路经济带建设为青海文化产业发展带来新的机遇，也为这片绝大多数地区为禁止开发区域的省份发展绿色产业注入新的活力。丝绸之路经济带建设首先可提升青海对外开放水平，可为青海文化产品的外销提供新的机遇；丝绸之路经济带建设可促进沿线国家与地区的"民心相通"，这可为青海文化产品带来更多的消费群体；丝绸之路经济带建设势必会提升青海基础设施建设水平，这也为文化产业发展提供更有利的基础条件。

第三，国家的调控政策、目标及实施方案也是青海文化产业发展的外部有利条件。

近年来，我国对包括青海在内的西部地区社会经济发展有着明确的调控政策及目标，西部大开发战略、新型城镇化建设及最近的丝绸之路经济带建设等国家发展战略皆是青海文化产业发展的政策保障。上述战略首先是国家以政策倾斜或优惠政策促进特定区域加快发展的一种政策保障，按照区域经济学理论，无论是发达国家，还是发展中国家，往往都有一部分地区在经济发展方面存在障碍，因此会带来一系列难以解决的社会问题，如就业机会减少，收入增长放缓，人口外流，甚至在民族地区会引起矛盾，进而影响到国家的统一和领土安全。[1]为解决上述问题，中央政府以区域发展援助为手段，通过加快发展落后地区的社会经济，努力达成区域发展平衡战略，甚至采取区域优先发展战略，来解决上述问题。

在这样的政策背景下，青海文化产业发展迎来了前所未有的外部机遇，这一产业既是国家加快发展西部社会经济战略的受惠对象，也是这些战略的承载体，这都无疑有利于该产业的快速发展。

---

[1]赫寿义、安虎森编著:《区域经济学》,经济科学出版社1999年版,第479—481页。

2. 威胁分析

青海文化产业发展的外部威胁主要有以下两大方面：

第一，青海文化产品与周边省区相关产业之间存在较大的竞争关系。青海与周边省区西藏、新疆、甘肃、宁夏在自然地理风貌、民族分布、产业布局等方面多有类似之处。比如，青海和西藏都处于青藏高原，皆为高海拔地区，工业发展受到限制，利用文化产品开发带动带活经济的需要较高，加之青海和西藏都是藏民族的主要世居地，藏传佛教文化氛围都很浓厚，与之有关的文化产业也有相近之处。甘肃和青海是相邻省份，地理气候、衣食住行、风土人情及自然风光也有很大的相似性。近年来，兰州也曾以"夏都"之名发展城市避暑旅游，甘肃的伊斯兰文化产业、藏文化产业等都与青海形成竞争关系。此外，新疆、宁夏的一些文化产品也与青海有相同、相似之处。

在西部大开发、丝绸之路经济带建设等国家战略的指引下，青海周边省份也纷纷制定适合自身文化产业发展的战略方针，也都在纷纷挖掘自身文化优势及潜力，力图在省际竞争中取得优势地位。在这样的产业发展环境下，青海文化产品首先面临着替代性产品的竞争与挤压，比如，宁夏的清真文化产品对青海的相关产品就构成大的挑战，如果青海的清真文化产品做不出自己的特色，不能很好地把握市场机遇，很有可能会被宁夏的产品取而代之。

第二，维稳等政治因素的影响。文化产业与社会环境之间关系十分密切，其发展的进程、态势及效果往往取决于社会环境的变化与发展。在青海，历史因素、国际环境、民族等问题都对社会政治环境的变化与发展形成大的影响，一些文化产品的市场可塑性并不完全取决于市场，而是取决于上述诸因素。

在这样的社会环境下，发展文化产业必须要考虑到社会政治因素。近年来，国际国内一些敌对势力利用各种渠道妄图破坏我国国土安全与社会稳定，青海地区也首当其冲，因此，青海地区的维稳压力较大。因为一些文化产品涉及宗教、民族等敏感问题，稍不注意，这些文化产品就有可能成为境内外敌对势力宣传分裂思想的工具，或成为他们诋毁国家民族宗教政策的对象。也正唯如此，地方文化产品的开发、包装、推广等环节必须要考虑到国土安全与社会稳定，而这一现象反过来成为青海文化产业发展的外部挑战因素。

## 第二节 丝绸之路经济带建设背景下的青海文化振兴

### 一、青海文化传承、发展中的主体意识

根据第一节中有关青海文化产业发展过程中优势与劣势的分析、反思,我们认为,想要在丝绸之路经济带建设的大背景下,利用青海文化资源加快对外开放步伐,扩大青海文化的影响力,首先应当树立传承、发展青海文化的主体意识。在文化建设领域内,主体意识主要指对自身承载的文化既要有自信与担当意识,也要有自知之明,即科学、理性地对待文化传承与发展问题。

改革开放初期,东南沿海社会经济发展迅速,青海在内的西部地区因缺乏政策支持、资金投入,加之环境闭塞、观念落后,社会经济发展程度与发达地区的差距越来越大,边缘化的现实窘境使得当时大量人才外流,"孔雀东南飞"一时成为潮流,青海人的文

化自信也因此降到最低点，久而久之，形成了浓烈的自卑情绪，加之与青海有关的各项事务在当时不为主流媒体等关注，外省对青海的认知程度也持续走低，这些因素都导致青海文化传承、发展的主体意识沦丧。

国家实施西部大开发战略以来，青海的社会经济文化事业逐步得以推进、发展。2007年，青海省委提出树立自信开放创新的青海意识，建设富裕文明和谐的新青海的奋斗目标，经过数年的努力，"青海湖国际诗歌节""中国青海三江源国际摄影节""中国青海世界山地纪录片节""FRIST电影节"等大型文化项目，使得"大美青海"这一文化品牌逐步深入人心，青海文化的丰富多样性也得到国内外的认可、肯定，这也在很大程度上提升了青海人的文化自信。而今，青海文化需要从自身的历史传统和中国乃至世界的文化发展趋势中，寻找到合适的定位点、增长点，形成与这个时代相适应的思想、风尚与范式，这样才能使经济与文化相协调并互融共进，[①]也才能培养出青海人在文化传承、发展过程中的主体意识。

结合我们的SWOT分析及文化主体意识建设中的基本原则，要想培养良好的文化传承、发展意识，首先应当结合青海省省情，着力突出文化的特色而不是片面地追求文化建设上的大而全。

如前所述，青海省的人口、地理深度决定了青海文化产业不可像陕西、山东等文化大省那样，建立起文化内容丰富、文化载体全面、文化承载人口众多的文化产业体系，而应当根据现实基础，合理开发文化资源，也就是说，文化传承与发展应当有自知之明。

这里的自知之明首先应当是明确、理性地把握、认知自身文化

---

① 邱翔:《新青海建设中的文化自觉自信自强》,《青海民族研究》,2012年第3期。

的特点，不盲目地扩充规模，也不盲目地追求扩大效应。近年来，青海文化建设系统往往以某某赛事为亚洲第一、某某文化节为世界十大等为名头，来宣传文化传承的效果、实绩，一定程度上反映出盲目追求大而全，不顾及实际现状的文化建设思想。诚然，打造一些国际知名的文化品牌对提升青海文化的知名度是有所裨益的，但是，青海仅有600多万人口，虽然有72万平方公里的面积，但真正适宜人类居住生活的土地面积并不广阔，加之青海生态脆弱，文化产业的承载基础薄弱，因此不适合建构大而全的文化产业体系，我们应当摒弃大而全的老思路，应当追求文化建设的精细化。

文化传承、发展的自知之明还应当体现于把挖掘文化特色放在首位，这也是根据决定青海文化发展的各种因素而推导出的一个结论。如前所述，青海文化与周边省区文化之间有很多相似性，周边省区的一些文化产品极有可能会替代青海文化产品，造成这种现象的原因，既有客观的，也与我们没能建构具有自身特色的文化产业是密不可分的。文化是一个国家或民族得以延续的血脉，而文化特色是这一血脉扎根于历史与现实的根基，没有了特色的文化，相当于大树失去了根基，最终会枯死。因此，怎样把青海文化的特色挖掘出来，才是当前文化传承、发展的根本问题。也正因为如此，探寻文化多样性在青海产生和存在的深层意义，[1]落实文化发展的话语权，不再盲目引进文化产品设计方案，根据自身实际进行文化建设，才是青海走向文化名省的必由之路。

近年来，青海省政府在青海文化建设方面发挥了积极有效的作

---

[1] 乔秀花:《青海民族文化的多样性与和谐社会建构》,《西北民族研究》,2012年第4期。

用，青海省"十二五"规划确立的"充分挖掘青海文化资源，突出文化作为灵魂的重要作用，以构建丰富多彩、独具魅力的高原特色文化旅游为方向"的文化建设思路，成为引领青海文化建设发展的指导精神和根本原则。在这一原则的指引下，青海省各级政府及文化单位设立了"青海湖国际诗歌节""中国青海三江源国际摄影节""中国青海世界山地纪录片节""FRIST 电影节"，以及以环青海湖国际公路自行车赛为代表的一系列体育文化赛事。虽然在文化产业宣传方面，政府提倡"政府搭台、企业唱戏"，但实际运作中，政府牵头的太多，参与的太深，而文化企业往往成为配角，这种现象显然不利于青海文化传承、发展的可持续性。我们认为应当加大商业化运作，让文化企业成为主体，这也是主体意识培育的一个主要方面。

在现代文化产业体系中，文化企业是这一产业建设、发展的主体，也是决定这一产业走向的主要动力。文化企业的主体地位首先体现在文化产品的塑造、推广上，如果丧失这种主导权，不仅文化企业无法可持续发展，与之有关的文化产业也难以长期生存下去，只有在市场化导向的大方针下，让企业唱主角，才能激发企业的创造力，提升他们的文化生产能力、品位，也才能突出地方文化的特色。

此外，在注重文化的产业属性和经济效益，寻找新的经济增长点，挖掘与丝绸之路有关的文化资源，提升战略性文化产业，深挖草原文化产业，建设丝绸之路文化带的同时，应当保证文化产业开发不损害本地居民利益，并建立合理的利益分配机制，使之成为文化产业发展的最大受益者。[1]青海文化传承、发展的主体意识还应当体现在文化产业组织单位、文化企业的责任意识方面，除对文化开发对

---

[1] 吴秀兰：《论青海少数民族文化的保护与发展》，《青海师范大学学报》（哲学社会科学版），2012 年第 3 期。

象具有责任意识外，更为主要的是对当地居民要有责任意识。

文化产业开发往往要依托特定区域的文化资源，这些文化资源又与当地居民的生活息息相关，如果一项文化产业只利用当地的文化资源，对与之有关的居民利益视而不见，那么，这样的文化产业发展是没有可持续性的，也体现不了文化产业的现代文明意识。在青海，一些文化资源是当地百姓赖以生存的根本，一些文化现象之所以能够成为可以开发、利用的文化资源，往往与当地居民对这一文化现象的承载、发扬密不可分，在这样的情况下，文化产业的建设或文化产品的开发，一定要让当地居民充分参与进来，这既可以保障居民的生产生活，也可以确保文化资源的完整性。

总之，培育青海文化传承、发展的主体意识，就应当有自知之明，应当以企业为主体，以市场为导向，也应当充分考虑到当地居民的利益因素，只有这样，才能培育出理性、科学的主体意识，只有拥有这样的主体意识，才能更好地开发利用青海丰富多元的文化资源。

## 二、新丝绸之路与青海文化产业振兴

在充分了解青海文化产业发展的内外部环境，建构起理性、科学的文化传承、发展的主体意识的前提下，结合丝绸之路经济带建设的国家战略来振兴青海文化产业，显然是一条值得认真探索、对待的发展思路。我们拟从文化品牌塑造、文化消费、文化交流三个方面来论证这一问题。

### （一）结合新丝绸之路打造文化品牌

文化品牌的塑造是文化产业发展的依托，也是文化产业形成自身特色的基本方式。近年来,青海省全力打造"大美青海"整体形象品牌。"大美青海"是在全面深入分析青海省情基础上,提炼并着力打造的一个区域整体形象品牌,更是一个具有厚重文化内涵、巨大文化价值的文化品牌,在青海文化品牌体系中处于最高层次和引领地位,成为引领青海文化产业的母品牌。在"大美青海"这一品牌的带动下,青海省也形成了一些文化产业集聚区和相应的文化产品。比较成熟且有一定影响的文化品牌有西宁城南文化产业集聚区、海北州中国原子城红色文化旅游基地、黄南热贡文化生态保护区等。其中,黄南热贡文化品牌确定后,当地政府通过研究、提炼热贡文化的特点和内涵,给热贡文化给予准确的定位;积极申报各种相关文化称号,借以提高热贡文化的知名度;以热贡唐卡为重点,加强对外文化宣传和交流,不断扩大热贡文化的知名度和影响力。[1]此外,以昆仑文化为主体的多元一体文化定位,打造以"大美青海"为统领,以昆仑文化为重点,以一系列区域、历史、民族、宗教、会展、节庆等文化品牌为多元内容的特色文化品牌体系也逐步形成。

上述文化品牌虽然在很大程度上体现了青海省的多元文化特色,也有差异化发展的趋势,但是因为没能结合丝绸之路来构思文化品牌,因此,也没有能够充分地挖掘出这些文化品牌的特色与价值。

以热贡艺术为例,目前的发展思路主要是突出它的非物质文化遗产的特色与地位,以藏文化瑰宝的文化意义展示这一文化品牌的影响力。如果结合丝绸之路经济带建设来打造这一品牌的话,首先应当把热贡艺术与丝绸之路青海道的发展史结合起来,热贡艺术源于丝绸之路上各种民族文化的融汇,它不仅是藏文化的结晶,也是

---

[1] 王华平:《黄南州文化产业发展及其借鉴意义》,《攀登》,2010年第1期。

丝绸之路文化发展的产物。如今，借助新丝绸之路，热贡艺术应当从黄南走出去，以其文化特色、魅力辐射周边地区，使黄南州成为这一艺术的产业基地、人才的培养基地、文化产品的加工输出基地，最终以黄南州为核心，以整个青藏高原乃至喜马拉雅地区为影响区域的热贡艺术文化圈，使之成为青海道、唐蕃古道上各族人民经贸交往、文化来往、宗教传承的纽带。结合新丝绸之路打造的热贡艺术文化品牌，不再仅从非物质文化遗产特色的视角审视利用原有的人文遗产，也不仅仅把它视为一种可以带来丰厚利润的文化产品，而是把它视为在新丝绸之路进行传播、流动的一个文化象征，除藏传佛教信仰者外，丝绸之路沿线居民可以接受并喜欢上这一艺术形式，并把它视为沿线不同民族居民之间进行文化交流的一个象征，从而扩大它的艺术承载力和商业拓展范围，使热贡艺术不再局限于特定区域或特定族群。要做到这一点，热贡艺术可根据不同人群的艺术欣赏品位、趋向，丰富艺术创作的内容。与此同时，热贡艺术也可从其基本艺术手法及其宗教背景出发，充分发挥其中的普适因素，进而成为中国与尼泊尔等国进行文化产业往来的一个特色品牌。

一直以来，青海湖是我省塑造文化品牌的一个母体，以环青海湖国际公路自行车赛事为龙头的体育文化品牌、以青海湖国际诗歌节为代表的文化品牌、以海北州中国原子城为核心的红色文化品牌等，都是以青海湖作为文化产业背景或基础的。青海湖是我省重要的自然资源，千百年来，人们已赋予这个国内最大的咸水湖各种各样的人文意味，使之成为青海的母亲湖。文化品牌以青海湖为依托，显然是明智之举。不过，因为没有深刻挖掘青海湖在古代丝绸之路上的地位与意义，也没有认真对待文化品牌影响的时效问题，因而使上述与青海湖有关的文化产业往往不能在更大范围、更长时间对消费群体产生影响。以环湖赛、国际诗歌节为例，这一体育赛事虽然已经是亚洲最有影响的国际自行车赛事，但是，除了每年举行比赛的那几天，省内省外媒体进行大量报到，人们争相在家门口、在青海湖周边观看比赛外，其他时间段内，这一赛事的影响力比较平淡。国际诗歌节也已跻身成为国际知名的诗歌节，但是正因为它的高规格、高品位，反而成为更多人参与其中的一个障碍，进而成为极少数人的文化聚会，难以形成更大影响，更别说会产生商业效益了。

如果结合新丝绸之路建设与青海湖有关的文化产业，就需要利用青海湖在丝绸之路青海道发展史上的地位与作用。青海道是一个复杂的交通网络体系，组成它的三大干线湟中道、河南道和羌中道都是在环青海湖地区进行交并的，换言之，青海湖是构成青海道交通网络的枢纽。如果充分利用好这一点，那么环湖赛的比赛线路可以按照原有的青海道路线进行调整，使更多的地区纳入到比赛途经区域，从而带动这些地区的体育文化发展。赛事结束后，可继续利用这一体育赛事的影响力，以西海镇为中心建立环湖骑行基地，结合原子城、金银滩等打造骑行与旅游相结合的文化产业，使环湖骑行成为国际知名的自行车骑行路线，在青海湖四周建立骑行大本营，让更多的自行车骑行爱好者参与其中，并且在不同季节打造不同的骑行线路，从而使自行车骑行活动成为由环湖赛延伸出来的一大文化产业。结合自行车骑行活动还可以进行文化创意产业建设，结合动漫产业，把丝绸之路文化因素与环湖赛结合起来，打造独具特色的动漫产品，让它成为人们在虚拟世界参与环湖自行车比赛的热门产品。

如果结合青海道的文化资源重新塑造青海湖诗歌节的话，那么，这一诗歌节的主题完全可以结合青海道曾经承载过的一些文化意义，比如，结合魏晋时期高僧大德经青海湖西去取经及其对佛教文化的贡献等，以诗的形式探索交通与人类文化交往的主题等，使诗歌节的主题在吻合诗歌发展的整体形势的基础上，能够结合青海湖的文化意象。同时，在诗歌节的基础上，以本地文化传媒出版单位为依托，展开以儿童、少年、其他大众为对象的征文活动，以诗的形式延展文学的影响力，也可以通过翻译出版国际知名诗人作品集的形式，使青海出版单位成为国内集中出版国际诗歌作品的代表性文化单位，从而树立能够产生社会经济效益的文化品牌。

按照上述思路扩展开来，我们也可以发现，结合新丝绸之路打造青海的文化品牌，从区域上至少可以分为三大模块，东部地区以原来的丝绸之路湟中道为依托，打造以西宁、民和等为文化核心区域的河湟花儿、伊斯兰文化、互助土乡等的文化品牌，南部地区依托原来的河南道、唐蕃古道等，打造以热贡艺术、藏绣等为主的文化品牌，海西地区可在原来羌中道南北两条支线上打造以西海镇、都兰、格尔木为核心的红色文化、昆仑玉文化等的品牌。这样的文化品牌发展思路，既更好地利用了青海省原有的文化资源，又使得不同文化品牌之间真正形成差异化发展，同时又可借助其优势向周边区域扩展，从而使原有的文化品牌散发出新的活力，也可以形成新的文化品牌。

总之，结合新丝绸之路去打造青海文化品牌，可以挖掘出青海文化品牌更多的文化价值，可以发现更多的效益点，也可以让这些品牌与周边区域乃至国际产生自然而然的联结，从而使它们的特色更加突出，产品效益的溢出量也更加扩大。

### （二）结合新丝绸之路打造文化产业基础

要想发展好文化产业，就需要打好这一产业发展的基础。文化产业的基础可分为两个大的方面,从客观角度看,一个区域的自然文化资源是文化产业赖以发展壮大的基础,文化资源可以像自然资源一样,通过人类的生产加工,赋予其更高的附加值而成为文化产品;从主观角度看,一个区域的文化资源整合、文化定位、人才培养等因素也是这一产业得以发展的基础。

如前所述,青海文化产业发展、传承的客观基础十分丰富、多元,目前面临的问题的是如何整合这些资源,形成规模效应,这方面学者们有过探讨,崔永红等先生认为,受地域、历史、人口、经济等因素的影响,我省的文化资源分布广而且分散,文化行业集中度不高,文化资源的商品转化率很低,综合性开发利用程度差,这种状况在很大程度上制约着我省文化产业的发展。因此,有必要组织力量对我省的文化资源进行全面的发掘、调查和价值评估,并在此基础上积极寻求有效整合和激活文化资源的最佳途径和方式,使我省的文化产业形成较大规模。针对这种情况,学者们认为当前,可通过筹划、选择若干发展基础比较好或特色鲜明、开发前景较好的龙头产业,陆续在全省范围内组建一些文化产业集团,如报业集团、文化娱乐集团等,是整合文化资源的必由之路。[1]当前,一些文化产业集团业已成立,在探索市场为导向的产业发展过程中,一些企业也取得了可喜的成绩,而要想开拓更为广阔的市场,应当结合新丝绸之路沿线的文化资源,打造具有自身特色的文化产品。

除此之外,合适的文化定位也是文化产业发展的重要基础。文化产业是通过文化创意,借助相应的技术因素,使文化转化为产品,从而使文化产业化的一种社会经济活动。如果文化创意本身偏离了

---

[1]崔永红等:《关于发展青海文化产业的思考》,《青海民族学院学报》(社会科学版),2005年第3期。

国家文化发展整体需要，那么，原来丰富、多元的文化资源反而会成为一部分人用来破坏国家安定团结的工具，因此，文化创意的前提是合适的文化定位。青海是昆仑文化的发祥地，昆仑文化又与主体民族文化息息相关，而昆仑文化也是丝绸之路青海道沿线历史文化的浓缩，因此，青海民俗文化学界曾提出"以昆仑文化为青海多元文化的标志性文化"的观点。这一观点越来越得到社会各界的认可，2011年11月，青海省委、省政府也提出"以昆仑文化为主体的多元一体文化"的文化定位。①以昆仑文化为主体的青海文化多元一体论是青海文化最为恰当的文化定位，这一定位确立了昆仑文化的主体地位，印证了丝绸之路青海道发展过程中主体民族文化对这条丝道产生过决定性影响的历史事实，也反映出青海文化以主体文化为母体的现实需要，是十分恰当的文化定位，在这一文化定位前提下的文化产业发展也必将适合青海文化传承、发展的需要。

人才缺乏是限制青海文化产业发展的一大因素，这一点有关学者也做过探讨。马进虎等先生研究发现，青海各地文化旅游业的人才缺乏，严重拖了旅游业的后腿。本地缺少文化产业经营人才，外面的高级人才又进不来。不少民营文化企业先后招收了数十名大学生，但能胜任文化策划、工艺美术研发、设计的人才太少。在演艺界，编导奇缺，有一定知名度的要价太高，企业难以承受。②针对这些情况，学者们也提出了引进人才、提高待遇、加强培养等具体措施。我们认为，文化产业人才培养的关键在如何提高本地人才培养单位的主体意识方面。发展至今，青海省也建立起了体系较为完备的文化产

---

① 赵宗福：《大文化视野中的昆仑文化研究与文化建设》，《青海社会科学》，2014年第6期。
② 马进虎、胡芳等：《青海文化产业结构研究》，《青海社会科学》，2008年第4期。

业人才培养体系，一些教育单位结合丝绸之路经济带建设较早较好地实施了人才培养工程，并且取得了十分优异的成绩。比如，青海循化县职校就开设了新丝绸之路沿线国家语言课程，开设商务阿拉伯语、土库曼语和土耳其语专业课程，毕业生不仅能够获得出国深造的机会，也能在相关文化企业中找到合适的岗位。①

利用高校资源开展语言、学术文化教学研究及交流活动，是培养文化产业人才的良好途径。利用教育部以国别和区域研究基地为中心推进高校新型智库建设的政策机遇，青海民族大学于2015年5月凝练校际校内科研资源，成立了"中亚—土库曼斯坦研究中心"和"藏传佛教与喜马拉雅山地国家研究中心"两个研究基地，旨在对选定国和区域开展经济、政治、文化、宗教等全方位研究，为国家和政府提供决策服务，借以推动该校科研转型和学术外向型发展。这些研究机构的参与人员本身承担着本科、硕士等不同层次的人才培养任务，结合高校的语言、艺术等专业资源，就可以培养从事文化交流、文化创意等方面的高层次人才。

总之，结合新丝绸之路打造青海文化产业的基础，是落实主体意识的一个重要方面，无论是文化产业集团的产品开发，文化产业整体的文化定位，还是人才培养，都应当结合丝绸之路经济带的产业发展需要，同时突出自身的优势，只有这样才能打造出适合我省文化产业发展需要的产业基础。

### （三）探索联盟模式

作为一个新的国际交通网络，新丝绸之路的意义在于把不同国家、地区的社会资源连接起来，互通有无，形成系统性的资源流动，

---

① 辛元戎：《循化职校开设"新丝绸之路"沿线国家语言课程》，《青海日报》，2015年7月15日，第10版。

从而在优化不同国家、地区社会资源的同时，共享这些资源，促进人类文明进步。在青海文化产业发展过程中，如何以系统性思维，与新丝绸之路上的其他国家、地区之间形成有效链接，从而提升文化品牌的影响力，加大文化产业的市场开发力度，是我们必须要思索的问题。

我们认为发展青海文化产业，就要充分利用好丝绸之路经济带建设带给我们的制度红利和资本红利，探索出一条行之有效的联盟模式。联盟模式是指与利益相关者的交易结构，这一结构在付出一定交易成本后，将联盟者的利益最大化。探索联盟模式即是市场经济条件下系统性商业思维运用和推广的一种趋势，也是新丝绸之路这一交通网络体系对沿线商业行为的必然要求。

在文化产业领域内推广联盟模式，首先可以使资本与知本得以对接，从而为青海本地文化资源的开发利用提供必要的资本保障，同时也可为寻找投资出路的各类资本提供机遇，进而形成双赢模式。从资本角度看，联盟模式可以使来自我国东部或外国资本提供必要的政策支持，在新丝绸之路沿线找到适益投资的文化项目，且这一项目在丝绸之路经济带建设大背景下具有可持续发展和利润溢出效应；从知本角度，青海本地的文化资源及其有关的智力支持，既是吸引外来资本的一个重要条件，同时也是形成联盟模式的重要基础。

在文化产业领域内推广联盟模式，既可以使我国东西部之间形成产业对接，也可以和国外文化投资企业进行合作，形成国际化的文化产业体系。就前者来说，我国东部地区的一些文化企业具有相对完善的经营服务理念，他们在文化产品的设计、包装和营销等方面拥有很多经验，也愿意通过商业投资，将东部的先进经验带到西部来，而结合丝绸之路经济带建设的文化产业联盟模式为东西部间的产业联盟既提供了时代机遇,又能有效利用政策红利,同时也可使双方的利益最大化,可以说是一举数得。国际资本投资青海文化产品的联盟模式目前尚处于探索阶段,但它的前景十分广阔,一些国家的商业资本及其背后的运作团队与青海的一些文化产品之间因历史的、现实的各种因素而建立起较亲密的关系,而这种关系也因为丝绸之路经济带建设而拉得更近,这都为未来的合作奠定了良好的基础。

在建设联盟模式时也应当强调青海文化产业本身的主体地位,不能为了达到资本与知本、东部与西部、国际与国内的商业对接目的而丧失话语权,使青海文化资源沦为资本的狩猎目标,也不能为了过分追求商业利益而忽视本地居民的利益。为了避免这些问题,就要从青海文化产业的实际出发,坚持国家开发丝绸之路沿线文化资源的基本方针,树立主体意识,使联盟模式健康运行。

### (四)促进文化消费

文化消费是指人们为了满足自己的精神文化生活而采取不同的方式来消费精神文化产品和精神文化服务的行为。改革开放以来,我国国民经济日益繁荣,人均收入稳步提升,在物质生活越来越富足的条件下,人们对精神文化生活的需求与日俱增,极大地带动了文化产业的迅猛成长,使其成为 21 世纪瞩目的"朝阳产业"。文化消费作为文化产业链的终端环节,随着文化产业的日益繁荣呈迅猛增长态势,扩大文化消费成为扩大内需的主要着力点,也是促进文化产业快速发展和推动产业结构优化升级的内生动力。①

文化产业发展过程中,消费是最具共性的推动力,也是最好的

---

① 吕慧:《我国文化消费问题与对策研究》,《经济论坛》,2015 年第 2 期。

文化传播方式，它可以让文化产品的价值在消费中得以体现。近年来，我国居民的文化消费能力在持续增长，但总体上仍然偏低，据研究，2013年，我国63%的居民每月的文化消费支出在50—300元之间，文化支出偏低，[①]对于广大西部地区居民而言，每月的支出应当更低。文化消费的提升主要靠居民收入的提高，但是，居民的消费意愿也是其中的一个因素，而让更多的人参与到青海文化产业消费当中来，则是促进青海文化产业发展的重要内在动力。

根据我们在第五章的分析，外地游客消费青海文化产品的基本状况，大多集中于自然风光，人们对大美青海的自然风光赞不绝口，相关的消费主要集中于住宿、餐饮、交通及景区门票等方面，文化消费的支出较少，导致这种现象的原因固然和青海文化产业总体上发展滞后有关，但也与文化产业体系没能培育出行之有效的消费引导系统，使外地消费者没有主动形成消费意愿是有一定关系的。在这方面，文化产业企业应当加大宣传力度，与景观有关的产品也应当突出人文因素，引导外地消费者关注当地文化产品，逐步形成可持续的消费意愿，借此培育出稳定的消费习惯。在丝绸之路经济带建设中，青海地区的文化产品也应当注重产品间的联系性和互补性，使消费者在青海地区不同消费空间都能找到彼此联系又不重合的消费产品。

本地消费者也是不可忽视的一个消费群体，他们也是最为稳定的消费群体。为提高本地消费者的消费意愿，应当突出文化产品的地方性、民族性等因素，让本地消费者视这些产品为自身文化传承与认同的文化符号，使文化产品具有经济效益与社会效益的双重功能。

---

① 汪建根：《我国居民文化消费能力总体偏低》，《中国文化报》，2013年3月5日，第2版。

近年来，文化消费越来越向数字化、网络化方向发展，在文化产业基地中，利用现代科技促进文化产业发展，科技与文化的融合可催生文化新业态，可拓展传统文化产业价值空间，形成新的生活和消费方式，并形成新的商业模式。[1]消费数字化的文化产品也被消费者当作一种时尚，特别是以青年人为主体的消费者，更倾向于消费数字化的文化产品。青海文化产业不仅要向数字化、网络化的现代科学技术靠拢，更应当把青海道沿线的历史人物、地方特产、宗教习俗等纳入到文化产品设计中，用高科技的手段、网络化的产品形态展示新丝绸之路青海道，以科技促消费。

近年来，消费领域中倡导人与自然、人与物的和谐共处，形成了绿色消费的概念。绿色消费是指"提供服务以及相关产品以满足人类的基本需求，提高生活质量，同时使自然资源和有毒材料的使用量减少，使服务或产品的生命周期中所产生的废物和污染物最少，从而不危及后代的需求"。[2]青海文化产品的设计，从无论是文化品牌实体，还是相关文化符号以及品牌概念文化的构建，都应当符合绿色消费的理念，在注重生态保护的新丝绸之路建设过程中，倡导绿色消费显然是大势所趋，这也吻合青海文化产品本身的特色，因而是值得倡导和遵循的。

---

[1]中共青海省党委校课题组：《促进科技与文化融合加快青海产业发展》，《攀登》，2014年第3期。
[2]曹明德：《生态法原理》，人民出版社2002年版，第74页。

# 参考文献

## 一、在线数据

1. 青海省统计局：《推进青海新型城镇化发展的建议》，引自青海统计信息网，http://www.qhtjj.gov.cn/infoAnalysis/tjReport/201406/t20140604_4127.html

2. 青海省统计局：《新中国成立65年来青海省经济社会发展成就综述》，引自青海统计信息网，http://www.qhtjj.gov.cn/infoAnalysis/tjContrast/201410/t20141011_4136.html

3. 青海省统计局：《青海省2014年国民经济和社会发展统计公报》，引自青海信息网，http://www.qhtjj.gov.cn/tjData/yearBulletin/201502/t20150226_4377.html

4. 青海省统计局：《2014年1—12月GDP、居民收入》，引自青海统计信息网，http://www.qhtjj.gov.cn/tjData/westData/201507/t20150714_6190.html

5. 青海省统计局：《2014年全省人口统计数据》，引自青海统计信息网，http://www.qhtjj.gov.cn/infoAnalysis/tjMessage/201501/t20150122_3935.html

6. 青海省统计局：《2014年西部十二省（市、区）主要经济指标增速对比情况》，引自青海统计信息网，http://www.qhtjj.gov.cn/infoAnalysis/tjReport/201502/t20150227_4146.html

7. 青海省统计局、青海调查总队：《青海省2015年国民经济和社会发展统计公报》，引自青海统计信息网：http://www.qhtjj.gov.cn/tjData/yearBulletin/201602/t20160229_39207.html

8.西宁市统计局:《西宁市2015年国民经济和社会发展统计公报》,引自西宁市统计局,http://xntjj.xining.gov.cn/htmll/871/299479.html

9.海东市统计局:《海东市2015年国民经济和社会发展统计公报》,引自青海统计信息网,http://www.qhtjj.gov.cn/tjData/cityBulletin/201605/t20160525_42291.html

10.格尔市统计局:《2015年格尔木市国民经济和社会发展统计公报》,引自格尔木市统计信息网,http://stat.gem.gov.cn/News/Show.asp?id=122782

## 二、报刊及网络新闻

1.《格尔木至成都铁路列入国家中长期铁路网建设规划》,引自新华网2006年7月22日,http://www.qh.xinhuanet.com/cdmqh/2008-07/22/content_13892906.htm

2.孟军:《西部航空业发展的空间和未来在青海》,《青海日报》,2011年3月17日,第3版。

3.汪建根:《我国居民文化消费能力总体偏低》,《中国文化报》,2013年3月5日,第2版。

4.宋晓英:《青海首个林业碳汇项目挂牌交易》,《中国绿色时报》,2013年6月17日,第1版。

5.《青海藏毯:指尖上的传奇》,《人民日报》,2013年6月23日,第2版。

6.刘启文:《青海藏毯展:彰显"世界藏毯之都"巨大活力》,《中国产经新闻报》,2013年8月7日,第B4版。

7. 马洪波、孙凌宇:《丝绸之路经济带与青海转型发展》,《青海日报》, 2013年12月9日,第6版。

8. 啸宇、一丁:《地方铁路让青海资源走出去》,《西宁晚报》,2014年3月26日,第A4版。

9. 杨自沿:《青海在丝绸之路经济带建设中的地位》,《青海日报》, 2014年4月28日,第6版。

10. 刘鹏:《青海:努力融入"丝绸之路经济带"》,《光明日报》, 2014年5月21日,第4版。

11. 刘建民、孙肇明:《专家学者为青海融入丝绸之路经济带建言献策》,《青海日报》,2014年6月11日,第4版。

12. 子宜:《将丝绸之路经济带打造成为青海向西开放的主渠道——访省社科院副院长、研究员孙发平》,《青海日报》,2014年6月12日,第6版。

13. 《高速公路何时通拉萨?——五问青藏高速公路修建》,引自新华通网2014年10月8日,http://www.xinhuatone.com/interfaceDetail.jsp?con_id=325566

14. 《西宁机场离国际机场还有多远》,引自人民网2014年12月7日,http://qh.people.com.cn/n/2014/1207/c182775-23135797.html

15. 李德军:《青海机场公司年旅客吞吐量突破400万人次》,引自民航资源网2014年12月22日,http://news.carnoc.com/list/302/302198.html

16. 杜平贵、王辉:《推进青海融入丝绸之路经济带建设的战略思考与建议》,《中国经济时报》,2015年4月13日,第5版。

17. 赵龙跃:《"一带一路"战略中的观念更新与规则建构》,《光明日报》,2015年4月30日第16版。

18. 陈海玲:《中国·青海"一带一路"金融论坛在西宁举行》,《青海日报》,2015年6月13日,第1版。

19. 林玟均:《南川:青海藏毯产业集群美丽绽放》,《青海日报》,2015年6月26日,特刊。

20. 马玉宏、石晶:《青海:借助藏毯编织锦绣丝绸之路》,《经济日报》,2015年6月30日,第10版。

21. 陈悦:《创新改革跨越——"十五"以来青海交通发展成就综述》,《青海日报》,2015年7月13日,第1版。

22. 辛元戎:《循化职校开设"新丝绸之路"沿线国家语言课程》,《青海日报》,2015年7月15日,第10版。

23. 《青海上半年吸引国内外游客820多万人次》,引自新华网2015年7月19日,http://news.xinhuanet.com/fortune/2015-07/19/c_1115970568.htm

24. 荣丽君:《格尔木机场改扩建工程获批》,《西宁晚报》,2015年8月5日,第A6版。

25. 《西宁至成都铁路前期工作启动》,引自新华网2015的8月6日,http://www.qh.xinhuanet.com/2015-08/06/c_1116162652.htm

26. 《青海"十三五"计划再打造5个5A级景区》,引自中国新闻网2015年9月11日,http://www.chinanews.com/df/2015/09-11/7519041.shtml

27. 盛建设:《我省已基本形成各具特色的5大片区风景名胜区》,引自青海新闻网2015年9月14日,http://www.qhnews.com/newscenter/system/2015/09/14/011819496.shtml

28. 杨健:《前八个月青海省旅游收入近两百亿元》,引自青海广播电视网2015年9月19日,http://www.qhbtv.com/shouyetoutiao/2015-09-19/271571.html

29. 冯萍、杨青山：《青海藏区公路：从鬼见愁到高速通》，《中国交通报》，2015年9月24日，第1版。

30. 《青海省委书记、省长对青海湖"垃圾围湖"作批示》，引自新京报2015年10月12日，http://news.sohu.com/20151012/n422964794.shtml

31. 李香玉：《青藏交通新动脉青海茶格高速公路全线贯通》，中国工程建设网2015年10月13日，http://www.chinacem.com.cn/qydt/2015-10/198603.html

32. 刘莎莎、吴枚：《成绩骄人甘肃机场集团生产指标创历史新高》，引自民航资源网2015年10月26日，http://news.carnoc.com/list/327/327260.html

33. 王明森：《2015年1——10月新疆机场吞吐量统计数据出炉》，引自民航资源网2015年11月12日，http://news.carnoc.com/list/328/328838.html

34. 孙睿：《青海首条国际航线开通周年运输旅客超1万人次》，引自中国新闻网2015年12月5日，http://finance.chinanews.com/sh/2015/12-05/7657514.shtml

35. 荣丽君：《新通道：西宁香港航线开通》，《西宁晚报》，2015年12月5日，第A2版。

36. 《国务院批复同意西宁市城市总体规划》，引自人民网2015年12月18日，http://politics.people.com.cn/n1/2015/1218/c1001-27946190.html

37. 芈峤、宋明慧：《青海省藏毯产量占全国九成》，《青海日报》，2015年12月27日，第1版。

38. 张添福、杨青山：《2016年青海交通计划投资380亿 基础设施全面开复工》，中国新闻网2016年3月21日，http://www.

chinanews.com/df/2016/03-21/7805183.shtml

39.《韩媒：中巴经济走廊核心公路开工可绕过南海通向中东》，引自参考消息网 2016 年 5 月 13 日，http://china.cankaoxiaoxi.com/bd/20160513/1158152.shtml

## 三、著作

1. 周伟洲著：《吐谷浑史》，宁夏人民出版社 1985 年版。

2.（美）约瑟夫.A·熊彼特著，何畏、易家详译：《经济发展理论》，商务印书馆 1990 年版。

3. 青海省地方志编纂委员会编：《青海省志·公路交通志》，黄山书社 1996 年版。

4. 西宁市志编委会编：《西宁市志·交通志》，陕西人民出版社 1997 年版。

5. 崔永红、张得祖、杜常顺主编：《青海通史》，青海人民出版社 1999 年版。

6. 赫寿义、安虎森编著：《区域经济学》，经济科学出版社 1999 年版。

7. 曹明德著：《生态法原理》，人民出版社 2002 年版。

8. 马鹤天著，胡大浚点校：《甘青藏边区考察记》，甘肃人民出版社 2003 年版。

9. 郭来喜主编：《青海省旅游业发展与布局总体规划 2001—2020 年》，青海人民出版社 2003 年版。

10. 芈一之等主编：《西宁历史与文化》，辽宁民族出版社 2005 年版。

11. 罗朝阳主编：《青海省发展工业循环经济研究》，青海人民出版社 2006 年版。

12. 陈发平、张伟主编:《青海转变经济发展方式研究》,青海人民出版社 2008 年版。

13. 曹文虎、李勇主编:《青海省实施生态立省战略研究》,青海人民出版社 2009 年版。

14. 青海地方志编纂委员会编:《青海省志·民族志》,青海人民出版社 2009 年版。

15. 刘同德著:《青藏高原区域可持续发展研究》,中国经济出版社 2010 年版。

16. 马莉莉、任保平等编著:《丝绸之路经济带发展报告 2014》,中国经济出版社 2014 年版。

17. 孙久文、高志刚主编:《丝绸之路经济带与区域经济发展研究》,经济管理出版社 2015 年版。

18. 任保平、马莉莉等主编:《丝绸之路经济带与新阶段西部大开发》,中国经济出版社 2015 年版。

19. 李健胜、郭凤霞著:《国家、移民与地方社会:河湟汉族研究》,人民出版社 2015 年版。

## 四、论文

1. 王昱:《青海旅游资源及其开发》,《青海社会科学》,2002 年第 2 期。

2. 阿朝东:《从历史文物看青海地区多元文化的形成及发展》,《青海民族研究》,2005 年第 3 期。

3. 崔永红等:《关于发展青海文化产业的思考》,《青海民族学院学报》(社会科学版),2005 年第 3 期。

4. 许新国:《青海丝绸之路与都兰大墓》,《文史知识》,2006 年第 2 期。

5. 朱显平、邹向阳：《中国—中亚新丝绸之路经济发展带构想》，《东北亚论坛》，2006年第5期。

6. 陈发平等：《柴达木循环经济试验区发展现状及启示》，《青海科技》，2007年第2期。

7. 胡铁球：《近代青海羊毛对外输出量考述》，《青海社会科学》，2007年第2期。

8. 张科：《和而不同：青海多民族文化的鼎立与互动》，《青海民族研究》，2007年第4期。

9. 马进虎、胡芳等：《青海文化产业结构研究》，《青海社会科学》，2008年第4期。

10. 张得祖：《古玉石之路与丝绸之路青海道》，《青海师范大学学报》（哲学社会科学版），2008年第5期。

11. 王昱：《试论青海历史文化的基本特点》，《青海社会科学》，2009年第2期。

12. 高兴霞：《青海外贸竞争力分析及对策研究》，《青海社会科学》，2010年第2期。

13. 王华平：《黄南州文化产业发展及其借鉴意义》，《攀登》，2010年第1期。

14. 陈雪梅：《提升青海藏毯产业竞争力的对策探讨》，《青海民族大学学报》（社会科学版），2010年第3期。

15. 刘亚洲：《对青海发展碳汇交易的几点思考》，《青海金融》，2011年第1期。

16. 张生寅：《加快青海文化旅游产业发展的几点思考》，《青海社会科学》，2011年第3期。

17. 李岩：《青海省太阳能资源现状及发展前景》，《青海科技》，2011

年第 5 期。

18. 胡鞍钢、童旭光：《青海省经济发展历程与发展阶段研究》，《青海社会科学》，2011 年第 6 期。

19. 张效娟等：《青海省城镇化综合水平空间格局研究》，《青海社会科学》，2011 年第 6 期。

20. 张翠丽：《青海自驾游旅游需求市场的调查分析及评价》，《学理论》，2011 年第 26 期。

21. 张小红、何启儒：《青海旅游开发中人文景点建设若干问题的思考》，《长春理工大学学报》，2012 年第 3 期。

22. 吴秀兰：《论青海少数民族文化的保护与发展》，《青海师范大学学报》（哲学社会科学版），2012 年第 3 期。

23. 邱翊：《新青海建设中的文化自觉自信自强》，《青海民族研究》，2012 年第 3 期。

24. 乔秀花：《青海民族文化的多样性与和谐社会建构》，《西北民族研究》，2012 年第 4 期。

25. 陈蓉等：《基于资源评价的县域旅游系统规划——以青海同仁县为例》，《青海师范大学学报》（哲学社会科学版），2012 年第 6 期。

26. 平志强、王丽娜：《青海藏毯产业发展报告》，《国际农产品贸易》，2012 年第 121 期。

27. 张效科：《青海省循化县特色农产品营销策略研究——以循化辣椒为例》，青海民族大学，硕士论文，2013 年，未刊。

28. 徐世栋、姚继荣：《青海多民族文化的互动与共享》，《青海民族大学学报》（社会科学版），2013 年第 1 期。

29. 赵永祥：《关于青海文化产业跨越式发展的几个问题》，《攀登》，2013 年第 1 期。

30. 余敏江:《论区域生态环境协同治理的制度基础——基于社会学制度主义的分析视角》,《理论探讨》,2013年第2期。

31. 马玉英:《生态文明视阈下青海生态城市建设研究》,《青海民族研究》,2013年第3期。

32. 李永华:《试论藏传佛教文化中的青海旅游文化因素》,《青海民族研究》,2013年第3期。

33. 赵英:《青海民族文化的历史形态及其现实启示》,《西藏发展论坛》,2013年第5期。

34. 黄悦:《地方神话传统与当代生态文明——以青海湖地区为例》,《青海社会科学》,2013年第6期。

35. 王睿、陈德敏:《西部地区向西开放总体战略构想研究》,《中国软科学》,2013年第4期。

36. 刘亚洲等:《青海城镇化进程中投资和消费需求效应分析》,《青海金融》,2013年第11期。

37. 李婷、李玲琴:《丝绸之路青海段旅游中心城镇等级体系构建研究》,《学园》,2013年第26期。

38. 赵小花、李健胜:《论藏族、蒙古族商人对清代青海民族贸易的贡献——以丹噶尔为中心》,《西北民族大学学报》(哲学社会科学版),2014年第2期。

39. 陈蓉等:《近十五年来青海入境旅游市场消费研究》,《青海师范大学学报》(哲学社会科学版),2014年第2期。

40. 白永秀、王颂吉:《丝绸之路经济带:中国走向世界的战略走廊》,《西北大学学报》(哲学社会科学版),2014年第3期。

41. 甘佩娟:《柴达木盆地经济可持续发展综合评价》,《中国农业资源与区划》,2014年第3期。

42. 中共青海省委党校课题组：《促进科技与文化融合加快青海文化产业发展》，《攀登》，2014年第3期。

43. 杨晓燕：《青海宗教文化产业发展的路径探析》，《青藏高原论坛》，2013年第4期。

44. 蒋贵彦、卓玛措：《青海南部高原藏区生态旅游环境承载力研究》，《干旱区资源与环境》，2014年第4期。

45. 李勇：《青海融入丝绸之路经济带建设的战略构想》，《青海社会科学》，2014年第5期。

46. 白锦秀、边世平：《少数民族地区民族文化旅游产业化开发研究》，《开发研究》，2014年第5期。

47. 苏海红、丁忠兵：《丝绸之路经济带建设中青海打造向西开放型经济升级版研究》，《青海社会科学》，2014年第5期。

48. 赵宗福：《大文化视野中的昆仑文化研究与文化建设》，《青海社会科学》，2014年第6期。

49. 杨晓燕：《青海文化市场发展态势分析》，《新西部》，2014年第29期。

50. 杨慧青：《青海推进城镇化建设的具体措施》，《经济研究导刊》，2014年第24期。

51. 丁佳、边世平：《环青海湖地区文化旅游资源竞争力评价分析》，《青海师范大学学报》（自然科学版），2015年第1期。

52. 顾亚龙、陈雪梅：《青海旅游产业竞争力提升研究》，《青海师范大学学报》（自然科学版），2015年第1期。

53. 苏海红等：《新型城镇化过程中青海创新社会治理研究》，《青海社会科学》，2015年第2期。

54. 吕慧：《我国文化消费问题与对策研究》，《经济论坛》，2015年第 2 期。

55. 叶修武：《青海发展生态旅游的经济学思考》，《现代经济信息》，2015 年第 3 期。

56. 李健胜：《汉代丝绸之路青海道述略》，《青海师范大学学报》（哲学社会科学版），2015 年第 4 期。

57. 赵晓娜：《青海省生态脆弱区以旅游业为主导推动城镇化建设的路径分析》，《湖南商学院学报》，2015 年第 4 期。

58. 陈金林：《丝绸之路青海道旅游开发空间结构分析》，《攀登》，2015 年第 4 期。

59. 马震：《生态文明视域下青海城镇化建设研究》，《柴达木研究》，2015 年第 5 期。

60. 李健胜：《丝绸之路青海道历史地位述论》，《青藏高原论坛》，2016 年第 2 期。